외롭지 않을 권리

혼자도 결혼도 아닌 생활동반자

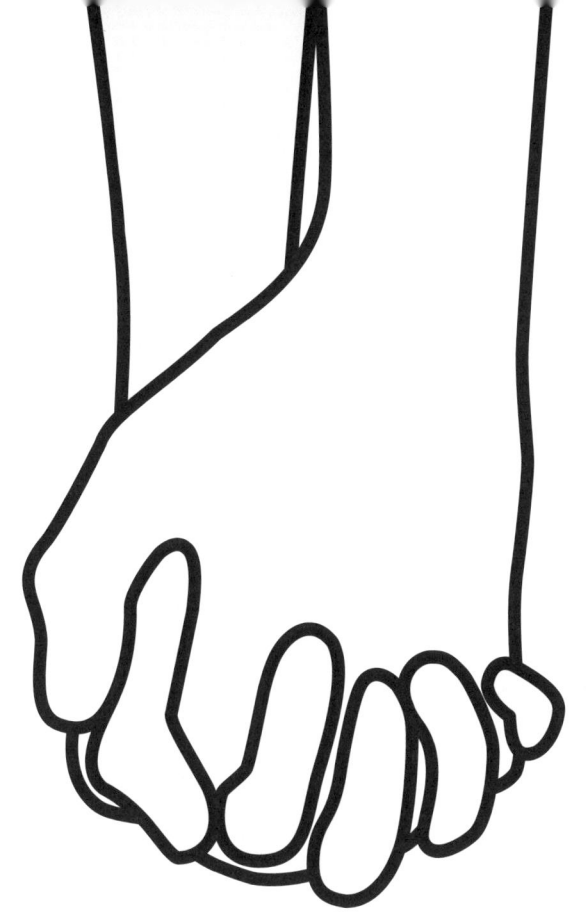

외롭지 않을 권리
혼자도 결혼도 아닌 생활동반자

황두영 지음

들어가는 말

제도는 자유를 위한 것

새벽 한 시, 생라면을 부숴 먹다가 이 책을 써야겠다고 생각했다.

다음 날 출근도 해야 하는데 배가 고파선지 도통 잠이 오지 않았다. 혼자서는 이 시간에 마땅히 뭘 먹기도 어렵다. 서울은 새벽 한 시에도 창밖의 소음이 들려온다. 그런 소음 덕에 방 안의 적막은 더욱 부각된다. 내가 생라면이라도 씹지 않으면 아무 소리도 들리지 않는 우리집. 기쁜 일도 슬픈 일도 나 혼자 만들고 나 혼자 해결해야 하는 나의 방. 혼자 산다는 사실이 가끔은 새삼스럽게 느껴진다.

이럴 때면 괜한 불안감이 뭉게뭉게 밀려온다. 이제야 나 하나 겨우 건사할 만한데, 결혼은 할 생각도 없고 엄두도 안 나는데, 그래서 지금이 좋긴 한데, 이렇게 평생 혼자 생라면을 먹는 게 내 인생인가? 이렇게 점점 나이를 먹으면 그땐 누군가와 가족을 이룰 기회가 더 없지 않을까? 가족이라고는 늙어가는 부모님뿐인데, 나는 누구랑 살지?
'나, 이렇게 혼자 늙어 죽는 걸까?'

나는 2012~2019년까지 국회에서 생활동반자법 입법을 추진했다. 특히 실무자로서 생활동반자법을 추진하는 데 많은 노력을 쏟았다. 자랑을 좀 하자면 내가 '생활동반자법'이라는 명칭과 내용을 국회에서 처음으로 제안했다. 물론 완전히 독창적인 작명은 아니고, 학계 및 시민사회에서 논의되던 이름을 검토하여 조합한 것이다. 나의 제안에 따라 '생활동반자'라는 표현을 사용하면서 그 명칭이 알려지게 되었고 한국 사회에서 동거돌봄관계를 부르는 대명사가 되었다. 처음 이름을 붙인 그 인연 때문인지 생활동반자법만큼은 꼭 통과되기를 바란다.

'생활동반자 관계'는 혈연이나 혼인으로 이뤄진 민법상 가족이 아닌 두 성인이 합의하에 함께 살며 서로 돌보자고 약속한 관계다. '생활동반자법'은 이런 생활동반자 관계를 맺은 사람들이 국가에 등록하면, 함께 살아가는 데 필요한 사회복지혜택 등 법적 권리를 보장하는 내용을 담고 있다. 나아가 생활동반자로 살고, 또 헤어지는 과정에서 일어날 수 있는 둘 사이의 분쟁을 합리적으로 해결할 수 있는 절차에 대한 법이기도 하다.

생활동반자법은 둘의 성별이나 같이 사는 이유에 초점

을 맞추지 않고, "서로 돌보며 함께 살겠다"는 약속을 자발적으로 맺었는지 또 지속적으로 지키는지를 판단한다. 사랑과 신뢰의 명목보다는 그 자발성과 깊이를 보는 것이다. 이런 점이 스스로 선택할 수 없는 혈연관계, 원칙적으로 평생에 걸쳐 한 명만 선택하는 혼인관계와 가장 크게 다른 지점이다. 생활동반자법은 결혼이라는 제도에서 '함께 살며 서로 돌보기'의 의무만을 가져왔다.

외롭다. 세상에 시달리다 집에 오면 누군가 있었으면 좋겠다. 결혼을 할까? 혼인을 하면 일단 한 사람과 성관계를 해야 할 의무가 생긴다. 그러니 소울메이트라도 육체적 관계가 없다면 결혼할 수 없다. 결혼을 하면 사돈의 팔촌까지 친족의 관계가 바뀌고 상속 등의 권리와 의무가 생겨, 상대방은 물론 그 집안의 경제력과 평판까지 고려해야 한다. 주변 사람들은 내가 누구와 결혼하는지 궁금해하고 나는 무슨 프로젝트 발표라도 하는 것마냥 배우자를 소개해야 한다. 무엇보다 관계가 틀어지거나 상황이 바뀌어도 마음대로 관계를 정리할 수 없으니 상대에 대한 강한 확신이 있어야 한다. 이 모든 조건들을 통과하는 사람을 찾아서 성공적인 결혼을 할 수 있을까?

애인이나 친구와 함께 살자면 살 수도 있다. 우선 집을 구하자. 그런데 공동명의로 전세자금대출을 받을 수 없어서 집을 구할 수 없다. 어떻게 전세금을 구한다 해도 전세금부터 생활비까지 돈 섞일 일이 많은데 당장의 신뢰만으로 이 래도 되는 건지, 관계가 틀어질 수도 있다고 생각하니 시작하기도 전에 머리가 아프다. 막상 같이 산다 해도 등기우편 하나 받을 때도 거절당하기 일쑤고, 급히 수술이 필요할 때는 결국 혈연가족이 와야 한다. 또 우리 사회에서는 남녀가 동거하면 여자에게만 유독 낙인이 따라붙는다. 안 되겠다. 접자.

혼자 아니면 결혼, 내키지 않는 두 선택지를 넘어서기 위해서 생활동반자법이 필요하다. 생활동반자는 친구가 될 수도 있고, 결혼에 이르기 전에 서로에 대해 알아보고 싶은 연인일 수도 있다. 또 이혼과 사별 후에 더 이상 친족 관계를 복잡하게 만들고 싶지 않는 사람도, 노인과 장애인처럼 특히 돌봄이 필요한 이들도 긴요하게 쓸 수 있는 제도다. 흔히 '동거'를 무책임하고 일시적인 것이라고 생각하지만, 우리 사회에는 다양한 사연으로 함께 살고 있고, 또 함께 살고 싶어 하는 사람들이 많다. 생활동반자법은 혼인과 혈연 이외의 사람들이 '함께 살 때' 필요한 사회복지혜택과 제도적 권리를 보장하고, 둘이 동거생활을 시작하고 해소할 때 필요한 공정한 절차를 규정하는 법이다.

생활동반자법 법안을 구상하며 적지 않은 당사자들을 만났다. 동거라고 하면 흔히 철없는 젊은이들의 모습을 떠올리지만 동거의 모습은 생각보다 다양했다. 여든 줄에 들어선 어르신 커플은 60대에 만나 십수 년을 함께 살았지만 상속과 연관된 가족관계가 복잡해지는 것을 염려해 혼인신고를 하지 않는다고 했다. 사랑하는 사람과 함께 살고 싶다는 마음 하나로 장애인 거주시설에서 나와 자립한 커플도 만났다. 이들은 목숨을 걸고 탈출해 꿈꾸던 대로 둘만의 공간을 갖게 되었지만 1인 가구로서 복지혜택과 부부로서 복지혜택을 머리 아프게 비교하면서 혼인신고를 해야 할지 몇 년째 고민만 하고 있었다.

또 외로운 친구를 돌봐주려고 왔다가 수년을 같이 살고 있는 여성 노인도 만났다. '이 나이에 남자 밥 안 해줘도 돼서 속 편하다'고 하면서도 친구의 자녀가 오면 불편해서 방 안에만 있는다고 했다. 사회적 인정을 원하는 동성 부부들이 궁극적으로 바라는 것은 동성 결혼의 합법화지만, 일단 생활동반자법이라도 있으면 대출, 주택 등의 문제를 해결할 수 있으리라고 기대했다. 그 외에 모아놓은 돈도, 안정적인 직업도 없어 당장 결혼하지 못하지만 데이트 비용과 생활비를 줄이기 위해 자연스레 동거를 하게 된 생계형 커플은 셀 수도 없이 많았다. '누구와 사는가' '누구와 살고 싶은가'를 둘러싼 사연은 매우 다양했고, 결코 혼인과 혈연만으로 묶일 수 없었다.

생활동반자법을 추진하면서 많은 오해와 반대 의견을 들었다. 혐오로 가득한 비합리적인 주장도 많았지만 최대한 많은 의견을 숙고하려고 노력했다. 생활동반자법은 가족의 가치를 무너뜨리는가? 혼인과 출산을 줄어들게 할 것인가?

임대주택, 세금 등의 혜택을 위한 가짜 생활동반자를 만들어낼 것인가? 이런 비판에 답하기 위해 거듭 고민하면서 나는 오히려 생활동반자법이 지금 대한민국에 꼭 필요하다는 확신이 강해졌다. 그리고 생활동반자법이야말로 우리 사회의 평범한 관계를 법적 범주에 포함시켜 사회통합을 이뤄나가는 보수적인 정책이라고 생각하게 되었다. 이 책을 통해 그간 고민해 온 생활동반자법의 필요성을 차근차근 설명해 보려 한다.

생활동반자법 논의의 핵심은 '고독'이어야 한다. 사람들은 외롭다. 국가는 국민이 외롭게 살도록 방치하고 있다. 시장에서는 폭증하는 1인 가구를 자유와 낭만을 갖춘 새로운 생활방식처럼 꾸미지만 실제로 불안정한 경제적 상황, 누구와 같이 사는 게 민폐가 되는 여러 환경, 너무 높은 결혼의 장벽, 가부장적 가족문화 등으로 '어쩌다 보니' 비자발적으로 1인 가구가 되는 경우가 대다수다. 가족 간에 물리적, 감정적으로 서로 돌보지 못하거나 돌봄을 거부하는 상황도 빈번해 가족과 함께 살아도 외로운 경우가 많다.

'고독'은 일시적으로 지나가는 개인의 기분이 아니라 실재한다. 객관적 조건으로 인해 너무 많은 사람이 고독한 상태가 되면 그건 사회적 문제이자 정책적 과제다. 지속적인 고독을 해결하기 위해 돌봄을 제공하는 자원이 필요하다. 나는 고독이, 외로움이, 돌봄을 주지도 받지도 못하는 많은 사람이 어쩌면 한국의 가장 큰 정책적 과제일지도 모른다고 생각한다. 사회적 고독에 대한 정부의 정책은 기껏해야 상담을 해주고 정신과 치료에 대한 보험수혜를 늘려주는 정도다. 물론 경제 정책, 복지 정책, 노동 정책을 통해 사회적 고독을 만드는 요소를 줄여 나갈 수도 있다. 하지만 외로움 자체를 해소하려면 더욱 직접적인 정책적 노력이 필요하다.

생활동반자법은 고독과 이를 해결하기 위한 '돌봄'에 대한 법이다. 우리는 누구나 돌봄이 필요하다. 화장실에서 넘어졌을 때 구급차를 불러줄 사람은 누구에게나 필요하지 않은가. 돌봄은 좁은 의미의 간호나 가사노동만을 뜻하지 않는다. 우리는 험난한 세상에 맞서기 위해 늘 격려와 위로가 필요하다. 바쁜 친구와 밖에서 만나 얘기할 만큼 대단한 일은 아니지만, 내일의 건강한 출근을 위해서 오늘 털고 가야 할 이야기도 있다. 치킨을 주문하거나 라면을 끓일 핑계가 되어줄 사람도 필요하다. 눈송이만한 외로움이 밤새 몸을 굴려 눈사태가 되지 않도록 그저 누군가의 잠자는 숨소리가 필요할 때도 있다.

물론 누군가와 같이 산다 해도 내 몫의 돌봄은 내가 해야 한다. 하지만 품앗이는 할 수 있다. 내가 힘들고 바쁠 땐 상대가 도와주고, 아플 땐 서로 보살피고 집안일도 대신 해줄 수 있어야 한다. 피곤하고 아파도 어쩔 수 없이 출근은 해야 하는데, 빨아놓은 셔츠가 한 장도 없을 때 우리는 인생의 의미를 묻게 된다. 우리에겐 연대와 협동, 상호돌봄이 필요하다.

한국은 돌봄을 이미 상당 부분 공공서비스와 시장에 의존하고 있다. 정부와 지자체는 많은 복지비용을 들여 공공산후조리원, 아이 돌보미부터 치매 간병까지 일생에 걸쳐 돌봄 서비스를 지원한다. 물론 돈이 있다면 시장에서 더 좋은 서비스를 구입할 수도 있다. 시장에서 제공하는 돌봄은 청소, 아이 보기, 간호하기 등 구체적 행위뿐 아니라 감정노동까지 포함한다. 외로운 사람은 누군가 나를 아껴주는 기분을 느끼고자 적지 않은 돈을 쓴다.

이러한 돌봄을 정부와 시장이 다 해줄 수 있을까? 다시 말해 가족 대신 정부와 시장이면 충분할까? 돌봄은 주는 사람과 받는 사람의 인격 모두와 연결되어 있는 전인적이고 감정적인 부분이다. 아무리 많은 자원을 들여 각종 서비스를 지원한다고 해도 채울 수 없는 여지가 있다.

가령 노인 1인 가구가 오늘도 건강히 잘 지내는지, 영양가 있는 식사를 했는지, 사회적으로 단절된 곳에서 인지기능이 떨어지고 있는 건 아닌지 확인하기 위해서는 많은 사회복지비용을 들여야 한다. 더구나 이런 서비스는 해당 노인을 연명시킬 수 있을지언정 외롭지 않게 하기는 어렵다. 이 노인이 믿을 수 있는 친구와 살아갈 수 있는 제도가 있고 이를 장려하기 위해 임대주택과 수당도 준다면 어떨까? 우리 사회는 '특별한 한 사람'만 내 옆에 있으면 되는 간단한 문제를 너무 어렵게 풀어가고 있다.

생라면을 반쯤 먹고 아무래도 너무 썰렁한 기분이 들어 텔레비전을 틀었다. 채널을 돌리면 MBC 프로그램 〈나 혼자 산다〉가 어느 한 채널에서는 꼭 방영 중이다. 근래 몇 년간 가장 인기 있는 예능 프로그램답다. 1인 가구가 어떻게 혼자 재미있게 살 수 있는지, 많은 사람들이 궁금해하고 동경하는 모양이다. '나래바'를 열 시간도, 한적하게 고독을 즐길 한강뷰의 거실도 없는 평범한 월급쟁이인 나로서는 뒷맛이 씁쓸하다.

MBC 〈전지적 참견시점〉은 연예인과 매니저의 일상을 다루는 예능이다. 매니저라는 직업을 통해 '가족 아닌 누군가'가 상대에게 적당한 거리를 두고 돌봐주는 관계를 보여준다. 물론 현실에서 연예인, 기획사, 매니저는 고용계약으로 묶여 있지만 예능에서는 그들 사이의 배분비율이나 최저임금 위반 같은 문제는 다루지 않는다. 돈이 지워진 그 자리에는 서로를 진심으로 아끼고 응원하지만 질척거림은 없는 관계의 환상만 남는다. 여기서 사람들이 보고자 했던 게 '생활동반자' 아닐까? 실제로 10년 넘게 같이 살고 있다는 한 남성 개그맨과 동성 매니저는 전형적인 생활동반자 관계처럼 보이기도 한다.

이외에도 SBS 〈불타는 청춘〉과 Olive 〈밥블레스유〉는 '결혼 적령기'를 지난 비혼인이 가족의 틀을 벗어나 새로운 우정을 맺어나가는 모습을 그린다. KBS1 〈박원숙의 같이 삽시다〉는 노년이 된 친구들끼리 같이 살며 겪는 에피소드를 보여주는데, 노인 생활동반자 가구의 가능성을 직접적으로 보여준다. MBC 〈구해줘! 홈즈〉도 인상적이다. 이 프로그램에 출연해 집을 구해달라고 요청하는 사람들은 혼인과 혈연으로 맺어진 '정상 가족'만은 아니다. '정상 가족'을 위해 지어진 천편일률적인 아파트는 워낙 많기 때문에 예능의 소재가 될 수 없다.

대중문화가 가족관계의 변화를 빠르게 반영하는 데 비해 법과 정책은 지체되어 있다. 우리 사회는 동거에 대한 아무런 법적 보호를 하지 않는다. 법과 정책이 부재한 상황에서 방치된 동거 가구는 주거, 의료, 각종 급여 수급 등 적절한 사회복지 서비스를 받지 못해 차별받는다. 또 동거 가구의 각 구성원 역시 상대에 의한 가정폭력, 성범죄, 경제적 약취의 위험성으로부터 보호받지 못하는 상황이 벌어지고 있다. 동거를 지속한 기간이 길고 서로 돈과 노동을 주고받는 관계라면 이에 맞는 사회복지 서비스뿐만 아니라 차별 방지, 가정폭력 예방, 재산 관계 보호 등 법과 정책적 도움이 필요하다.

서로의 필요를 맞춰줄 유연한 결합을 요구하는 목소리는 점점 커지는데 우리 법과 정책은 이에 대한 명칭조차 가지고 있지 않다. '결혼'이 수많은 법과 정책, 사회적 관례를 패키지로 받아들이는 것처럼 모든 가족 형태는 수많은 법과 정책, 사회적 관례의 패키지로 이루어진다. 이제는 서로에 대한 책임을 갖는 동거 관계에 필요한 법과 정책을 만들어야 할 때가 왔고, 나는 그 법과 정책의 패키지를 '생활동반자법'으로 제안한다.

일부에서는 생활동반자법이 가족을 무너뜨릴 것이라고 말한다. 다양한 동거 관계를 법적으로 인정하면 더더욱 결혼을 안 할 것이고, 출산율이 떨어지며, 우리 사회의 근간이 무너질 것이라고 한다. 우리 법이 허용한 동거의 방식이 결혼뿐이라 누군가와 같이 살기 위해 울며 겨자먹기로 결혼하는 것이라면 정말로 진지하게 가족법의 재건축이 필요하다. 생활동반자법에 대한 이러한 두려움이야말로 우리 사회가 '가족의 위기'가 아니라 '가족법의 위기'에 처해 있음을 보여준다.

가족을 이루도록 장려하는 법, 서로에게 더 책임을 갖고 정착하도록 독려하는 법, 가족의 믿음과 사랑을 느끼게 하는 법인 생활동반자법은 당연히 '보수적인' 법이다. 우리 사회를 더욱 안정시킨다는 의미에서 보수적이다. 생활동반자법은 기존의 경직된 가족제도를 떠난 사람들을 제도 안으로 끌어들이는 법이다. 그들이 우리 사회에서 탈락하지 않고 사회를 더 신뢰하고 함께 미래를 만들어나갈 수 있도록 하는 법이다. 우리가 만들어 온 사회복지제도에 더 많은 사람을 포함시키고, 개인으로서, 또 가족구성원으로서 보장받아야 한다고 여겨온 권리를 더 많은 사람이 누릴 수 있도록 하는 법이다.

제도는 자유를 위해 존재한다. 제도가 '금지'의 형태를 갖는 것은 다른 이의 자유로운 삶을 훼손하지 않고 지속가능한 자유를 누리도록 하기 위함이다. 금지 자체가 제도의 목적이어서는 안 되며, 개인이 그려나가는 삶의 지도를 국가가 대신 그려줄 수도 없다. 더욱 다양한 욕망으로 다양한 관계로 가족을 꾸리려고 할 때, 제도는 욕망을 실현할 수 있는 최선의 방법을 찾아나가야 한다.

좋은 국가는 국민이 원하는 행복을 좇아 살 수 있도록 터전을 만든다. 결혼을 안 하고 아이를 안 낳아서, 집회를 많이 해서, 동성애 때문에, 청년들이 끈기가 없어서 나라가 망한다고 주장하는 정부는 스스로 무능하다고 인정하는 셈이다. 각자 살고 싶은 대로, 원하는 방식으로, 원하는 사람과, 원하는 기간만큼, 원하는 거리감으로 가족을 꾸려도 안정적인 사회가 되도록 만들어나가는 게 일 잘하는 국가 아닐까. 어떠한 변화가 사회적 혼란을 가져올 때 변화 자체를 금지하는 태도는 저급하다. 국민의 욕구를 최대한 받아들이면서 사회적 조화를 만들어내는 것이 고급스러운 통치 기술이다.

한국의 민주주의는 어렵지만 꾸준히 발전해 여기까지 왔다. 세계 시민이 한국의 민주주의를 부러워하며 다음 단계를 지켜보고 있다. 한국 민주주의의 다음 단계는 '국민의 차이를 어떻게 안정된 제도 속에 담아낼 것인가'이다. 보수세력은 물론이고 민주당을 중심으로 한 민주진보세력 역시 시민의 다양한 선택을 다루는 문제에 대해서는 재주가 부족하다. 문재인 정부의 대선 당시 슬로건은 '사람이 먼저다'였다. 여기에서 말하는 사람은 이성애 부부와 그들의 자녀로 이루어진 정상 가족뿐일까, 아니면 각자 다른 가족사와 욕구를 가진, 그래서 때로 서로를 이해하기 어려운 시민 모두일까.

생활동반자법의 입법은 한국 민주주의가 새로운 단계로 들어서기 위한 주요한 과제다. 고독하고 다양한 국민을 위해 우리 사회와 정치권이 조금 더 힘을 내서 한 발 더 나아갈 때가 되었다. 제도는 모든 이의 자유를 위한 것이다.

차례

들어가는 말: 제도는 자유를 위한 것   5

1부   외로운 대한민국

미안하지만 부담스럽네요, 가족   25

효도를 향한 피의 레이스 / 자녀 교육이라는 고차 방정식 / OECD 국가 중 가장 가난한 노인들 / 개발국가 모델을 닮은 한국의 '가족 경영' / 지켜도 안 지켜도 문제인 부양의무 / 비혼, 저출산… 가족 구조조정에 나선 한국인 / 저소득층 남성·여성의 결혼 딜레마 / 정규직만의 특권이 되어버린 긴 인생 계획 / 이혼율 증가로 급증한 중년 1인 가구 / '아이를 대충 키워도 되는 사회'부터 만들어야 / 가족 구조조정이 부른 '돌봄 공백'의 비극

돌봄 공백: 1인 가구는 자유로울까?   53

2030 싱글, 불안한 중년 독신, 빈곤한 독거노인 / 도전이 위기가 되는 청년 1인 가구 / 〈옥탑방 고양이〉에서 〈타인은 지옥이다〉까지 / 아무도 묻지 않는 중년 1인 가구의 외로움 / 거동이 불편한 노인이 혼자 사는 비율이 높다 / 왜 1인 가구의 돌봄 공백을 모른 척할까 / 국민이 외로워져야 굴러가는 사회라니

고독의 사회적 비용   75

'아이돌보미'에 대한 환상 / 아이돌보미 사업이 예상 밖 흥행을 거둔 까닭 / 돌봄은 민주주의의 과제 / 고독이 초래하는 사회적 비용 / 외로움은 '사회적 전염병' / 공동주거, 내가 원하는 사람과 살면 안 될까요? / '농촌 총각 장가보내기'가 남긴 교훈 / 외로움을 차별하는 정부

2부   서로 돌보며 함께 살지만

섹스하는 사이만 같이 살 수 있나요?   99

그냥 '베프'랑 살면 안 돼요? / '베프'와 살 집을 구할 때 겪는 일들 / 늙어 남자 밥해주지 말고, 우리끼리 재밌게 살자 / 서로 도와서 자립할 수 있는 권리 / 시설을 나온 장애인에게 동거란 / 같이 살고 싶은 이유를 국가가 꼭 알아야 해?

혼인신고의 장벽과 그 바깥의 사람들   121

혼인신고의 어마어마한 무게감 / 청년 동거: 많지만 드러나지 않은 동거 커플 / 중노년 동거: 가족관계를 더 꼬이게 하고 싶진 않다 / 노인 계층에 가장 요긴하게 사용될 법 / 법이 없으면 약한 쪽이 피해 입어 / 동거 가구에서 일어나는 가정폭력의 피해 / 임신과 출산이 축복이 될 수 없는 동거생활 / 생활동반자법은 피해자를 위한 법

생활동반자법은 동성애자를 위한 법이다?   141

생활동반자법은 동성애자도 위한 법 / 생활동반자법의 모티브가 된 프랑스 팍스 / 동성애 혐오로 삭아가는 우리 모두의 권리 / 행복해지고 싶은 보편적 마음

3부   혼자도, 결혼도 아닌 생활동반자

'개인'이 모여 '함께' 사는 즐거움   153

낯설게 보이는 '가족' / '함께 사는 즐거움'의 비싼 값 / '집밥'에 머물러 있는 함께 사는 즐거움 / 평등한 개인끼리 어떻게 함께 살 것인가 / 생활동반자법은 '함께 사는 즐거움'을 찾아가는 싸움 / 스스로 행복을 찾을 수 있는 사람들

특별한 한 사람을 가질 헌법적 권리   172

내 운명을 내 마음대로 결정할 권리 / 가족이라는 '제도'의 함정 / 가족 형태에 따른 차별금지를 위하여 / 다양한 가족들의 정규직화 / '사실혼' 개념을 통해 권리를 확대할 수 있을까 / 법적 개념을 만들면 상상력이 깃든다

함께 살며 돌보자는 특별한 계약관계   193

평등한 동거를 위한 민사적 계약 / 친족 신분관계가 바뀌지 않는 생활동반자법 / 일방적으로 깰 수 있지만 책임은 져야 / 혼인의 윤리, 생활동반자의 윤리 / 청약가점을 위해 생활동반자법을 남용할 수 있을까 / 세 명 이상의 생활동반자도 가능할까 / 진짜로 생활동반자법을 만들 거니까

4부　만들자, 생활동반자법

생활동반자 관계를 맺을 때　　　　　　　　215
생활동반자를 맺을 수 있는 사람 / 생활동반자 등록 / 차별금지: 생활동반자법을 위한 사회적 준비

생활동반자가 함께 살 때　　　　　　　　226
주거권 / 피부양자 인정의 문제 / 도와줄 권리 / 대신 결정할 권리 / 비혼 독신자의 친양자 입양 허용

생활동반자가 헤어질 때　　　　　　　　255
해소의 사유 / 함께 이룬 재산의 분할 / 손해배상 위자료 / 가정폭력으로부터 보호받을 권리

생활동반자가 사망할 때　　　　　　　　263
장례를 치를 권리 / 상속과 유언의 문제

나가며: 한국 정치의 다음 단계　　　　　281
감사의 말　　　　　　　　　　　　　　293

1부

한국에서는 가족이 되는 비용이 너무 비싸다.
그 비용이 너무 비싼 나머지 가족 없는 사람이
되기로 결정한다. 치열한 가족 구조조정의 결과,
우리는 자유롭고 행복해졌을까?

외로운
대한민국

미안하지만 부담스럽네요, 가족

> 가족이란 이름이 때론 천형 같다는 절망감…
> — 홍연식, 『마당 씨의 식탁』, 우리나비, 144쪽.

홍연식이 그린 '마당 씨' 3부작은 만화가 마당 씨의 가족 이야기다. 작품은 마당 씨가 아내, 갓 태어난 아들과 파주의 한 시골 마을에 세를 얻어 이사오면서 시작한다. 마당 씨는 텃밭을 가꿔 직접 재배한 채소를 먹고 자연 속에서 아이와 뛰어놀며 건강하고 행복한 자신만의 세계를 가꾸려 한다. 빠듯한 예산이지만 서울에서 떨어진 곳에 마당 씨는 딱 마음에 드는 집을 찾는다. 전원에서 건강한 아이, 화목한 부부, 만화가로서 성공할 꿈에 부풀어 있다.

여기까지라면 흔한 전원생활을 그린 만화겠지만 세상은 녹록지 않다. '마당 씨' 3부작은 이상적인 가정을 만들고 싶은 마당 씨의 꿈이 가족 때문에 번번이 방해 받는 이야기를 다룬다. 3부작 중 첫 작품인 『마당 씨의 식탁』은 주로 부모와의 관계를 다룬다. 마당 씨의 부모는 산업노동자와 가사노동자로 나름 성실하게 살았지만, 지금은 서울의 지하방에 사는 처지다. 아버지는 젊은 시절부터 알코올 중독으로 술에 취하기만 하면 폭군이 되어 가족을 괴롭히고, 나이가 들어서는 알코올 중독 후유증으로 지체장애가 생겼는데도 계속 술을 마신다. 어머니는 그런 아버지를 참다가 심장병에 걸려 시한폭탄처럼 언제 쓰러질지 모르는 삶을 산다.

부모님이 사는 지하방이 인력처럼 자꾸 마당 씨의 꿈을 끌어내린다. 그는 일주일에 한 번은 서울에 와 부모님을 모시고 병원에 가야 한다. 마당 씨는 부모님의 지하방을 보며 참을 수 없는 갑갑함과 분노를 느낀다. 하지만 아내, 아들과 새로 얻은 집의 주거비용을 고려하면 부모님을 지상으로 모실 돈은 없다. 장성한 아들이 둘이나 부양의무자로 있으니 임대 아파트에는 넣어볼 생각도 할 수 없다. 마당 씨는 벌써 가냐는 부모님의 말을 회피하듯 용건만 말하고 얼른 자신만의 세계로 도망간다. 마당 씨의 아내는 아픈 시부모를 모시자고 먼저 말할 정도로 비현실적으로 착한 사람이지만, 마당 씨는 더 이상 자신의 세계에 부모님이 침범하지 않도록 애쓴다. "부모의 인력이 미치지 않는 곳에서야 온전한 나의 세계가 유지된다(142쪽)."

그러나 부모와의 안전한 거리를 두려는 마당 씨의 바람

은 번번이 실패한다. 어머니는 설거지를 하다 갑자기 쓰러지고, 병원에서는 비급여 항목 검사를 자꾸 권한다. 마당 씨는 쓰러진 어머니를 응급실에 눕혀 두고 돈 걱정을 하다 검사를 거절한다. 수입이 불규칙한 만화가 마당 씨는 은행대출을 받지 못해 사금융 대출로 어머니의 병원비를 내고, 시골 생활의 필수품인 자동차를 판다. 어머니는 나아지는 듯하다가 결국 숨을 거둔다.

그 뒤 아버지는 운이 좋게 임대 아파트에 들어간다. 새집에서 기운을 차린 아버지는 술을 끊고 최소 2~3년간 돈과 시간을 쏟아야 하는 관절 재건 수술을 받겠다고 한다. 어머니가 사망한 후 아버지를 버릴 거라고 입버릇처럼 말해왔지만 마당 씨는 결국 큰 돈과 시간을 들여 아버지의 수술을 진행하기로 한다. 늙은 아버지에게 차마 모진 소리를 못한 것이다. 그는 어머니의 발병에 대해 스스로를 원망하며 작품을 마친다. 조금만 더 이따 가라는데 모질게 일어났던 것, 햇살이 잘 드는 파주 집에 며칠 묵고 싶다고 하셨는데 작업에 방해된다며 매몰차게 거절했던 것, 차려주셨던 음식에 충분히 고마워하지 않았던 것들 말이다.

효도를 향한 피의 레이스

『마당 씨의 식탁』을 주위 사람들에게 선물했는데 받은 사람마다 눈물 쏙 빼며 읽었다는 후기를 들려주었다. 한국 사회의 아들딸로 사는 우리에게 '부모에 대한 부담감'이 보편적으로 와닿기 때문인 것 같다. 부모에게 전혀 미안하지 않고, 부모를 조금도 원망하지 않는 한국인이 과연 몇이나 될까? 그런 사람이 있다면 꼭 모셔서 정신건강 특강을 듣고 싶다. 경연 프로그램에서 인순이의 〈아버지〉, 자이언티(Zion.T)의 〈양화대교〉, 라디(Ra.D)의 〈엄마〉 같은 노래가 필승카드로 쓰이는 한 이 원망과 미안함의 이중적 감정은 끝나지 않을 것이다. 용돈을 드리고 자주 찾아가서 뵈어도 부모님에 대한 감정은 밑 빠진 독과 같다. 쓰고 넘칠 정도로 돈이 많아서 부모님께 경제적 지원을 충분히 해드리면 괜찮을까? 그럴 정도로 돈이 많지 않기도 하지만 아마 그렇지 않을 것이다. 자녀의 경제력이 충분하다면 아마 부모의 경제력은 넘치게 충분할 가능성이 크고, 한국 사회의 효도는 단순히 경제적 부양을 넘어서 감정적 충만함이라는 좀처럼 완성되기 어려운 목표를 포함하기 때문이다.

그렇다고 조선시대처럼 관직을 버리고 3년상을 치르는 게 현대식 효도는 아니다. 우리 사회의 효도는 자랑할 만한 아들딸이 되는 것이다. 해외로 효도여행을 보내서 동창들이 모여 있는 네이버 밴드에 자랑할 사진을 찍게 해주고, 면세점에서 세상을 덮을 만한 샤넬 로고가 박힌 핸드백과 아버지 손목 관절에 무리를 줄 만큼 무거워 보이는 롤렉스 시계를 사드리는 것이다. 부모님 지인이 듣고 단박에 알 만한 직업을 갖기는 쉬운 일이 아니다. 효도가 될 만한 직장을 잡으려면 부모님의 노후자금을 털어 지원을 받아야 한다. 효도를 하려면 불효를 해야 하는 딜레마다. 지금의 불효를 만회하기 위해 더 큰 성공을 이뤄 부모님의 노후까지 책임져야 한다. 이렇게 한국 사회 청춘들은 효도를 향한 피의 레이스를 진행하고 있다.

미안하다가도 가끔은 화가 난다. '좋은 직장도 못 갖고 돈도 못 버는 게 누구 탓인데' 생각하다가도 죄스러운 마음에 얼른 지운다. 미안하다가 원망했다가 잘 해야지 하다가 부담스럽다가 부모에 대한 감정이 널뛴다. 별 볼 일 없는 사람들이 부모 덕으로 사장이네 대표네 갑질을 할 때면 더 좋은 위치에 나를 올려다주지 못한 부모가 원망스럽다. 재벌 기업까진 물려주지 않더라도 그때 내게 조금 더 투자를 해줬더라면, 딸이라고 학원비를 아끼지 않았더라면, 내게도 학자금 대출이 없었다면, 전세금만 보태줬다면 하는 마음이 드는 것이다. 또 한편에서는 자식을 좋은 위치에 보내기 위해 과잉 투자한 부모에 대한 원망도 있다. 학업 성취만 요구하고 내 마음에 귀기울여주지 않았던 것에 대한 원망이다.

자녀 교육이라는 고차 방정식

권위적이고 가부장적이던 한국 사회의 폭력과 고도성장기를 거친 우리 부모 세대가 겪어야 했던 혼돈과 열패감은 모든 아이의 기억에 상흔을 남겼다. 크고 작은 정도의 차이가 있을 뿐이다. 그래서 가끔은 좋은 사람을 못 만나는 것도, 자꾸 우울하고 내 마음이 어딘가 텅 빈 것까지도 부모 탓을 하고 싶어진다.

자녀가 부담스럽기는 부모 입장에서도 마찬가지다. 뼈 빠지게 길러놨는데 밥벌이도 안 한다. 공무원 시험을 준비한다, 스타트업을 한다, 서울 가서 일자리를 알아보겠다고 해서 연금보험을 해지하거나 전세 보증금을 줄여 보태준다. 나름 열심히 하는 것 같은데 이렇다 할 결과가 없다. "누구네 아들은 엄청 잘 나간다던데" 하는 소리에 기가 죽는다. 하지만 "누구네 딸이 자살했다더라, 요새 애들이 그렇게 자살한다더라" 하는 흉흉한 소리라도 들을라치면 건강하기라도 한 게 어디냐며 잔소리를 참고 용돈도 더 준다.

이도 저도 잘 안 풀린 애들이 다시 집으로 들어왔다. 외출도 안 하고 느즈막이 일어나 게임만 한다. 보고만 있어도 속이 터지지만, 다시 기회를 만들어주려면 이번에는 대출을 받아야 할 판이다. 저걸 언제 취업시키고 결혼도 시키나, 그럼 난 무슨 돈으로 백 살까지 사나 계산이 안 나온다. 늦은 나이까지 부모로부터 독립하지 않는 자식을 일컫는 '캥거루족'이라는 말까지 생겼다. 애들 밥을 40년 가까이 해먹였는데 아직 본인들 손으로 쌀 한 번 안 씻는다. 회사를 다녀도 직장이 불안정하니 생활비도 주다 말다 한다. 이혼 후 손주까지 데리고 들어와 사는 경우도 많다. 옛날처럼 부모를 부양하느라 3세대 가족이 되는 게 아니라 오히려 자식, 손주를 챙겨줄 사람이 필요해서 3세대 가족이 되는 것이다.

나이 먹은 자녀만 부담스러운 게 아니다. 취업하기 어

려운 시대인만큼 어릴 때부터 계획적으로 교육시켜야 한다. 예전에는 옆 자리 아이를 이기는 것 정도가 시험의 목표였다면, 앞으로 아이들은 좋은 일자리, 나쁜 일자리 양측 모두에서 글로벌한 경쟁에 시달린다. 예전에 사교육이 동네 학원을 몇 개 보내는 문제였다면 요즘은 선택지 자체가 온오프라인에 걸쳐 글로벌하다. 교육 시기도 유아기부터 취업 초기까지 길기도 길다. 그 내용을 보면 학교 교과목을 잘 따라가게 해주는 정도가 아니라 아이의 꿈, 인격, 체력, 인맥을 만들고 그에 맞는 스펙을 만들어주는 다차원적인 과정이다. 학교 공부의 경우 사교육을 안 해도 따라가기도 한다지만, 이제는 사교육이 아이의 기회 자체를 만들어주는 것만 같아서 불안하다. 무조건 많이 투자한다고 되는 것도 아니다. 아이의 행복과 성공을 두고 복잡한 고차방정식을 계산해내야 한다.

나라에서는 일단 애를 낳으면 다 길러줄 것처럼 얘기하지만 그렇지 않다는 건 누구나 안다. 나라에서 낳으란 대로 낳아서 나라에서 지원해주는 만큼 기르면 나라에서 부려먹기 좋은 사람은 되겠지!

OECD 국가 중 가장 가난한 노인들

가족이 부담스러운 건 감정적인 문제만이 아니라 생존의 문제다. 특히 돈을 벌 능력이 없고 돌봄이 필요한 노인층에게 치명적이다. 2017년 빈곤통계연보에 따르면 2016년 인구 전체의 상대적 빈곤율은 가처분소득 기준 13.8%인데 비해 노인의 상대적 빈곤율은 46.7%에 달했다. OECD 조사에서도 노인의 상대적 빈곤율은 48.1%로 OECD 평균인 12.8%를 큰 폭에서 앞지르고 있다. 지금의 노인층은 국민연금을 받을 만큼 안정적인 일자리에서 오래 일했던 경우가 적고, 자산을 자녀 교육에 모두 쏟아붓거나, 사회적 안전망이 없는 사회에서 사업 실패, 실업, 투병 및 장애, 범죄 피해 등을 겪으며 노후자금을 날려버린 경우가 많다. 이렇게 준비되지 않은 상황에서 고령화를 맞으며 사회적·개인적으로 노후 준비가 안 된 노인 계층이 급속도로 늘고 있다.

결국 자식에게 '올인'한 후 부양을 받는 게 이들의 노후 대책이다. 하지만 신자유주의 이후 악화된 노동 환경에서 자녀는 부모를 부양할 만큼 충분한 돈을 벌지 못 한다. 정부는 기초노령연금, 노인장기요양보험 등 사회복지제도를 급히 만들었지만 인간다운 삶을 보장하기에는 턱없이 부족하다. 정부 역시 국민연금처럼 돈을 미리 쌓아 놓지 않은 상황에서 노인 대상자가 빠른 속도로 증가하고 있어 이중고에 시달린다. 굶어 죽지 않을 수준의 노인 복지, 그나마 잘 갖춰진 의료제도와 기술로 한국의 노인은 아프고 가난하게 오래 산다. 그 결과 한국의 노인은 OECD 국가 중 두 번째로 많이 일하는데도 가장 가난하고 압도적으로 많이 자살한다.

노인일자리 사업을 나가거나 폐지를 주워 돈을 벌고, 기초노령연금을 적게나마 받고, 자녀가 조금이라도 용돈을 주면 간신히 살 수 있다. 하지만 이들에게는 살면서 겪을 수 있는 조그만 돌부리도 너무나 버거운 절벽이 된다. 국민건강보험이 허락하지 않는 병을 오래 앓는 것, 노인복지센터나 경로당을 가지 못할 정도로 다쳐 밥과 여가를 해결할 수 없는 것, 오랫동안 살던 동네가 재개발 되는 것, 자녀가 실직을 하는 것 모두 준비되지 않은 돌부리다. 노인에게 이런 일이 일어나면 자녀의 생활도 도미노처럼 함께 무너진다. 일상생활을 하면서도 신경의 한 축은 늘 부모에게 있다. 오죽하면 99세까지 팔팔(88)하게 살다가 2, 3일만 아프고 죽자(4, 死)는 유행어 '9988234'가 있을 정도다. 9988234는 부모의 건강과 행복만 기원하는 게 아니라 아들딸의 일상과 집안 경제를 유지하기 위한 주문이기도 하다.

    자식에게 부양을 받는 부모의 마음도 편치 않다. 한국보건사회연구원이 '자녀가 있고 건강하지 않은데도 노인이 혼자 사는 것'에 대해 현재 1인 가구의 동의 정도를 물었더니 20대 1.2%, 30대 2.4%, 40대 6.5%, 50대 9.6%, 60대 19.4%, 70대 19.9%, 80대 이상 22.1%가 '동의' 또는 '매우 동의'라고 답하였다(1인 가구 실태 및 인식조사, 2012). 아프더라도 자식에게 부담을 주기 싫다는 답변 비율이 젊은 세대보다 노인 세대에서 훨씬 높게 나온 것이다. 자식 세대가 나이든 부모를 부담스러워 할 것이라는 통념과 다른 결과다. 1인 가구를 대상으로 한 조사에서도 경향은 비슷했다. 언론에 종종 아픈 배우자를 죽이고 자살했다는 노인의 사연이 보도된다. 혼자 사는 노인 자살은 흔해서 언론에 잘 보도되지도 않는다. 극단적 선택을 하는 노인의 상당수는 자녀에게 부양 부담을 주기 싫거나 혹은 부양을 부담하지 않으려는 자식에게 배신감을 느끼는 것이 원인인 경우가 많다.

개발국가 모델을 닮은 한국의 '가족 경영'

자녀를 키우는 일을 '자식 농사'라고 표현한다. '자식 농사' 뒤에는 '잘 지었다' '망했다' 등 평가가 따라붙는다. 농사는 자연 속에서 식물이 자라는 것과는 다르다. 농사는 자연이 아니라 산업이다. 종합적인 계획하에 종자, 비료와 농약, 농기구 등을 사는 투자가 필요하고, 밭을 갈고 씨를 뿌리고 김을 매는 고된 노동이 투입되어야 한다. 심지어 좋은 기후를 바라는 종교적 기원까지도 들어간다. 농사에서 가장 중요한 것은 최종적인 성과물이 팔려 돈이 되어야 한다는 점이다. 그 수익에 따라 그 농사가 잘 되었다, 망했다는 평가가 나온다. 농작물에서 미학적 가치나 존엄을 찾는 농부는 없다.

말하자면 한국에서 자녀란 숲속에서 햇살, 바람, 비를 맞으며 새와 다람쥐와 함께 자란 나무가 아니라 계획하에 이랑을 따라 자라는 배추 같은 것이다. 그리고 한국의 부모는 햇살, 바람, 비가 아니라 꼼꼼하게 돈을 끌어와 투자하고, 덥고 추운 날에도 노동을 하고, 쓸모없는 잡초는 끊임없이 제거하는 농부다. 한국에서 부모의 사랑은 햇살이 나무를 사랑하는 것보다 농부가 농작물을 사랑하는 것에 가깝다. 그러니 좋은 값을 못 받는 농작물과 같은 자녀는 스스로를 부끄러워하고, 농부를 원망하기도 한다.

　사회학자 장경섭은 이러한 한국 가족의 모습을 분배보다는 성장에 초점을 맞춰 경제를 일군 개발국가의 모습과 유사하다고 말한다. 과거 정권이 한일청구권협정 등으로 만들어진 자금을 재벌에게 몰아주며 성장에 올인하고 인권이나 복지와 같은 보편적인 가치를 후순위로 밀어둔 모습과 같다는 것이다. 장경섭은 한국 가족이 개발주의 목표, 즉 경제적 성과가 남는 목표를 우선시한다고 지적한다. 가족은 하나의 그룹이 되어 교육, 주택 등 부동산 투자, 금융 지원 및 연대보증, 가족 기업 경영 등에 아주 공격적으로 개입하고 투자한다(장경섭,『내일의 종언?: 가족자유주의와 사회재생산 위기』, 집문당, 5~6쪽). 한국 가족은 전 세계적으로 자녀 교육에 가장 많은 투자를 한다. 자녀나 형제에게 돈을 빌려주거나 보증을 서주는 경우도 많다. 농지와 같이 사양 산업에 속한 자산을 처분해 자녀, 형제가 새로운 사업을 하거나 공부를 할 수 있도록 지원해왔다. 많은 여성들이 오빠나 남동생의 교육을 위해 일찍 취업전선에 나서야 했다.

　문제는 한국 경제가 과거처럼 빠르게 성장하지 않고, 빈부격차가 심해지면서 가족에 대한 투자 성과가 없어지면서 일어났다. 기후가 전반적으로 나빠져 열에 아홉은 자식 농사에 실패한 셈이다. 늙어서도 안정적으로 살 수 있는 준비에 소홀했고 노년층의 빈곤은 보편화되었다. 너무 열심히 일하고 공부한 탓에 육체적, 정신적 건강을 잃은 사람도 많다. 장경섭은 이를 두고 '도박성이 농후한 사회재생산 체계(같은 책, 16쪽)'를 가족과 국가가 함께 만들어왔다고 지적한다. 모든 걸 쏟아부었지만 홍수 때문에 농사에 실패한 사람이 서로 미안해하고 원망하며 그러다 부담스러워하는 것이 지금 한국 가족의 모습이다.

지켜도 안 지켜도 문제인 부양의무

'부양의무제'로 대표되는 정부의 '선 가족부양, 후 사회보장' 제도는 가족 간 돌봄을 튼튼하게 하기는커녕 부담을 더 키운다. 정부는 저소득층에게 최소한 주거, 생계, 교육, 의료 생활을 보장하기 위해 기초생활수급 제도를 운영한다. 이때 경제생활을 하는 자녀, 부모, 배우자가 있으면 실제로 부양을 받는지와 무관하게 기초생활수급자에서 제외한다. 가족이 있으면 어떻게든 해결하고 그게 안 될 경우에만 나라에서 도와준다는 뜻이다. 부양의무제 때문에 기초생활수급을 받지 못한 저소득층은 93만 명으로 추정된다(2015년 기준). 대선 후보 당시 문재인 대통령은 부양의무제 폐지를 공약했다. 단계적 폐지를 추진하고 있지만, 전면 폐지까지는 많은 단계가 남아 있다.

연락이 끊겼거나 부양을 거부하는 가족 때문에 사회로부터 지원을 받지 못하는 저소득층은 생존에 문제가 생긴다. 장기간 따로 사는 서류상 부부도 많다. 가족관계를 끊어야 하는데 한국은 부부 양쪽이 합의하지 않은 경우 이혼하기가 어렵고, 저소득층은 이혼 소송을 통해 자신의 권리를 지킬 만한 법적 방어 능력과 자원이 거의 없다. 사회복지 관계자라 하더라도 이혼 소송을 도와줄 만큼 대상자의 삶에 깊이 관여하기가 쉽지 않다.

부부는 이혼이라도 할 수 있지만 부모자식의 인연은 끊어낼 수 없다. 그나마 법이 개정되어 부양의무자와 가족관계가 단절되었다고 입증하면 기초생활수급을 받을 수 있는데, 이를 확인하기 위한 절차가 복잡하다. 왕래가 없다는 사실을 확인하는 통장 내역, 통화 내역, 우편 내역 등 서류를 제출하고 자식이 부모와의 가족관계가 단절되었다는 확인서를 써야 하는 경우도 있다. 이 과정에서 드문드문 이어지던 관계가 정말로 단절되기도 한다.

자녀가 부양의무를 잘 지켜도 문제다. 저소득층 노인의 자녀는 높은 확률로 저소득층이다. 소득이 적은 자녀가 부모를 부양하기 위해 학업, 결혼, 출산을 포기하는 경우가 많다. 가난한 사람을 더 가난하게 하고, 새로운 기회를 갖기 어렵게 만든다. 성인이 되어서까지 기회의 평등이 침해되고 있다. 여유가 있어서 부모를 부양하면 좋겠지만 마음대로 안 되는 현실에서 부모와의 관계가 단절되었다는 사실을 확인시켜야만 수급자격을 준다면 당연히 고민될 수밖에 없다. 현재의 부양의무제는 착하고 가난한 부모와 자식이 서로를 원망하고 미안해하도록 한다. 이는 두드러진 한 가지 사례

일 뿐, 한국의 사회경제적 체계 전체가 가족을 미안하고 부담스러운 존재로 만들고 있다.

비혼, 저출산… 가족 구조조정에 나선 한국인

IMF는 해도 안 된다는 걸 보여준 충격적인 사건이다. 고도성장기 한국은 정부도, 기업도, 개인도 '하면 된다'의 정신으로, 열심히 하다보면 미래는 더 나아지리라는 기대로 살았다. IMF를 겪으며 각 기업들은 부채 규모와 고정지출을 줄이기 위해 대규모 구조조정을 단행했다. 불필요한 사업 분야를 정리하고, 정규직 노동자를 대량 해고했다. 불안한 자본 시장 속에서 기업은 위험요소를 줄여 나갔다.

개인 역시 취업할 때는 물론이고 취업 후에도 일자리를 유지하기 위해서 부단히 노력해야 하는 상황이 되었다. 실질임금이 낮아졌고 그나마도 언제까지 일할 수 있을지 초조해졌다. 언제 실직할지 모르니 벌 수 있을 때 한 푼이라도 더 벌고 모아두어야 한다. 이러다 보니 일자리가 있든 없든 늘 시간이 없고 마음이 불안하다.

그래서 한국인은 마치 기업처럼 가족 구조조정에 나서게 된다. 시간은 없고 미래는 불안한데 가족으로서 해야 할 책임은 너무나 크기 때문이다. 삶을 영위하는 자체가 시한폭탄이 되어버린 사회다. 어쩌다 태어나 안게 된 각자의 시한폭탄은 어쩔 수 없이 지고 간다고 하더라도 다른 시한폭탄까지 껴안을 수는 없다. 반대로 내 시한폭탄을 다른 사람에게 같이 짊어지자고 할 수도 없다. 그렇게 결혼과 출산을 미루고, 가족에 대한 부양도 최대한 회피하게 되었다. 한국에서 가족은 마치 기업처럼 전체의 발전을 위해 자원을 차등 투자하고 구성원 모두가 부담을 지는 운명공동체였기 때문에 가족 구조조정은 큰 충격을 낳았다.

우선 더 이상 가족을 늘리지 않는다. 무엇보다 혼인율이 크게 줄었다. 각 개인이 딛고 서 있는 사회, 특히 노동 시장이 불안해지자, 결혼은 믿을 구석이 있는 사람만의 것이 되었다. 전문직이나 정규직 직장, 혹은 집안의 자산 등이 그렇다. 대부분은 각자의 외발자전거를 타고 있다. 외발자전거 두 대가 손을 맞잡아봤자 이쪽저쪽 기우뚱댈 게 뻔하다. 상대가 휘청일 때 나도 엎어질 가능성만 더 커진다. 게다가 결혼을 하면 배우자뿐 아니라 배우자의 가족과 나의 가족 모두가 내 삶의 리스크다.

결혼을 거부하는 사람들이 빠른 속도로 증가하는데, 이는 특히 여성에게 두드러진다. 한국보건사회연구원이 미혼 남녀(20~44세)를 대상으로 한 '결혼의 필요성에 대한 태도' 조사에 따르면, 미혼 남성의 50.5%가 결혼을 '반드시 해야 한다' 또는 '하는 것이 좋다'고 답한 반면, 미혼 여성은 28.8%만 그렇다고 답했다. 불과 3년 전인 2015년 같은 조사에서 미혼 남성 62.8%, 미혼 여성 39.7%가 결혼을 '해야 한다'고 답한 것에 비해 결혼관이 빠른 속도로 달라지고 있다(2018년 전국 출산력 및 가족보건·복지 실태조사, 이하 가족실태조사).

이제 여성도 평생 직장에 다니는 게 일반적인 일이 되었다. 하지만 맞벌이를 해도 가부장제 가족 내 며느리, 아내로서 역할을 수행해야 한다. 남편이 혼자 벌면서 가족 생계를 유지하던 때에도 며느리, 아내 역할이 만만치 않았는데, 거기에다 돈까지 벌어야 한다. 게다가 대부분 회사는 퇴근 후 시체처럼 누워만 있다가 나와야 겨우 일할 수 있을 만큼 업무 강도가 높다. 출산과 육아 과정에서 여성이 담당하는 수고를 생각하면 남성이 일상적인 가사를 더 해야 하지만 한국 남성에게 그런 역할을 기대하기는 어렵다.

아내 역할, 며느리 역할에는 가사노동뿐 아니라 아내로서 기대되는 감정노동까지 포함된다. 많은 남성들이 정서적 안정감을 원해서, 지친 사회생활에서의 위로, '퇴근하고 집에 돌아오면 불 꺼진 방이 너무 쓸쓸'해서 결혼하고 싶다고 한다. 사물인터넷(IoT) 기술이 발전해 귀가 전에 전등, 에어컨, 그리고 보일러까지 미리 켜놓을 수 있는데도 말이다. 결혼보다 스마트 전구가 싸다. 각자의 공간과 거리를 두고 서로를 챙길 수 있던 연애 시절에 비해 자신은 물론 자신의 부모까지 모든 순간 감정적으로 챙겨주길 바라는 남편의 바람 앞에서 여성은 당혹스러워 한다.

아내의 감정적 보살핌은 남성 혼자 돈을 벌어 부양하던 시절, 노동력 재생산을 위한 가정 내 노동의 일환이었다. 남성이 직장에서 받은 스트레스를 해소하고 '기를 살려' 다시 노동할 수 있게 해준 것이다. 감정노동은 때로 가정폭력의 상황으로 치닫기까지 했다. 하지만 많은 남성은 공감과 위로가 노동이라는 사실을 이해하지 못한다. 그들은 공감과 위로가 여성으로서 당연히 갖는 천성이라거나 사랑하면 자연스레 분출되는 공기 같은 것이라는 낭만적 착각에 빠져있다. 하지만 아내도 노동자로서 밖에서 살인욕망을 세 번쯤 참고 귀가해 남편의 하소연을 또 듣기가 쉽지 않다. 여성들로선 자신도 돈벌이를 하는 데다가 감정노동까지 해야 하는 결혼의 필요를 못 느낀다.

　　남성도 결혼제도가 마냥 좋지만은 않다. 여성만큼은 아니지만 미혼 남성 사이에서도 결혼에 대한 거부가 늘고 있다. 남성은 '남자가 집을 마련해야 한다' '직업이 좋아야 한다' 등 가장 역할에 대한 기대를 버거워한다. 가장 역할을 충분히 못해 부담을 느끼느니 그냥 혼자 사는 게 낫다는 것이다. 적은 월급으로 부모까지 부양해야 할 때 치러야 할 굴욕은 차라리 혼자 겪는 게 낫다고, 괜히 결혼했다가 감정적으로 힘들고 여자도 고생시키고 싶지 않다고들 한다.

　　삼종지도, 칠거지악 같은 유교적 가부장제에서 존재하던 부부간 성 역할은 많이 사라졌다. 하지만 남성 생계 부양자 모델 시대의 핵가족 낭만주의만큼은 도무지 사라지지 않고 있다. 남성이 돈을 벌고 여성이 가사와 육아를 담당하는 남성 생계 부양자 모델은 이미 오래전에 무너졌는데도, 이 모델에 기초한 경제적·감정적 기대는 남아 있다. 남성이 결혼에 대해 갖는 불만도 여기에 포함된다. '든든한 남편, 따뜻하고 센스 있는 아내'가 결혼적령기 남녀가 보고 배워온 이상적인 가정이다. 우리는 불안정한 노동자로서 필요한 감정적·경제적 협동을 어떻게 결혼이란 틀로 만들어낼지를 찾지 못했다. 그러다보니 결혼제도가 우리에게 필요한 감정적·경제적 협동에 적합한 틀인지 회의하는 이들이 늘어나고 있다.

여성의 노동 시장 참여가 늘어나고 결혼하지 않고도 독립적인 삶을 살 수 있게 되면서 결혼율이 점차 줄어들었다. 같은 이유로 결혼 시장이 완전히 무너지지 않은 건 아직도 많은 여성이 결혼하지 않고서는 안정적인 삶을 살 기회조차 갖기 어렵기 때문이다. 여성 취업률이 증가하고 다양한 분야에서 활약하는 여성이 늘어나고 있지만 한국은 여전히 저소득층 여성 혼자서는 살기 어려운 사회다. 특히 지방에서는 좋은 일자리를 가질 기회가 더욱 적고, 분위기 또한 보수적이다.

가족실태조사에서 미혼 남성은 혼인에 대한 긍정적 태도 응답 50.5%와 결혼 의사가 있다는 응답이 58.8%로 두 응답 간 차이가 크지 않았다. 그러나 여성의 경우는 결혼의 필요성에 대해 28.8%만이 긍정적인 태도를 보인 것에 비해 45.3%가 혼인의사를 밝혔다. 결혼에 대해서는 부정적이지만 현실적으로 본인에게 결혼이 필요하다고 본 것이다. 울며 겨자먹기로 결혼하는 셈이다.

미혼 남녀(20~44세)의 학력 분포를 보면 남성의 경우 고졸 이하 53.3%, 대졸 이상 46.7%로 고졸 이하가 더 많았다. 여성은 고졸 이하 32.8%, 대졸 이상이 67.2%로 대졸 이상이 압도적으로 많았다. 특히 조사에서 18.8%의 여성은 대학에 재학 중이라고 밝혀 미혼 여성 중 최종학력이 고졸 이하는 14% 가량에 지나지 않는다. 미혼 남성은 재학 중인 자를 제외해도 33% 이상이 고졸 이하가 최종학력이다. 불안정한 노동 시장에서 저소득층 남성은 가장 역할을 못해 결혼하기 힘들고, 저소득층 여성은 결혼하지 않고 살기가 어렵다.

저소득층 남성·여성의 결혼 딜레마

저소득층, 특히 지방의 저소득층 여성은 비숙련 서비스직 또는 제조업에서 일하게 되는 경우가 많다. 이런 직장은 연차가 쌓여도 급여가 최저임금 이상으로 오르지 않는다. 대부분 계약직이고 폐업이 잦아 직장의 존립이 불안정하다. 유독 젊은 여성을 선호하는 한국 서비스업 노동 시장의 특성상 나이를 먹을수록 직업 환경이 악화될 가능성이 크다. 불안정한 노동 환경에서 겪어야 할 차별적 문화, 성희롱 및 성추행, 비혼 여성에 대한 편견 등을 고려하면 저소득층 여성에게 비혼은 너무 어려운 선택지다. 정부도 공공분양 및 임대, 대출 정책 등을 결혼한 사람에게 유리하게 함으로써 결혼을 해야 인간다운 삶을 살 수 있다고 선전한다.

'취집'한 여성이 안정적으로 행복하게 사느냐 하면 또 그렇지 못하다. 우선 저소득층 여성의 배우자가 되는 중간

소득 남성의 일자리는 빠른 속도로 무너지고 있다. 자동차, 조선 등 덩치 큰 제조업 정규직이 빠르게 사라진다. 유통시장이 변화하면서 사람 대 사람의 판촉이 줄어들고 전통적인 의미의 영업직 직군 또한 크게 감소하고 있다. 대신 제조업 하청노동자와 택배, 배달, 운전 등 가짜 자영업 노동이 늘어난다.

남편의 직장이 불안정하기 때문에 아내도 계속 일할 수밖에 없는데, 육아 및 가사와 병행해야 하고 경력 단절까지 겹쳐 결혼 전보다 더 안 좋은 일자리를 선택하게 된다. 내키지 않은 결혼을 한 것과 같은 이유로 이혼 역시 선택하기 쉽지 않다. 그래서 가정폭력, 시집살이 등 가족 문제에서도 대항하기 어렵다. 이들은 남편의 실업, 사업 실패, 도박이나 중독 등으로 가정경제가 완전히 무너진 후 이혼하는 경우가 많다. 이렇게 이혼한 남편과 아내는 감정적·경제적으로 위험한 상황에서 1인 가구로 남는다.

정규직만의 특권이 되어버린 긴 인생 계획

30대 중반을 넘도록 결혼을 안 한 나 같은 사람은 잔소리꾼의 좋은 표적이 된다. 안부를 묻는 흔한 인사도 이제 결혼을 해야 한다는 잔소리로 넘어가기 십상이다. 나를 아끼는 어른일수록 잔소리가 많다. 보통은 결혼을 해야 안정되고 돈도 모을 수 있다는 소리다. 결혼을 해서 서울 변두리의 20평대 아파트를 사고, 그걸 불려서 서울 내 30평대 아파트를 사야 한다는 말을 듣다보면 대체 이 분은 어느 시대에 살고 있는 건가 싶어서 그냥 웃으며 가볍게 동조만 하고 만다. 물려받을 자산은 없지만 찢어지게 가난하지 않고 또래에 비해 잘 버는 편인데도 결혼에 대한 세대 간 온도차는 크게 느껴진다.

    나보다 윗세대는 결혼을 계층 상향을 포함한 인생 계획의 출발점으로 여긴다. 이들은 인생 계획이 누구에게나 가능하고 필요하다는 전제를 가진다. 봉준호 감독의 영화 〈기생충〉은 우리 시대 저소득층에게 '계획'이란 무엇인가를 잘 보여준다. 영화에는 두 종류의 계획이 나온다. 아버지 기택(송강호 분)은 당장 상황을 돌파하는 단기 계획만 있다. 유행하는 사업을 되는 대로 창업하고 실패하지만 위기 상황에서는 나름의 돌파력을 드러낸다. 반면 아들 기우(최우식 분)는 긴 인생 계획을 가진다. 여러 번 시험을 봐서라도 원하는 대학에 진학하고 자산가가 되어 자신이 가르치는 상류층 여학생과 결혼하여 자신도 상류층이 되겠다는 포부가 있다. 기택의 가족이 위기에 봉착하고, 기택은 사력을 다해 회복하려 하지만 상황은 점차 나락으로 떨어진다. 아들 기우의 계획은 점차 몽상을 넘어 기원 수준에 다다른다. 영화는 두 계획이 합쳐지면서 가족을 파멸로 이끄는 모습을 보여준다.

    결혼하는 사람은 나름의 계획이 있다. 〈기생충〉에 나오는 두 가지 계획, '긴 인생 계획'인지 '당장의 돌파 계획'인지가 다를 뿐이다. 인생에 대한 긴 계획을 세우는 건 자산가,

공무원, 대기업 정규직만의 특권이 되어버렸다. 그 외 나머지에게 인생이란 당장의 돌파구를 찾는 일이다. '계획할 권리'가 없는 계층의 사람이 긴 인생 계획을 가지고 결혼을 하면 매 순간 계획과는 다른 현실과 충돌한다. 당장 현실을 돌파할 계획으로 결혼한 사람은 결혼으로도 문제가 안 풀리면 또 다른 돌파구를 찾아나서야 한다.

이혼율 증가로 급증한 중년 1인 가구

이혼도 그 돌파구 중 하나다. 이혼율은 IMF 이후 2003년까지 급증했다 점차 감소하는 추세다. 인구 1000명당 이혼율은 1997년 2.0명에서 2003년 3.4명까지 증가하였다가 이후 2018년 2.1명 수준까지 내려왔다. 결혼제도가 튼튼해져 이혼율이 감소했다고 보기는 어렵다. 오히려 IMF 이후 불안정한 사회에 익숙해져 이혼할 가능성이 높은 사람이 아예 결혼을 안 해서 감소한 것으로 보아야 한다. 이혼율이 가장 높았던 2003~2018년 15년간 결혼 연차별 이혼통계를 보면 결혼 20년차 미만 부부의 이혼건수는 47% 감소한 반면 결혼 20년차 이상 부부의 이혼은 오히려 22% 증가했다. 젊은 세대가 개인주의적 사고를 가졌거나 혹은 철없이 결혼해서 이혼하는 경우가 많다는 건 편견이다. 현재 대한민국에서 가장 많이 이혼하는 커플은 IMF 이전에 결혼한 중노년이다.

이혼은 누구에게나 어려운 일이다. 아이가 있는 경우는 더욱 그렇다. 하지만 남편과 아내가 혼자서 생계를 꾸릴 수 있다면 불행한 결혼을 유지하는 것보다 이혼이 나은 선택일 수도 있다. 문제는 저소득층 가구의 이혼은 경제적 파탄이 난 상황에서 진행되는 경우가 많다는 사실이다. 돈이 없는 것도 생활을 어렵게 하지만 그 과정이 더 큰 문제다.

'해고는 살인이다'라는 구호가 있을 정도로 실직은 그 자체로 큰 트라우마를 남긴다. 불안정한 노동 시장은 사람들에게 무리한 투자, 사업 도전 등을 통한 '인생 한방'을 부추기는데 이에 휘말렸다가 멀쩡한 가계가 추락하기도 한다. 함께 발생하는 가정불화와 폭력, 알코올 중독 등의 문제는 위기 가정이 다시 일어나기 어렵게 만든다. 현실적으로는 얼마간의 전세금이라도 지키기 위해, 혹은 자녀를 채권추심으로부터 보호하기 위해 이혼을 선택한다. 이렇게 이혼하면 신체적·정신적 상처가 큰 상황인데도 누구에게도 돌봄을 받지 못하는 처지가 된다. 특히 여성은 경력이 단절된 상태로 최하층 노동 시장에 속하게 된다.

노인 부부의 이혼은 꽤 많은 경우 병간호 때문이다. 연상의 남편과 연하의 아내가 결혼하던 관습과 여성의 긴 평균 수명이 더해져 보통의 경우, 아내가 남편을 간호한다. 결국 여성 노인이 남편 간호를 거부하면서 이혼을 요청한다. 이런 이혼 사례에서 과거 남편이 학대·폭력 등의 가해자인 경우도 많다. 기초노령연금, 건강보험, 지역 노인복지관 또는 경로당 등 사회제도를 통해 여성 노인은 남편 없이 생존할 수 있는 환경이 되었다. 늙어서 아픈 남편에게 묶여 노년을 보내느니 자유롭게 살겠다고 다짐한 것이다.

지역의 복지회관 등을 돌며 여성 노인에게 재산 분할, 연금분할 등을 설명하고 이혼 소송을 권하는 브로커가 있을 정도다. 이들은 사별한 여성 노인에게 상속받은 부동산 등을 싸게 팔라고 설득하기도 한다. 평생 가족 내에서 경제권을 쥐어보지 못한 여성 노인에게 현금을 마음껏 쓸 수 있다고 부추겨서 이혼 소송, 부동산 매각 등을 진행하는 식이다. 물론 이와 반대로 단칸방 하나 얻을 자산이 없어서 파탄난 결혼생활을 껴안고 살아가는 노인 부부도 많다.

자산이나 배우자 연령에서 해당사항이 없어서 요양보호, 장애급여, 기초노령연금 등 사회복지혜택을 받지 못할 때에는 이혼을 통해 수급조건을 만들어내기도 한다. 반면 여러 이유로 별거를 하던 부부가 남편의 병간호를 위해 다시 살림을 합치는 경우도 있다. 시설보다 집에서 돌보는 게 좋다고 생각하면서 결국 아내가 희생하게 되는 것이다. 아내에게 병 또는 장애가 생겨 남편이 수발하는 경우도 있지만, 남편이 나이가 많고 평균 수명이 짧기 때문에 보통 남편이 먼저 병수발을 받는다. 남성 노인은 누군가를 돌보는 일에 익숙지 않다 보니 여성 노인이 먼저 아프면 자식이 간호하거나 시설·병원에 맡긴다. 시설에 여성 노인이 남성 노인보다 많은 이유다.

'졸혼'도 새로운 트렌드로 등장했다. 법적으로 이혼하지 않고 별거하는 현상인데, 배우 백일섭 씨와 소설가 이외수

씨가 졸혼을 선언하면서 유명해졌다. 이는 이혼을 부정적으로 생각하는 사회 분위기, 이혼 절차를 거쳐서 양육권을 조정하지 않아도 된다는 점, 재혼을 할 의사가 거의 없다는 전제하에 생겨난 현상으로 보인다. 이혼을 하려면 재산 분할, 위자료 등을 논의해야 하는데, 자녀에 대한 증여, 상속 문제도 생길 수밖에 없다. 자녀 입장에서는 부모가 이혼하면 배우자의 가족에게 알리기 난처하기도 하고, 혹여 재혼할 경우 상속분이 줄어들어서 선호하지 않는다.

'아이를 대충 키워도 되는 사회'부터 만들어야

사상 최저, 세계 최저 출산율은 가족 구조조정의 결과물이다. 출산율 저하가 얼마나 심각한지는 매일 대서특필되고 있기 때문에 자세히 쓰지 않겠다. 저출산에 대한 호들갑은 이를 해결하기는커녕 출산에 대한 대중적 공포만 키운다. 이러한 세상에 아이를 낳는 것은 오히려 무모하게 느껴진다. 아이를 안 낳아서 대한민국이 망한다고 겁을 줘봤자 아이를 낳으면 당장 내가 망할 것 같은 불안감보다 강하기는 어렵다.

출산은 인생에서 가장 긴 계획이다. 앞서 말한 것처럼 긴 계획을 세울 수 있는 삶은 이미 특권이 되었다. 실제로 결혼을 한 부부 사이에서 출산율은 크게 줄어들지 않았다. 문제는 인생에 긴 계획을 세우지 못하는 사람이다. 이들이 결혼을 안 하니 당연히 출산도 하지 않는다. 게다가 오늘날 한국 사회에서 계획이란 현재 내 계층을 유지하면서 지금처럼 살 계획이 아니라 계층 상승에 대한 실행 가능성을 말한다. 한국 사회는 끊임없이 가속하지 않으면 미끄러져 버리는 가파른 오르막길이기 때문이다.

아이를 낳게 하는 가장 쉬운 방법은 아이를 대충 키워도 되는 사회를 만드는 것이다. 정부도 공공보육을 확대해 육아노동의 부담을 줄여주고, 아동수당을 통해 아이에게 나가는 생존비용을 지원하는 정책을 펴고 있다. 하지만 아이를 키우는 건 단순히 살아 있게 하는 것 이상이다. 한국의 양육은 더 나은 계층에 자녀를 데려다놓기 위한 도전이다. 부모는 매 순간 정보를 수집하고, 자원을 확보하고, 전략적 선택을 통한 투자를 해야 한다. 반면 사회적 인프라는 평균 수준의 보육을 제공하는 국공립 어린이집마저 줄서서 보내야 할 정도로 부족하다. 우리 사회는 부모 역할에 대한 도덕적 강박, 성과주의적 평가가 심하다. 책임감은 강한데 그 책임감을 다할 수 있는 사회경제적 조건은 턱없이 부족하다.

저출산에 대한 우려는 이미 너무 많고 이 책의 주제와는 거리가 멀기 때문에 길게 쓰지 않았다. 다만 가족을 꾸리는 일은 새로운 사람과 새로운 순간을 보내며 함께 사는 재미를 느끼길 기대하는 것이다. 분명한 건 한국은 함께 사는 즐거움을 잃어가고 있다는 사실이다. 새로운 누군가와 함께 만들어낼 변화를 기대하기보다 두려워한다. 한국 사회에서 '변화'는 대체로 '불행'의 유의어다.

가족 구조조정이 부른 '돌봄 공백'의 비극

한국에서는 가족이 되는 비용이 너무 비싸다. 그 비용이 너무 비싼 나머지 가족 없는 사람이 되기로 결정한다. 치열한 가족 구조조정의 그 결과, 우리는 자유롭고 행복해졌을까? 가족으로서 주어진 과도한 부담을 피하고자 가족구성원을 줄여 나간 결과 우리는 함께 사는 사람과 일상을 나누는 행복, 내가 위험한 상황에 처하지 않도록 도와줄 최소한의 안전망마저 포기하게 되었다. 가족 구조조정으로 위험은 줄일 수 있었지만 '돌봄 공백'의 위기에 처하고 말았다.

'가족을 사랑한다'는 건 무슨 뜻일까. 가족 앞에서 모든 노력이 정당화되는 한국 사회가 나는 솔직히 부담스럽다. 가난한 사람은 가족 때문에 이 모양이라며 서로를 원망하고, 모든 걸 가진 사람은 그 힘으로 가족을 끌어올리려고 부정을 저지른다. 가족 사랑을 이유로 교사가 시험지를 훔치고, 국회의원이 자녀를 대기업에 취업시키려고 기업을 협박한다. 정권 비선실세가 재벌과 사학을 불러다가 딸이 대학에 갈 방법을 찾도록 지시하는가 하면 자녀를 위해 사회적 약자와 소수자를 배제한다. 한국 사회의 '가족 사랑'이 가끔 참을 수 없이 역겹다.

모여 있는 동안 그저 즐겁게 시간을 보내면 안 될까. 나는 가족을 위해 모든 것을 걸기를 원하지 않는다. 나는 노동자로서, 우리 사회의 시민으로서 그리고 개인으로서 적절한 만큼 의무와 책임을 다하며 권리를 누리고 싶다. 혼신을 다해 가족을 사랑해야 한다는 압박이 가족에게서 나를 멀어지게 하고 새로운 가족을 만들기 주저하게 한다.

'가족 사랑'에서 책임과 의무를 덜어야 한다. 대충 사는 사람도 대충 행복하게 살 수 있어야 한다. 덜 부담스러운 방식으로 함께 살고 서로를 돌보는 방법을 찾아야 한다. 기존 혈연가족 간 부양부담을 줄이기 위해 보편적 복지국가를 건설하고, 가족이 너무 많은 것을 책임지지 않도록 교육하고 노동 개혁을 해야 한다. 더불어 가족을 구성하는 방식의 무게감을 어떻게 덜 것인지 고민해야 한다. 책임과 의무가 덜어진 가족의 자리에 '같이 사는 즐거움'을 어떻게 채울 것인지에 대한 성찰이 필요하다. 혈연과 혼인이라는 이유로 모든 의무를 지는 가족이 아닌 같이 사는 즐거움을 나누는 사람들로, 가족을 다시 생각하는 맥락 위에 생활동반자법을 만들어야 한다.

돌봄 공백: 1인 가구는 자유로울까?

2018년 여름은 지독히도 더웠다. 24년만의 폭염이라고 했다. 38도에 폭염주의보가 발효된 2018년 7월 22일, 박원순 서울시장은 서민주거 체험을 위해 서울 강북구 삼양동 옥탑방에 입주했다. 박 시장은 한 달간 삼양동에 살면서 주민에게 도움이 되는 정책을 내놓겠다고 발표했다.

박 시장이 삼양동에 머문 지 18일째 되던 8월 8일, 그의 옥탑방과 담을 맞대고 있던 옆집에서 혼자 살던 41세 A씨가 사망한 채로 발견되었다. 기록적인 폭염으로 시체가 빨리 부패했고 그의 죽음은 온 골목에 뒤덮인 악취 '덕분에' 확인되었다. A씨는 집에 에어컨이 없어 창문을 열어놓았다고 한다. 한창 일할 나이인 40대 초반 남성이었다. 한쪽 눈에 장애가 있지만 혼자 생활하기 어려운 정도는 아니었던 것으로 보인다. A씨는 어쩌다 고독사에 이르렀을까?

A씨는 고독사 하기에는 많은 사람들에 둘러싸여 있었다. 그가 살던 낡은 주택가는 사생활이 없을 정도로 다닥다닥 붙어 있다. 그런 집에서는 옆집의 숟가락 놓는 소리도 창을 넘어 들어온다. 이웃들은 A씨와 이야기해본 적이 없고 그를 찾아오는 사람도 없었다고 했다. 공과금 연체 등 초반의 이상신호를 보고 공무원이 방문했지만 본인이 만나기를 거부했다. 쓰레기 악취가 심해 문을 두드려도 나타나지 않았다고 한다. A씨의 고독한 죽음은 산속에 고립된 외딴집이 아니라 쓰레기 냄새가 담을 타고 넘어오는 옆집에서 발생하였다.

소방관이 문을 따고 들어간 집안에는 수십 개의 플라스틱 소주병이 이불과 함께 나뒹굴고 있었다. 한편에는 아직 뜯지 않은 컵라면과 빈 컵라면 용기가 어지럽게 널려 있었다. 그의 집 우편함에는 전기요금 미납으로 전기 사용이 제한된다는 고지서와 카드대금 연체 독촉장이 쌓여 있었다. 단절된 인간관계, 사회적 고립, 경제적 위기, 의식주조차 제대로 해결하지 못하는 무기력, 알코올 중독으로 이어지는 1인 가구 돌봄 공백의 전형적인 모습이었다.

박원순 시장도 폭염 속에 에어컨 없는 옥탑방에 입주했으니 아마 창문을 열어놓고 잠을 청했을 것이다. 그도 A씨의 몸이 부패하는 냄새를 맡았을까, 아니면 가난한 동네의 일상적인 악취라고 여겼을까. 박 시장은 A씨를 조문하면서 "옛날에는 이렇지 않았는데 공동체가 붕괴되면서 단절이 생졌다. 큰 숙제를 얻었다"라고 말했다. 서울시는 이후 1인 가구 고독사 예방 대책으로 집주인, 통장, 주민자치위원 등 '이웃살피미'를 지정해 지원하고, 그들이 단절된 이웃들을 자주 찾아갈 수 있도록 하겠다고 발표했다. 그리고 해당 가구에는 맞춤형 의료와 일자리 지원을 하겠다고 밝혔다.

하지만 서울시가 새롭게 발표한 대책은 A씨가 사망하기 전부터 이미 진행하고 있던 것이다. A씨는 채권추심업자 등이 계속 찾아오는 상황에서 집주인이나 이웃의 방문에 문조차 열어주지 않았다. 사회복지 지원을 안내하기 위해 찾아온 주민센터 직원에게도 마찬가지였다. 의지할 가족이 없는 1인 가구의 돌봄 공백이 경제적 위기와 맞물려 나타난 비극을, 문 밖의 행정력으로 극복하기에는 한계가 있다. 집 밖에서 아무리 보강하려고 해도 집 안에서 무너지는 1인 가구를 지켜낼 수는 없다. 한집에서 서로를 돌보고 지키는 수준의 돌봄 관계를 어떻게 회복할 것인지 고민이 필요하다. 박 시장은 '큰 숙제'에 내놓은 답안으로는 좋은 성적을 받지 못할 것 같다.

2030 싱글, 불안한 중년 독신, 빈곤한 독거노인

한국 사회에서 1인 가구는 엄청난 속도로 증가하고 있다. 2000년에 1인 가구는 222만 가구로 전체 가구 수의 15.5%를 차지했는데, 2017년에는 562만 가구로 전체 가구 수의 28.6%가 되었다. 2015년 이후 1인 가구는 대한민국의 가장 보편적인 가구 형태다. 인구 대비로는 국민의 11.6%가 혼자 산다. 2000년에 5.0%가 혼자 살았던 것에 비해 17년 만에 232% 증가했다. 반면 4인 가구는 2000년에 445만 가구, 31.1%로 가장 보편적인 가구 형태였으나 2017년 347만 가구, 17.7%로 1인 가구, 2인 가구에 비해 적어졌다.

가족 구조조정과 더불어 급격한 고령화는 1인 가구 폭증의 큰 원인이다. 45~65세 사이의 중년층에서 1인 가구가 가장 많이 늘어나고 있다. 75세 이상의 노인층에서도 1인 가구가 절대적으로 많은 숫자를 차지한다. 노인 부부의 경우, 아내가 남편보다 나이가 적은 데다가 여성의 평균 수명이 길어 남편이 사망한 후 혼자 사는 여성 노인층이 급증했다. 흔히 1인 가구의 전형적인 모습으로 그려지는 20, 30대 1인 가구는 수가 늘고 있기는 하지만 1인 가구 전체 중 차지하는 비중은 줄어들었다.

이런 변화를 반영해 국회예산정책처는 1인 가구의 전형적인 모습을 30대 엘리트 싱글, 50대 불안한 독신, 60대 이상 빈곤한 독거노인으로 구분한다(「1인 가구의 인구·경제적 특징 분석」, 『NABO 경제동향&이슈 62호』, 2017). 국회예산정책처 연구를 비롯해 1인 가구에 대한 많은 분석 연구는 주민등록상 자료를 바탕으로 한다. 따로 나와 사는 주소로 전입신고를 하지 않거나 주민등록이 말소된 1인 가구는 통계에 누락되는 경우가 많다. 그렇기 때문에 청년층과 극빈층 1인 가구가 덜 드러나는 문제점이 있다. 청년층은 주민등록상 세대 분리를 하는 시기가 독자적으로 자산을 형성하기 시작하는 때와 맞물리다 보니 청년 1인 가구를 엘리트 싱글로 일반화하기는 어렵다. 이러한 지점을 고려하면 1인 가구를 노동 시장 진입 전후의 2030 싱글, 45세 이상의 이혼 및 결혼 포기로 인한 불안한 독신, 60대 이상 빈곤한 독거노인으로 구분할 수 있다.

도전이 위기가 되는 청년 1인 가구

일하기 위해, 또 일하면서도 끊임없이 자신의 가치를 높이고 빠른 정보를 취득해야 하는 청년 노동자는 도시로 모여든다. 지방에서 적당히 만족하며 살 수 있는 선택지는 점차 줄어든다. 이들은 계속 변하는 자신의 신분과 소속에 따라 늘 이사하는 뜨내기 1인 가구가 된다. 대한민국이 서울을 중심으로 돌아가니 새로운 일을 하기 위해서는 수도권이나 지방의 거점이 되는 광역도시로 갈 수밖에 없다. 젊은이가 대학과 일자리를 위해 고향을 떠나 도시로 가는 게 낯선 일은 아니다. 그러나 과거 청년들은 대학 졸업, 취업, 결혼에 이르는 기간이 상대적으로 짧았다. 현재는 구직기간이 길어지고 결혼을 점차 미루면서 1인 가구가 늘어나고 있다.

한편, 지방에서 괜찮은 일자리를 얻을 기회는 점차 줄어들고 있다. 제조업 위기와 비정규직 하청 노동자의 증가로 지방 산업도시와 산업단지에서 괜찮은 정규직 일자리를 구할 가능성은 낮아진다. 지방에서 일한다고 하더라도 그

지역에서 가족을 꾸리기보다는 경기 흐름에 따라 일자리를 찾아 끊임없이 떠돈다. 이들은 쪽방, 달방, 고시원, 일시적 기숙사 등 불안정한 조건에서 사는 1인 가구의 한 축을 담당한다.

산업구조 측면에서는 제조업 비중이 줄고 IT 일자리와 서비스 일자리 비중이 높아지고 있다. 이런 일자리는 특성상 수도권에 집중된다. 서울과 수도권은 글로벌한 자본주의의 중심이 되어 혁신적인 기술 발전이 이루어지고 있다. 이면에 어두운 그림자가 두껍게 드리워지고 있지만, 서울에서 할 수 없는 건 세계 어디에서도 할 수 없고, 서울에서 구할 수 없는 건 세계 어디에서도 구할 수 없을 정도다. 그만큼 새로운 산업 환경에 대한 서울과 지역의 편차는 점점 커지고 있다.

'서울 혁신'의 한 축에는 재빠른 성공과 실패의 반복이 낳은 불안정을 온 삶으로 떠안는 청년 노동자가 있다. IT 노동자는 '프로젝트' 단위로 고용과 실직을 반복하며 구로디지털단지, 가산디지털단지, 판교, 성수 일대에 집단을 형성한다. 서비스 노동자는 자영업 과잉경쟁과 맞물려 수년을 일해도 항상 '알바' 취급을 받는다. 영세한 서비스업 시장에서는 '사장'과 '알바' 중간의 안정적인 일자리가 드물다. 거기에다 배달, 택배, 운전, 미용 영역 노동자는 개인사업자로 분류되어 아무런 안전장치 없이 일한다.

정부는 지방분권을 통해 지방에 좋은 일자리를 만들고

자 노력하지만 새로 만들어지는 일자리는 공무원, 공기업 등 공공부문 일자리에 그치고 있다. 이런 일자리는 해당 지역 청년이 기존 가족과 함께 안정적인 삶을 살도록 하기보다는 시험에 합격한 청년이 직장을 따라 이주해 가족 및 이웃이 없는 곳에서 혼자 살도록 한다. 정부 부처와 공기업이 이주한 지역에 청년 인구는 늘어나지만 돌봄 공백 역시 늘리는 셈이다.

청년 1인 세대는 혼자 살아도 실제로 주민등록은 원가족과 함께 지내는 본가로 두는 경우가 많다. 지금 사는 곳이 불안정하거나 비주거용 오피스텔, 고시원, 불법 증축 옥탑방 등 전입신고를 하기 어려운 주거지에 사는 경우도 많다. 따라서 청년 1인 가구는 실제보다 통계상 훨씬 적게 잡힌다. (남성은 예비군, 민방위 등 군대 문제 때문에 실 거주지로 전입신고를 하지 않으면 귀찮은 일이 많아 전입신고를 한다. 통계상 청년 남성 1인 가구가 압도적으로 많은 이유다.) 청년 1인 가구는 일정 정도 자산이 형성되어야 주민등록상 세대 분리를 하는 경우가 많기 때문에 이를 기반으로 한 통계조사에서는 자산이 전혀 없는 청년가구가 배제되기도 해 청년 1인 가구의 위기가 축소되어 나타난다.

청년 1인 가구가 겪는 어려움에는 돌봄 공백, 고용시장에서의 불안정, 저임금 등이 다양하게 섞여 있다. 사회적 고립, 건강 위협 등 오히려 1인 가구의 전형적인 문제는 다른 세대에 비해 덜하다. 일단 젊어서 건강하고, 친구들과의 사회생활이 원활하게 이루어지는 편이다. 청년 세대 내에서도 계층에 따른 위화감과 박탈감은 있지만 모두가 사회에 진입하고 자리를 잡아가는 시기이기 때문에 인생의 성과에 따른 열패감, 그로 인한 사회적 단절과 건강 악화가 이어질 가능성은 상대적으로 낮다. 또 저임금·불안정 노동이지만 알바라도 할 수 있기 때문에 극단적인 빈곤으로 치닫는 경우는 적다.

청년 1인 가구를 가장 어렵게 하는 요인은 다른 무엇보다도 계속해야 하는 도전 그 자체다. 1인 가구는 열악한 공간이라도 도심 접근성이 좋은 곳에 머물려고 한다. 직장, 학원, 사회적 커뮤니티와 가까운 곳에서 시간을 쪼개 자기계발에 힘써야 하기 때문이다. 불안정한 직장 탓에 다음 직장이 어느 동네일지 알 수 없기 때문이기도 하다. 하지만 도심 접근성이 좋은 곳을 고집하면 주거 환경은 더더욱 열악해진다. '지옥고(지하, 옥탑방, 고시원)'를 간신히 피한다 하더라도 고시텔, 원룸텔, 리빙텔 등 정체가 불분명한 주거지가 선택지에 놓인다. 관짝만한 크기의 방은 월세 50만 원을 훌쩍 넘는다.

〈옥탑방 고양이〉에서 〈타인은 지옥이다〉까지

이런 공간은 덥거나 춥고 습하고 비위생적이며, 어둡고 시끄럽다. 청년 1인 가구에게 집을 고르는 일은 한정된 월세 안에서 이 중 어떤 단점을 더 견딜 수 있는지를 결정해야 하는 문제다. 다닥다닥 붙은 공간에서는 최소한의 사생활을 누리기 어렵다. 부엌과 화장실을 같이 써야 하는 곳에서는 더더욱 그렇다. 특히 여성에게 질 낮은 주거 공간은 생활의 불편을 넘어 범죄 피해에 대한 공포로 다가온다.

불완전한 주거 공간에서는 이웃과 감정적으로는 단절되었지만 물리적으로는 뒤섞이는 경험을 한다. 고시원 옆방에 누가 사는지 모르지만 매일 그 사람의 온기가 남아 있는 변기를 쓴다. 옆방 사람이 언제 출근하고 퇴근하는지, 언제 누구와 통화하는지를 알게 된다. 도망갈 거리가 없는 공간에서 느끼는 심리적 단절은 묘한 불안감을 조성한다.

웹툰 〈타인은 지옥이다〉는 이러한 심리적 거리와 물리적 거리의 편차를 그렸다. 작품은 시골에서 상경한 청년이 머무는 고시원에서 연쇄살인이 일어나고, 옆방 사람들을 살인자라고 의심을 품으면서 전개되는 미스터리물이다. 을씨년스러운 분위기를 잘 표현해 큰 인기를 얻었다.

2003년 MBC 드라마 〈옥탑방 고양이〉도 가난한 청년이 사는 주거 공간을 배경으로 그렸다. 경제적 사정으로 옥탑방에서 동거하게 된 남녀가 점차 사랑에 빠진다는 내용의 멜로드라마인데, 작품 속 옥탑방이 실제 옥탑방보다 너무 훌륭하다는 지적이 있었다. 열악한 주거지에 살다가 취업과 결혼을 통해 아파트 생활로 진입하던 과거에는 옥탑방도 낭만적일 수 있지만 만혼과 불안정 노동의 시대에는 '지옥고'에서 벗어나기 힘들다. 그래서 2003년 〈옥탑방 고양이〉

의 낭만은 2019년 〈타인은 지옥이다〉의 공포가 되었다.

　취업난을 뚫고 일자리를 구해도 1인 가구를 위한 괜찮은 집을 찾기는 어렵다. 애초에 다인 가구를 위해 지어진 아파트를 혼자 구입하기는 사실상 불가능하다. 1인 가구를 위한 열악한 집과 '정상 가족'을 위한 비싼 집 사이에는 뛰어넘을 수 없는 장벽이 있다. 그나마 고소득 1인 가구는 신축 오피스텔을 임차하는데, 면적에 비해 턱없이 비싼 월세와 관리비를 낼 수밖에 없다. 게다가 서울에서 가장 좋은 주거용지에는 주로 아파트를 짓기 때문에 비싼 월세의 오피스텔의 경우 유흥가, 대로 또는 기찻길 옆, 외진 골목 등에 위치한 경우가 많다.

　비혼이 증가하면서 정부와 지자체는 청년행복주택, 청년청약통장, 전월세 대출 등 청년 1인 가구의 주거를 지원하는 정책을 확대하고 있다. 하지만 공급 자체가 절대적으로 적다. 더 큰 문제는 이런 정책에서 청년을 신혼부부 또는 1인 가구로만 상정하는 것이다. 결혼하지 않은 사람이 선택할 수 있는 주택복지정책은 모조리 1인 가구만을 위하고 있다. 현재의 청년 주거복지정책은 청년에게 결혼 외의 방식으로 누군가와 함께 사는 것을 허락하지 않는다.

　가령 청년 임대주택은 기숙사형이거나 원룸형이 대부분이다. 애초에 가족이 아니면 두 명 이상의 명의로 신청조차 불가능하다. 국민기초생활보장법상 주거급여 수급자는 1인 가구라도 10평 이상 임대 아파트에 당첨되기도 한다. 이

때 혈연가족이 아닌 사람을 거주시키면 원칙적으로 불법 임대차에 해당한다. 그러나 혈연가족이 아닌 누군가와 살 수밖에 없는 현실적인 사연이 많고 서로가 없으면 돌봄 공백이 생기기 때문에 엄격하게 단속하지는 못한다. 행정기관 입장에서도 수급자가 홀로 지내는 것보다 서로 의지하며 살면 관리하기 편리한 측면이 있다. 이미 사회복지 현장에서는 암묵적으로 비혈연 돌봄관계가 인정되는 셈이다.

수는 적지만 셰어하우스형 공공임대주택도 있다. 서울시 SH공사는 다가구 주택을 매입하여 청년 셰어하우스로 임대한다. 하지만 내가 원하는 사람이 아니라 기관에서 뽑은 사람과 함께 살아야 한다. SH에서 리모델링을 하고 편의시설을 넣지만 결국 공공 고시원에 불과하다는 비판이 많다. 생활동반자법을 제정하지 않아도 당장 친구나 연인이 함께 임대주택에 들어갈 수 있도록 개선할 수 있다. 하지만 1인 가구의 돌봄 공백에 대한 고민이 그만큼 깊지 못한 것이 현실이다.

아무도 묻지 않는 중년 1인 가구의 외로움

중년 1인 가구는 남녀 모두 증가하고 있지만 특히 남성 1인 가구가 가파른 속도로 증가하고 있다. 통계청 인구주택총조사에 따르면 45~54세 1인 가구는 2000년 24만 6000가구에서 2017년 89만 가구가 되었고, 55~64세 1인 가구도 2000년 29만 3000가구에서 2017년 95만 9000가구가 되었다.

그중 남성 1인 가구는 45~54세가 11만 7000가구에서 54만 2000가구로 늘었고, 55~64세가 8만 1000가구에서 46만 5000가구가 되었다. 통계에서 보듯 중년 남성 1인 가구의 수는 17년간 5배 넘게 증가했다. 2000년에 중년 남성 전체 인원 중 4% 가량이 혼자 살았다면 현재는 13%가 혼자 산다. 한편, 중년 여성 1인 가구는 2000년 45~54세 12만 9000명, 55~64세 21만 2000명에서 2017년 45~54세 34만 8000명, 55~64세 49만 4000명으로 증가하였다. 이 역시 남성에 비하면 느리지만 꽤 빠른 속도로 증가하고 있다.

중년 1인 가구 증가의 절대적인 원인은 이혼이다. 남성과 여성의 1인 가구 증가율이 상이한 이유는 이혼시 여성이 자녀를 양육하거나 노부모 부양 책임을 떠안는 경우가 많기 때문이다. 2017년 기준으로 45~64세 중년 남성이 혼자 사는 비율은 12~13% 수준으로 연령과 상관없이 비슷하지만 중년 여성은 45세에 7.7%였다가 64세에는 16.6%로 증가한다. 자녀가 독립하거나 노부모가 사망하면서 부양할 가족이 없어지기 때문이다.

중년의 삶은 정상 가족 안에 있는 부모님의 모습으로만 상상된다. 이혼이 죄라는 생각은 거의 없어졌지만, 일종의 실패라는 편견은 여전하다. 그래서 중년 1인 가구는 실패자로서 삶을 받아들이거나 '정상 가족'으로 회복하라는 요구를 받는다. 이혼한 사람의 욕망이나 정책수요에 대해서는 아무도 관심이 없다. 비혼 중년이 어떻게 외로움을 이겨내고 누구와 애정 어린 관계를 나누는지도 묻지 않는다. 기혼자들이 중년에 사회적·정치적·경제적으로 가장 큰 발언력을 갖는 것과 상반된다.

중년기의 1인 가구는 자발적인 선택이 아닌 경우가 많다 보니 박탈감과 정서적인 공허함이 더욱 크다. 가족과 함께 생활하는 데 익숙한 그들은 혼자 있는 것에 적응하지 못한다. 특히 중년 남성은 자기 손으로 빨래 한 번 안 해본 상태로 1인 가구가 되는 일이 허다하다. 경제적·신체적으로 혼자 살지 못할 이유가 없는데도 자신의 하루하루를 어떻게 재생산해야 하는지 몰라 아이보다 미숙한 상태가 된다. 늘어나고 있는 혼인 20년차 이상의 이혼에서 이러한 문제가 심각하게 드러난다. 혼자 있는 시간을 견디지 못해 도박, 음주, 게임, 성매매 등 중독에 취약해지고 직장 생활, 경제 생활에 문제가 발생하기도 한다. 그러다 서두에 나온 A씨처럼 급격하게 건강을 잃고 위험한 상황에 처한다.

중년 1인 가구는 경제적으로도 위태로운 상황에 놓인 경우가 많다. 보통 경제적 위기 상황이 이혼으로 이어지기 때문이다. 고용상태도 불안해 50대 1인 가구의 경우 임시·일용직 비중이 41.0%로 다인 가구 19.3%에 비해 두 배 이상이다(국회예산정책처, 2017). 일반적으로 중산층은 중년에 가장 높은 소득을 얻지만, 최하위 노동 시장에서는 나이를 먹을수록 취업마저 하기 어렵다. 산업구조의 개편으로 제조업, 건설업 등 중간 소득의 남성을 대규모로 고용하던 직장이 빠른 속도로 사라지고 있기 때문이다.

중년에 건강을 챙기지 않고 생활이 흐트러지면 수명이 단축된다. 나이를 먹을수록 돌봄을 통한 노동력 재생산, 쉽게 말해 꾸준히 일할 수 있도록 건강을 챙기는 일이 중요하다. 중년 시기의 돌봄 공백은 병을 키워서 일자리를 잃게 하고 노동 시장 복귀를 어렵게 한다. 재혼도 쉬운 일이 아니다. 초혼뿐 아니라 재혼 시장에서도 여성이 결혼을 부담스러워하기는 마찬가지다. 불행한 결혼보다 이혼 후의 삶이 낫다고 생각하는 여성이 남성에 비해 훨씬 많다. 서로 사랑하지만 결혼하지 않고 함께 산다고 해도 제도적으로 쉽지 않다. 이는 2부에서 자세히 살필 것이다.

거동이 불편한 노인이 혼자 사는 비율이 높다

노년 부부의 이혼 역시 점차 늘어나고 있다. IMF 이후 폭증했던 이혼자가 나이 들면서 이혼 1인 가구의 고령화도 진행되고 있다. 2000년에는 55~64세 노년 진입기에 1인 가구가 된 원인으로 사별이 68.9%, 이혼은 11.8%에 불과했다. 하지만 2015년에는 사별 30.6%, 이혼 35.2%로 이혼으로 인한 1인 가구가 더 많아졌다. 자녀가 없거나 이혼으로 인해 자녀와의 관계가 끊어지면 더욱 외롭고 힘든 노후를 보낸다.

OECD 가입국 중에서 노인 자살률이 독보적으로 1위를 차지하고 있는 대한민국에서 위기 노인의 핵심에는 1인 가구가 있다. 65세 이상 혼자 사는 노인은 2000년 54만 4000

가구에서 2017년 137만 1000가구로 증가하였다. 노인 인구 중 23.6%가 혼자 산다. 2000년대 초반만 하더라도 65~74세의 1인 가구가 가장 많았지만, 고령화와 함께 75~84세의 1인 가구의 수가 더 많아졌다.

어느 정도 거동이 가능해 혼자 살 만하니까 혼자 살지 않겠냐는 의견도 있겠지만, 노인 중 '기능제한이 있는', 쉽게 말해 거동이 불편한 노인이 혼자 사는 비율이 가장 높다. 혼자 사는 노인 중 33.8%가 기능제한이 있다고 답해, 배우자와 함께 사는 노인 인구 18.3%, 자녀와 함께 사는 노인 인구 30.2%보다 높다. 부양이 필요하지 않은 것이 아니라 부양이 필요해도 어쩔 수 없이 혼자 사는 것이다(한국보건사회연구원, 『2017년도 노인실태조사』).

노인 1인 가구의 대다수는 여성이다. 고령화로 남성 노인 1인 가구도 점차 늘어나고 있지만, 현재 혼자 사는 65세 이상 남성 노인이 35만 6000명인 반면 여성은 61만 4000명이다. 노인 세대에서도 여성은 나이를 먹을수록 혼자 사는 비중이 높아져 말년에는 셋 중 하나가 혼자 살게 되는데, 남성이 혼자 사는 비중은 말년에도 일곱 중 하나에 그친다.

이런 차이는 함께 살 배우자, 자녀 등 동거할 가족이 없을 때 남녀 간 대응하는 방식이 다르기 때문이기도 하다. 여성 노인은 거동이 가능할 때까지 자녀나 시설, 병원에 의지하지 않으려는 경향이 있다. 사별, 이혼한 여성은 정서적 공백을 갖기도 하지만 한편으로는 비로소 가사노동에서 해방

되었다고 생각하고 자유롭게 생활하는 경우가 많다. 주변에 혼자 사는 또래가 많아 사회활동도 비교적 활발하다.

반면 남성 노인은 혼자 살기가 어렵다. 일단 식사를 혼자 해결하기 힘들다. 혼자 사는 남성 노인은 인근에 사는 자녀가 밥을 챙겨주거나 복지관이나 노인정 등 배식에 의존하는 경우가 많다. 밥뿐만 아니라 빨래, 청소 등 기본적인 생활능력도 부족하다. 새로 가사노동을 배울 수도 없고, 가사도우미의 도움을 받자니 돈이 든다. 이렇다보니 자녀가 부양하거나 시설 또는 병원에 입소하는 경우가 많다. 노인요양보험 시행으로 요양원, 요양병원 비용 부담이 줄어든 것도 시설 입소의 유인이 된다.

남성 노인은 부양할 자녀가 없고, 시설이나 병원에 입소할 수 없을 때 자살하는 비율이 특히 높다. 2017년 10만 명 당 자살자는 34.9명인데, 70대 남성 노인은 10만 명 당 81.7명, 80대 남성 노인은 138.7명으로 압도적으로 높다. 동년배 여성 노인에 비해서도 2배가량 높은 자살률을 보인다. 그나마 2011년부터 노인 자살이 빠른 속도로 줄어든 게 이 정도다. 노인장기요양보험, 기초노령연금 등을 통한 최소한의 생계보장과 더불어 그라목손 농약 유통금지가 노인 자살이 줄어든 배경으로 꼽힌다.

노인 1인 가구의 가장 큰 문제는 빈곤이다. 노인 1인 가구는 가족과 사는 노인에 비해 1인당 생활비가 더 많이 들어간다. 당장 주거비, 공과금이 필요하지만 수입은 더 적다.

가족과 사는 노인이 1인당 월 226만 원의 수입을 얻는 반면, 1인 가구는 134만 원의 수입이 생긴다. 70대의 경우 가족과 사는 사람은 월 133만 원을 얻는 반면, 1인 가구는 월 95만 원을 얻는다(2016년 기준, 국회예산정책처 추계). 1인 가구가 되어서 소득이 낮아졌다기보다 소득과 자산이 낮은 사람이 1인 가구가 되는 경향이 있다. 단적으로 전체 65세 이상 노인 중 23.4%가 초등학교를 포함한 정규교육을 받지 못했는데, 특히 1인 가구에서는 그 비율이 40.0%까지 올라간다.

    가난할수록 혼자 사는 비율도 높고, 혼자 살면서 겪는 어려움도 더욱 크게 느낀다. 독거노인 중 소득 상위 20%에서는 혼자 사는 어려움이 없다고 답한 비율이 78.5%였으나, 소득 하위 20%에서는 20.9%에 불과했다(한국보건사회연구원, 『2017년도 노인실태조사』). 가난할수록 간병 문제, 정서적 외로움, 경제적 빈곤 등 모든 부문에서 힘들다고 답한 비율이 높다. 빈곤은 곧장 심신의 건강을 위협한다. 서울아산병원 가정의학과 박혜순 교수팀에 따르면, 혼자 사는 남성 노인은 가족과 사는 노인보다 자살을 생각할 가능성이 2.1배 높다. 여성 독거노인의 경우 1.5배 높다(박혜순 외, 「한국 독거노인에서의 건강 행태 및 생활 양상」, 『대한가정건강의학회지』, 2019).

    혼자 살면 일단 식사부터 잘 안 챙기게 된다. 남성 독거노인은 다인 가구 남성 노인 대비 주 3~4회 이상 음식을 사 먹을 가능성은 2.9배, 매일 사 먹을 가능성이 2.4배 높았다. 여성 독거노인은 다인 가구 여성 노인에 비해 주 3~4회 이상 음식을 사 먹을 가능성이 1.6배 높았다. 박 교수팀은 논문에서 독거노인은 다인 가구 여성 노인에 비해 열량 섭취량이 적고, 탄수화물 섭취 비율은 높았다고 지적한다.

왜 1인 가구의 돌봄 공백을 모른 척할까

어느 세대나 고유한 문제가 있고 같은 세대 내에서도 각자의 사정은 너무 다르겠지만 일반적으로 나이를 먹을수록 혼자 살기는 더 어렵다. 청년 세대 1인 가구도 지금 당장의 어려움보다 혼자 사는 상태로 중노년 1인 가구가 되는 게 더 큰 문제다. 그런데도 1인 가구를 다룰 때 중년·노년 1인 가구 문제는 청년층에 비해 심각하게 다뤄지지 않는다. '싱글 이코노미'라며 시장이 호들갑을 떨 때도, 청년행복주택 등 정부의 1인 가구 정책에서도 중년·노년 1인 가구는 그 규모와 심각성에 비해 주목받지 못하고 있다.

우리 사회는 중노년의 돌봄 공백과 외로움에 대체로 무관심하다. 가령 자살에 대한 논의도 그렇다. 중노년 자살은 청년 자살보다 훨씬 심각하다. 우리나라 청년층의 자살은 OECD 평균에 비해 높은 편이지만 그렇게 압도적이지는 않다. 대신 세대가 올라갈수록 자살률이 높아지고 노년이 되면 폭증해 노인 자살률은 OECD 평균의 2배가 넘는다. 높은 자살률과 1인 가구의 증가 등 중노년층 돌봄 공백에 대한 적신호가 계속 켜지는데도 정책적 지원은 거의 없다.

노인 1인 가구에 대한 복지는 의식주 해결과 시간 때우기에 초점을 맞춘다. 나이듦과 함께 찾아오는 외로움이 안타깝지만 당연한 일로 여겨진다. 심지어 노인의 외로움은 '자녀에 대한 영원한 내리사랑'으로 포장되기까지 한다. 점점 길어지는 노년은 평생의 업보와 성취를 돌려받는 시간으로만 여겨진다. 중년기는 노동이 가능한 연령이라는 이유로 정책적 관심에서 완전히 벗어나 있다. 지자체들은 임대주택 월세나 공과금 장기체납, 소음, 악취 등 반복적인 신고 접수로 위기 상황이 의심되면 그때서야 일시적인 도움을 준다. 그러나 행정기관에서 인지할 정도가 되면 이미 생활이 완전히 무너진 극단적인 상태라고 할 수 있다.

그것마저도 서두에 나온 A씨의 사례처럼 개입하는 데 한계가 있고 그다지 촘촘하지도 않다. 2019년 7월 서울 관악구에서 한 40대 한부모 여성과 아들이 굶어 죽는 사건이 발생했다. 16개월 동안 임대 아파트 월세와 공과금을 전혀 내지 못했는데도 이들을 위기가구로 인지하지 못한 것이다. 이처럼 중년 1인 가구가 어떻게 삶의 즐거움을 회복·유지하고, 친밀한 관계를 꾸리는지 우리 사회는 관심이 없다.

1인 가구는 주로 개인주의, 자유, 독립성 같은 키워드로 논의된다. 하지만 다수의 1인 가구가 자발적인 선택이 아니다. 선택해서 혼자 산다고 할지라도 가족과 함께 지내는 게 힘들어 어쩔 수 없이 결정한 것이라면 자발적이라고 볼 수 없다. 1인 가구 셋 중 둘은 방법이 있다면 가족과 함께 살고 싶어한다. 한국보건사회연구원 조사에서 '혼자 생활하는 것보다 가능한 한 가족과 함께 생활하는 게 좋다'는 질문에 1인 가구 중 66.2%가 '매우 동의' 또는 '동의'라고 답했다(한국건사회연구원, 「가족구조 변화와 정책적 함의: 1인 가구 증가현상과 생활실태를 중심으로」, 2012). 반면 '전혀 동의하지 않음' '동의하지 않음'은 12.8%에 지나지 않았다. 가족과 사는 85.2%가 '동의' 또는 '매우 동의'라고 답한 것에 비해 크게 낮지 않다. 다수의 1인 가구에게 혈연·혼인 가족과는 살 수 없거나 새로 가족을 꾸릴 수 없는 사정이 있는 것이다.

가족은 서로에게 경제적·정서적 안전망이다. 1인 가구는 이런 안전망이 없다. 1인 가구가 자유롭다고 말할 때는 가족이라는 무게감, 진득한 감정적 애착으로부터 자유롭다는 의미이기도 하지만 경제적·정서적인 안전망에서 소외된다는 뜻이기도 하다. 혼자 사는 이들의 마음 깊은 곳에는 심장마비 후 제때 발견되지 못하거나 화장실에서 미끄러져 거동을 못할지도 모른다는 공포가 있다. 게다가 소득이 불안정한 1인 가구는 당장 벌이가 없어지면 생계가 멈춘다. 이러한 극적인 사건이 아니더라도 매일 차곡차곡 쌓여오는 외로움은 신체적·정신적 건강을 좀먹는다. 혼자 적막을 견디기 힘들어 소주에 김치 한 쪽 곁들이던 것이 알코올 중독으로 이어지는 일은 흔하다.

1인 가구는 위태로우니 무조건 가족과 살아야 한다는 주장이 아니다. 어떤 가족은 안전망이 아니라 폭탄이기도 하다. 가족이 안전망이 된다는 건 일반적인 규범일 뿐 모든 가족이 구성원에게 제대로 된 기능을 하지는 않는다. 가족과 함께 사느니 혼자 사는 게 더 건강한 사례도 흔하다. 문제는 사회경제적 변동에 따라 가족과 함께 살기가 부담스러워지면서 일어나는 가족 구조조정의 결과가 1인 가구의 폭증이고, 이렇게 울며 겨자 먹기로 1인 가구가 된 사람들이 심각한 돌봄 공백에 빠져 있다는 것이다.

국민이 외로워져야 굴러가는 사회라니

그렇다면 혈연가족과 함께 살거나 결혼이 답이 아닌 사람에게는 혼자 사는 것이 해결책일까? 혈연가족과 일정한 거리를 두고 살기로 결정했다면 우리는 같이 사는 사람으로부터 찾을 수 있는 안전망을 포기해야 하는 것일까? 불안과 외로움은 결혼을 포기하고 부모와 살지 않은 죗값일까? 생활동반자법을 포함해 혈연·혼인이 아니더라도 돌봄 공백을 극복할 수 있는 다양한 방법이 있는데도 수수방관하는 우리 사회를 보면 1인 가구를 벌주려고 하는 건 아닐까 하는 생각마저 든다.

1인 가구의 돌봄 공백은 IMF 이후의 가족 정책, 노동 정책, 복지 정책의 실패가 총체적으로 모여 있는 골짜기다. 대한민국의 외로움은 이미 끓어 넘치고 있다. 국민이 외로워져야만 굴러가는 이 사회를 직시하지 않으니 이를 해결할 방안도 찾지 않는다. 게다가 중노년 1인 가구는 '정상 가족' 중심의 정책적 한계를 가장 직접적으로 보여주는 집단이기도 하다. 결혼 포기, 사별, 저소득으로 인한 이혼으로 만들어진 중노년 1인 가구는 자녀 부양, 결혼 등 '정상 가족' 제도가 실패했다는 사실을 보여준다. 하지만 정부의 정책 카드 뭉치에는 정상 가족을 넘어서는 상상력이 없다. 청년의 경우도 다르지 않다. 정부는 이들이 언젠가 정상 가족을 만들고 아이도 낳을 거라고 기대한다. 하지만 이들은 사실상 더 거대한 중노년 1인 가구 집단이 될 가능성이 크다.

정부는 늘어나는 1인 가구의 돌봄 공백을 방치하고 있다. 사고가 생기면 애꿎은 공무원과 사회복지사에게만 책임을 떠넘긴다. 하지만 그들도 살인적인 업무강도에 시달리고 있다. 집 안에서 함께 생활을 나누고 일상적으로 서로를 돌보는 차원에서 돌봄 공백의 해소 방안이 고민되어야 한다. 점점 늘어가는 1인 가구, 특히 가장 빠르게 늘어나는 노인 1인 가구의 돌봄 공백은 밑빠진 독처럼 우리 사회의 복지 인력과 예산을 위협한다. 다음 장에서는 사회복지 문제를 중심으로 돌봄 공백의 사회적 비용에 대해 고민해보자.

고독의 사회적 비용

 우리 사회에서는 문자 그대로 사람들이 외로워서 죽는다. 정부는 여성 직장인의 증가, 고령화, 가족 구조조정으로 넘쳐나는 돌봄 공백을 두고 허둥지둥 댄다. 어떻게 해야 안정적이고 만족스러운 돌봄을 제공할 수 있을지 혼란스러워 한다. 생활동반자법이 우리 사회의 모든 돌봄 문제를 해결할 수는 없지만 고독에 대처하는 더 나은 정책적 선례가 될 수 있다. 사회적 부담을 줄이면서도 행복을 늘리는 방식이기 때문이다.

 2019년 4월 1일 청와대 국민청원 게시판에 거짓말이라고 믿고 싶은 게시물이 올라왔다. 첨부된 동영상에는 정부가 지원하는 보육 서비스인 아이돌보미 노동자가 14개월 아기를 학대하는 장면이 담겨 있었다.

 생활동반자법은 성인 간 계약이기 때문에 아이돌보미

와 같은 보육 문제와는 직접적인 관련이 없다. 하지만 아이돌보미 아동학대 사건에서 정부는 돌봄 문제에 얼마나 어설프게 대처하는지를 보여주었다. 가족과 함께 시간을 보낼 수 없는 노동환경이 만든 돌봄의 위기 상황에서 임기응변으로 만들어진 아이돌보미 사업은 준비 없이 대박 난 식당 같은 꼴이 되었다. 급한 마음에 일단 되는 대로 열심히 만들어 보지만, 손님들의 요구는 맞추기 어렵고 점점 불신만 늘어났다.

'아이돌보미'에 대한 환상

아이돌보미 사업의 담당 부서인 여성가족부는 학대 사건에 대해 즉각 사과하고 감독과 교육을 강화하겠다고 약속했다. 하지만 정부도 아이돌보미 노동자를 국가나 지자체에서 직접 고용하지 않아 관리하는 데 한계가 있다는 점을 알고 있다. 사설업체인 서비스 제공기관에서 아이돌보미 노동자를 파견하면 정부가 비용을 지원할 뿐, 정부가 아이돌보미 서비스를 보증하지는 않는다. 아이돌보미 사업이 정부의 공적 서비스라고 여기는 부모의 인식과는 전혀 다른 현실이다.

조금 복잡한 이야기지만 정부의 소극적인 태도는 아이돌보미를 노동관계법상 노동자로 볼 것인가 하는 문제와도 연관되어 있다. 현재 아이돌보미는 법적으로 정부나 지자체, 서비스 제공기관에 고용된 노동자가 아니라 프리랜서다. 서비스 제공기관은 일정한 수수료를 받고 부모에게 아이돌보미를 연결하고, 정부와 지자체는 비용을 지원해 육아 부담을 덜도록 할 뿐이다.

2016년 아이돌보미 163명은 노동자성을 인정하고 최저임금에 맞는 급여와 연장·야간·휴일 근로수당과 주휴수당, 연차휴가수당 등 법에 따른 각종 수당을 지급하라며 정부를 상대로 소송을 제기했다. 2018년 6월, 1심에서 법원은 이들의 손을 들어주었다. 정부는 이에 맞춰서 아이돌보미 예산을 증액하고 정책 개선안을 마련했다. 그런데 2019년 6월, 2심에서 1심 판결을 뒤집고 아이돌보미는 근로기준법상 노동자가 아니라 독자적인 개인사업자라며 원고의 청구를 기각했다. 재판부는 아이돌보미가 부모와 협의하면 근무일자 등을 조정하고 서비스 신청 가정과의 연계 여부를 선택할 수 있다는 이유 등을 들었다. 이 사건은 2020년 2월 현재, 대법원 판결을 기다리고 있다. 아이돌보미뿐 아니라 요양보호사, 장애인 활동보조사 등 정부가 지원하는 돌봄 서비스 노동자는 모두 노동자성 여부가 애매한 상태에 놓여 있다.

박근혜 정부는 아이돌보미를 노동자가 아니라 개인사업자로 몰아가기 위해 그동안 진행했던 정기 모임, 교육을 대거 축소하고 최소한의 안내문으로 바꿔버렸다. 구체적인 업무 지시와 그에 따르지 않았을 때 징계, 배제 조치 등은 노동자성 여부를 판단하는 중요한 기준이기 때문이다. 이 과정에서 아이돌보미 노동자는 적절한 교육을 받거나 잘못된 훈육 습관을 고칠 기회도 갖지 못한 채 각 가정에 파견되었다. 안내사항이 적힌 문서와 집 주소 하나만 들고 아이를 돌보러 가는 것이다.

그렇게 정부가 지원하는 공적 서비스지만 책임지지 않는 상황에서 아동학대 사건이 벌어졌다. 대부분 아이돌보미 종사자는 자녀를 양육한 본인의 경험에다 이런저런 정보를 더해 아이를 돌본다. 박봉과 열악한 처우로 아이에 대한 사랑과 책임감 없이는 계속하기 어려운 일이다. 이처럼 우리 사회의 돌봄 정책은 개개인의 선의에 기대어 유지되고 있고, 서비스 노동은 평생 돌봄 노동에 시달려 온 중장년 여성의 노동력과 돌봄 윤리를 착취한다. 그리고 충실한 돌봄이 이뤄지지 않을 때, 부모는 아이돌보미 개인을 탓하며 아이돌보미 서비스는 복불복이라고 푸념하기만 한다.

아이돌보미 사업은 첫 단추부터 허술하게 끼워졌다. 한국 공공보육의 큰 줄기는 아동을 시설에서 키우는 것이다. 이를 위해 누리과정을 중심으로 어린이집과 유치원을 지원한다. 아이를 어린이집이나 유치원에 보내지 않고 집에서 키우고 싶어 하는 부모에게는 양육수당을 지급한다.

시설 중심의 보육을 하려고 해도 노동시간이 기형적으로 긴 한국 상황에서는 어린이집 등하원조차 시킬 수 없는 부모가 많다. 이때 정부는 시설에서 아이를 돌보지 못하는 틈새를 아이돌보미 사업으로 메꾸기 시작했다. 퇴근이 늦거나 도저히 아이를 맡길 데가 없을 때 잠깐 도와주는 목적으로 만들어진 제도였다. '잠깐 돕는 돌봄'이라고 생각했기 때문에 3개월부터 만 12세에 이를 정도로 폭넓은 대상임에도 불구하고 2006년 한 해 27억 원에 불과한 예산이 책정되었다. 아이돌보미 노동자가 받는 급여는 전문적인 돌봄 노동자라기보다 이웃집에서 아이를 맡아준 수고료 정도로 책정되었다.

아이돌보미 사업이 예상 밖 흥행을 거둔 까닭

아이돌보미 도입 취지는 노동 안전망이 없는 현실과도 맥이 닿아 있다. 육아 휴직 기간이 짧거나 보장받지 못하는 직장이 많다 보니 자녀가 갓난아기일 때 복직해야 한다. 부모는 아기가 어린이집 대신 1:1로 돌봄을 받을 수 있기를 바랐고 그 결과 아이돌보미에 대한 수요가 폭증했다. 아이돌보미 사업은 매년 예산 부족 사태에 시달렸다. 정부와 국회는 매해 증액을 반복해 2006년 27억 원이던 예산은 2020년 2440억 원으로 편성됐다.

정부는 아이돌보미 노동자 수를 늘리려고 노력한 반면, 급여 등 처우 개선을 뒷전으로 미뤘으며, 자격검증도 하지 않았다. 아이돌보미 사업은 우리 사회의 공공보육이 재가(在家) 보육 중심으로 가야 하는지, 혹은 그렇게 갈 수 있는지조차 고려하지 않은 채 시작되었다. 수요에 따라 무작정 공급을 늘리다 보니 노동자, 부모 양측 모두에게 정상적인 서비스를 유지할 수 없는 지경이 되었다.

왜 아이돌보미 사업은 예상 밖 흥행을 거뒀을까? 돌봄

이 아무리 사회화·시장화되어도 어떤 핵심적인 부분은 '집안'에서 '아주 친밀한 사람과' 하고 싶은 마음이 있기 때문이다. 그것이 돌봄, 돌봄 노동이 다른 행위와 구분되는 특성이다. 가사도우미를 쓰고, 종일반 어린이집을 보내도 돌봄의 아주 핵심적이고 내밀한 무언가는 비어 있다. 그 공백에는 누군가가 서로를 전적으로 바라보고 더 행복하고 건강하길 바라는 진실하고 따뜻한 마음이 있다. 물론 무작위로 배치되는 현재의 아이돌보미가 그 기대를 온전히 채워주지는 못한다. 하지만 아이돌보미 사업에는 그것을 기대해도 될지 모른다는, '함께 사는 돌봄 관계'에 대한 환상이 스며 있다. 그렇기에 아이돌보미 사업의 흥행은 '집 울타리' 안에서 돌봄이 어떠해야 하는지 묻는다.

지금 우리 사회는 돌봄 공백을 시간제 사회 서비스 바우처나 적은 현금으로 채울 수 있다고 착각한다. 돌봄에는 사회 서비스의 구체적인 업무로 쪼개낼 수 없는 부분이 있다. 포괄적이고 지속적인, 즉 생활을 공유하는 수준에서 해결할 수밖에 없는 영역이 그렇다. 가령 밤이면 차오르는 막연한 불안감, 언제 올지 모르는 심장마비나 뇌진탕, 혼자 사는 여성들이 가지는 범죄 공포를 어떤 사회 서비스가 채울 수 있을까. 저녁 메뉴를 상의하는 일, 힘들고 피곤한 날 맥주 한 캔 건네는 일, 직장상사를 죽이지 않도록 다독이는 일을 어떤 사회 서비스 노동자에게 기대할 수 있단 말인가.

돌봄은 민주주의의 과제

돌봄을 국가의 과제로 인식하기 시작한 것은 오래되지 않았다. 오랫동안 누군가를 돌보는 일은 여성의 본능이자 덕목이라고 여겨졌다. 돌봄이 필요한 가족은 부모자식에서 형제로, 조부모와 삼촌, 사촌으로 호적의 줄기를 타고 흐르며 다른 여성의 손에 맡겨졌다. 그래도 돌봐줄 사람이 없을 때는 정부가 최소한의 책임을 졌다. 그나마도 시설에 수용해 자유와 인격을 잃은 존재로 살게 하는 것이었다. 인간다운 삶을 보장해야 한다는 요구가 늘고 여성의 경제 참여, 가족 구조조정, 고령화로 돌봄 수요가 많아지자 정부는 돌봄 서비스를 마구잡이식으로 제공하고 있다. 굳이 긴 설명을 하지 않아도 출산율과 자살률은 우리의 돌봄 정책이 완전히 실패하고 있음을 보여준다.

돌봄 정책도 민주주의의 한 부분이다. 삼양동 옥탑방 옆에서 벌어진 A씨의 고독사는 박원순 시장만의 실패가 아니다. 우리 민주주의의 실패이고, 민주주의를 이렇게 만든 우리 모두의 책임이다. 돌봄이 가족 내에서 자연적으로 주어진다고 여기면서 질 높은 돌봄을 어떻게 해야 평등하게, 충분하게, 효율적으로 제공할 수 있는지 고민하지 않았다. 누가 누구를 얼마의 돈, 노력, 시간을 들여 돌보고 있는지, 돌봄 의무에 짓눌려 자유로운 삶을 누리지 못하는 사람은 없는지 고민해야 한다. 무엇보다 서로를 돌보고자 하는 따뜻한 마음을 어떻게 활용할지 고민을 시작해야 한다.

국가의 역할 중 안보와 돌봄을 비교해보자. 튼튼한 안보를 위해서 좋은 무기를 사고 훌륭한 군인을 길러야 한다. 하지만 아무리 무기와 군인을 늘린다 하더라도 주변국과의 사이가 계속 악화되면 밑빠진 독에 물 붓는 격이다. 좋은 안보 정책은 주변국과의 관계를 개선하고, 네트워크를 형성해 공동의 위험에 대비하는 것이다.

좋은 돌봄 정책도 마찬가지다. 사회 서비스의 절대 양도 확대해야 하지만 집안에서부터 돌봄 관계가 어떻게 유지되고 늘어나는지 살펴보지 않으면 밑빠진 독에 물 붓기에 불과하다. 그러나 함께 사는 의미의 '가족'이라는 제한적이고 오래된 제도 외에는 아무런 정책적 고민이 없다. 서로 돌보려는 마음이 집안에서 잘 조직화되어야 사회 서비스도 적절한 역할을 할 수 있다. 하지만 우리 사회는 애꿎게 박봉의 아이돌보미 노동자에게만 같이 사는 사람인 것처럼 온 마음과 정성을 다해 보살펴달라고 무리하게 요구한다.

사회의 돌봄망을 튼튼히 하기 위해서는 서로 돌보고자 하는 자발적인 마음을 최대한 모아내야 한다. 혈연가족도 부담스러워 하고 혼인도 안 하겠다는 현실에서 서로를 돌보며 함께 살고 싶다는 의지를 가진 사람은 사회의 보물 같은 존재다. 이 힘한 인간 세상에서 '믿고 사랑하는 사람과 돌봄을 주고받는 일'은 제로섬이 아닌 '윈-윈 게임'이 될 수 있는 몇 안 되는 행동이다. '서로 돌봄'은 정부의 재정적·행정적 부담을 줄이면서도 국민의 행복 총량을 늘릴 수 있어서 정책적으로 기적에 가깝다. 생활동반자법은 다양한 가족제도와 더불어 서로를 돌보는 마음을 조직화하는 또 하나의 기본제도다.

고독이 초래하는 사회적 비용

생활동반자법을 기반으로 사람들이 함께 살면 일단 정부는 돈을 아낄 수 있다. 우리 사회는 기초생활보장, 기초연금 등 국가가 국민의 기초적인 삶을 보장하기 위한 현금 지원을 늘리고 있는데도 빈부 격차가 커지고 있다. 제조업의 위기, 자영업의 재편, 4차 산업혁명 등으로 일자리가 줄어드는 데다가 고령화로 노인 인구가 급증하고 있기 때문이다. 곧 국민이 필요한 돌봄을 현금 지원 외 어떤 방식으로 채워나갈 수 있을지가 시급한 문제로 대두되었다.

혼자 살면 둘이서 살 때보다 주거비, 식료품비, 냉난방비, 전기 및 인터넷 비용 등이 훨씬 많이 든다. 게다가 돈을 많이 들여도 인간다운 풍요로운 삶을 살기는 어렵다. 단칸방에서 다이소 물건만 사는데 왜 그렇게 돈 쓸 일이 많은지.

1인 가구에게 더 많은 예산이 필요한 건 정부도 마찬가지다. 1인 가구의 폭증은 정부의 사회복지 재정에 위협적이다. 특히 연령이 높을수록, 소득이 낮을수록 1인 가구 비율이 높기 때문에 더욱 그렇다.

1인 가구가 늘면 정부가 최저 생계를 보장해야 할 사람도 늘어난다. 가령 정부는 기초생활보장법상 2019년 최저 생계비용의 기준을 1인 가구 51만 2102원, 2인 가구 87만 1958원으로 잡고 있다. 단순하게 계산해 수입이 전혀 없는 두 명에게 생계급여를 지급할 때, 혼자 사는 두 명에게는 102만 4204원을, 둘이 같이 살면 87만 1958원을 지원해야 하므로 재정을 약 17% 가량 절약할 수 있다. 게다가 둘이 같이 살면 최저 생계비용 이상의 소득을 가질 가능성이 커지므로 실제로 더 많은 예산을 절약할 수 있다.

현금 급여식 예산뿐만 아니다. 주거복지에서도 1인 가구가 많아지면 문제점이 많다. 혼자 살든 둘이 살든 사람이 살아가기 위한 기본 시설은 갖춰야 한다. 화장실, 부엌, 현관이 있어야 하고 냉장고, 세탁기, 에어컨도 필요하다. 사회 초년생 시절, SH공사가 1인 가구를 위해 만든 원룸형 임대주택에 거주한 적 있다. 반지하 원룸에서 수해도 입고 구옥에서 곰팡이와 씨름도 했던 나로서는 새 원룸에 들어가게 되어 무척 기뻤다. SH가 지은 첫 원룸이었는데, 테라스, 세탁실, 화장실이 따로 있고 싱크대와 신발장도 큼지막하게 설치되어 있었다. 문제는 시설을 잔뜩 설치하니 정작 내가 생활할 수 있는 공간이 딱 더블 침대 사이즈만큼 남은 것이었다. 자려고 이불을 깔면 남은 공간은 한 뼘 남짓이었다.

이불을 개지 않고 밥을 차려먹는 사치는 누릴 수 없었다. 잠을 자든 밥을 먹든 공부를 하든 엉덩이는 항상 같은 위치에 있어야만 했다. 게다가 기존 다인 가구 임대주택의 관례에 따라 세탁기, 냉장고, 에어컨 등 기본적인 옵션이 없었다. 80여 세대 원룸 건물에 2교대 경비원을 배치한 결과 도저히 감당하기 어려운 수준의 관리비가 부과되었다. 어렵게 당첨이 되고서도 거주를 포기하는 사람들이 생겨났다. 점차 개선해나가기는 했지만, SH 첫 원룸 주택은 한정된 예산, 인간다운 주거조건을 제공해야 할 의무, 1인 가구에 대한 부족한 이해가 충돌해 만들어낸 블랙코미디 같았다.

공공이 제공하는 주거복지는 어느 정도 인간답게 살 수 있는 환경을 조성해야 할 의무가 있고 1인 가구라도 갖출 건 갖춰야 한다. 예를 들어 정부는 2016년부터 저소득 노인 1인 가구를 위한 '공공실버주택'을 공급하고 있다. 평균적으로 7평 원룸이라 '방' 생활에 익숙하지 않은 노인들은 많이 답답해 하는데도 이마저 공급이 절대적으로 부족하다. 1인 가구에게 화장실과 부엌이 딸린 인간다운 주택을 공급하는 일은 정부와 지자체로서도 힘에 부치는 일이다.

외로움은 '사회적 전염병'

직접 현금을 지급하고 예산을 들여 1인 가구에게 임대주택을 주어도 '돌봄 공백'을 극복하는 데 한계가 많다. 1인 가구는 고독사를 비롯한 사고의 위험이 높기 때문에 자주 방문해야 한다. 그렇기 때문에 가장 많은 비용이 드는 부분은 인건비다. 사회복지 현장 노동자는 한정된 인력으로 늘어나는 독거 가구에 대응하고자 진땀을 빼고 있다. 지자체는 독거 노인 가구의 고독사를 예방하고, 최악의 경우 한시라도 빨리 발견하려고 한다. 공무원, 통반장, 노인케어시설 종사자가 자주 방문하는 건 가장 고전적인 방법이다. 최근에는 독거노인 가정에 사물인터넷(IoT) 센서를 부착해 일정 시간 동안 움직임이 없으면 119와 주민센터에 바로 신호가 가도록 조치한다. 이런 노력에도 불구하고 급성질환, 자살 시도 등을 제때 발견하지 못하는 사례는 여전히 너무 많다. 고독사에 이르지 않더라도 몸과 마음이 아프고, 경제적 상황이 나빠지는 현실을 모두 막을 수 없다.

당장의 사회복지 예산만 낭비되는 게 아니다. 충분한 돌봄은 노동자가 다시 일터에 나와 일할 수 있게 한다. 반면 고독을 방치하면 스스로 목숨을 끊거나 몸과 마음이 아픈 사람이 늘어난다. 기초생활보장 등 공적 지원과 건강보험의 부담도 커진다. 살아가는 재미를 잃으면 새로 태어나는 아기도 줄어든다. 저출산을 경제 논리로 이용하는 것을 좋아하지 않지만 저출산이 국가 경제에 위협적인 것만은 사실이다. 모두 안개 낀 마음으로 살아가면 사회의 속도가 느려질 수밖에 없다.

고독은 그저 개개인이 소주 한잔 털어먹고 잊으면 되는 게 아니다. 대한민국의 미래를 위해 정부가 적극적으로 나서서 해결해야 하는 과제다. 영국은 2018년 외로움위원회(The Commission of Loneliness)를 설립해 종합적으로 정책 대응을 하고 있다. 외로움위원회는 외로움이 하루에 담배 15개비를 피우는 것보다 더 해롭다며 '사회적 전염병'이라고 규정했다. 영국 정치가 브렉시트 논쟁으로 혼란스러운 탓에 아직 뚜렷한 성과를 내지 못하고 있지만, 전 세계가 영국의 정책적 실험을 주목하고 있다.

한국의 경우, 부산광역시에서 2019년 5월 '부산시민 외로움 치유와 행복증진을 위한 조례'를 최초로 제정했다. 조례에 따라 부산시는 외로움 치유와 행복 증진을 위한 계획을 수립·시행해야 한다. 첫 계획이 이제 수립 단계에 있다. 획기적인 새 정책이 나오길 기대하지만, 지자체 권한으로 할 수 있는 건 자주 방문해 상담하고 이웃과 만나는 프로그램을 확대하며 긴급 상황에서 일시금을 빌려주는 것 이상이 되기는 쉽지 않다. 국회와 중앙정부가 법과 정책의 틀을 새로 만들어야 한다.

공동주거, 내가 원하는 사람과 살면 안 될까요?

'함께 사는' 수준의 돌봄 관계를 복원해보려는 유일한 시도는 공동주거 형식의 임대주택이다. 경북 영주시는 2014년부터 시장 역점사업으로 '노인 공동거주의 집'을 운영하고 있다. 2019년 8월 현재 한 채당 5명 내외가 함께 사는 집 10개소가 있다. 이러한 노인 공동주거 임대주택은 경남 남해군, 충북 음성군, 경북 상주시, 경남 의령군 등 농어촌 중심에서 시작해 점차 수도권 도시로 확산되고 있다. 부산시, 경상북도 등 광역 지자체에서도 움직임을 보인다. 노인 1인 가구뿐 아니라 청년 1인 가구의 문제도 심각한 서울시는 2016년 노인 가구가 남는 방을 저소득 대학생에게 임대하면 지원금을 주는 '홈셰어링' 사업을 진행했다. 서울시는 민관협력형 셰어하우스 청년 임대주택을 내놓기도 했다.

그러나 지자체들의 노력은 별로 호응을 얻지 못했다. 원하는 사람이 아니라 지자체가 정해준 사람과 살아야 하는 불편함 때문이다. 누구든 집에서는 샤워 후 속옷만 입고 돌아다니고 싶다. 현재의 공동주거 임대주택 실험은 사생활을 지키고자 하는 욕구를 이해하지 못한 정책이다. 지자체 입장에서는 사회복지 대상이 모여 살면 관리하기 쉬우니 편할 것이다. 거주자 입장에서는 아주 위급한 상황에서 결정적인 도움을 받을 수 있을지 몰라도 함께 살기란 낯선 사람이 남긴 화장실의 대변 냄새, 수챗구멍에 낀 머리카락, 설거지 안 된 그릇을 일상적으로 마주해야 하는 일이다. 지금의 공동주거 실험은 대체로 행정적 편의를 위할 뿐이다.

양질의 돌봄, 즉 자발적이고 상시적인 돌봄은 편안하고 믿을 수 있는 이들 사이에서 나온다. 사람을 무작정 모아둘 게 아니라, 좋아하는 사람들이 살림을 합치도록 장려해야 한다. 서로를 돌보겠다는 자발적인 마음으로 모인 사람을 조직화하고, 그런 마음을 키워나가도록 해야 하는 것이다. 생활동반자법은 이를 위한 하나의 큰 디딤돌이다.

정부가 모든 외로움에 손을 놓고 있는 건 아니다. 정부는 국민의 외로움에 선별적으로 대처하고 있다. 수많은 농어촌 지자체가 진행했던 '농촌 총각 국제결혼 지원사업'은 정부가 어떤 종류의 외로움에 대처하는지를 잘 보여준다. 1990년대 이후 여성의 사회진출이 본격화되고 도시에서 직장 생활을 하는 이들이 늘어났다. 점차 줄어든 농어촌 비혼 여성인구는 더 빠른 속도로 줄어들기 시작했다. 농어촌의 빠듯한 돈벌이, 가부장적 문화 역시 여성이 농어촌을 떠나게 만든 이유였다. 그러자 농촌에 사는 남성이 결혼하지 못하는 현상이 큰 사회적 문제가 되었다.

'농촌 총각 장가보내기'가 남긴 교훈

농민운동 세력은 결혼하지 못한 농촌 미혼 남성을 정부의 농어업 정책 실패의 상징으로 적극적으로 활용했다. '전국 농촌 총각 결혼대책위원회'를 설립해 농촌 사회의 어려움을 적극적으로 호소했다. 강기갑 전 국회의원이 결혼대책위원회 위원장이었고, 실제로 여기서 부인을 만났다. 마흔이 넘어도 결혼을 하지 못한 농촌 총각의 사연과 '대가 끊긴' 가족의 사연이 연일 대서특필 되었다. '이러다 우리 농촌이 다 망한다'는 위기감이 퍼져 나갔다. 총각의 만혼은 우루과이라운드 등 농업개방에 대한 공포와 겹쳐져 농어촌 소멸의 징후로 여겨졌다. 1991년 지방의회 선거가 부활하면서 농촌 총각 장가보내기 사업은 지방의회 의원의 단골 공약이 되기도 했다.

하지만 이 캠페인은 농촌의 어려운 현실을 알리는 데는 성공했지만 실제 결혼성사율은 낮았다. 훗날 노무현 대통령이 강기갑 전 의원에게 "전국 농촌 총각 결혼대책위원회를 만들어서 위원장 본인만 결혼했다"고 농담을 건넬 정도였다. 농촌 남성이 결혼을 못하는 건 맞선 볼 기회가 없어서가 아니라 구조적인 문제 때문이다.

이 와중에 중국, 동남아 여성과 결혼을 중개하는 브로커가 등장한다. 1970~80년대를 거치면서 한국은 중국 및 동남아에 비해 큰 경제적 성과를 이뤘다. 이러한 격차는 농촌 결혼 이민, 즉 '처녀 수입'을 가능하게 했다. 때마침 중국과의 수교가 체결된 후 조선족이라고 불리는 재중 동포와의 교류가 늘어났고, 사회주의 붕괴로 아시아 전역의 극빈층은 각개전투해야 하는 위기에 빠졌다. 작은 희망이라도 품고 어떻게든 한국에 오려고 하는 여성이 늘어났다.

국제결혼 브로커들은 농촌 남성에게 젊고 순종적이고, '한국인을 닮은' 여성과 결혼할 수 있다고 부추겼다. 여성에게는 한국에 가서 부자랑 결혼해서 일도 배우고, 본국의 가족에게 돈을 보낼 수 있다고 유혹했다. 심지어 결혼이 아니라 취업하는 것이라고 사기를 치고, 낙후한 농어촌의 모습이 아닌 서울의 신축 아파트 사진을 보여주기도 했다. 브로커들은 신랑과 신부 양측으로부터 거액의 돈을 받았고, 때로는 돈을 받고 중개를 해주지 않는 '먹튀'를 하기도 했다. 농촌 남성은 브로커가 가져온 사진첩을 보고 신부를 골랐고, 여성은 아무런 정보 없이 한국에 와서 자신을 고른 남성과 결혼을 '당했다'. 이러한 결혼은 가정폭력, 성폭력으로 이어졌다.

여성은 연고도 없고 말도 통하지 않는 한국에서 고립된 상황에 놓였다. 브로커들의 감언이설은 오래가지 못했다. 비싼 돈을 주고 데려왔는데 현금과 패물을 훔쳐 도망갔다는 악마 같은 여자, 수천만 원을 쓰고 폐인이 되었다는 농촌 남자에 대한 이야기가 괴담처럼 떠돌았다. 또한 브로커의 주먹구구식 사업 방식은 점점 신뢰를 잃어갔다. 한국 남성과 외국 여성의 결혼건수는 1996년 1만 2647건에서 1999년 5775건으로 줄어들었다.

2000년대 들어 지자체가 본격적으로 나서면서부터 점점 줄어들던 결혼 이민이 다시 늘어나기 시작한다. 지자체는 결혼중개업체를 끼고 '농촌 총각 국제결혼 지원사업'을 본격화한다. 군수, 시장, 구청장 등 지방단체장 직선제가 자리 잡으면서 국제결혼 지원은 빠른 속도로 확산되었다. '결혼은 해야 한다'는 농어촌 사회의 보수성, 점점 줄어들고 늙어가는 농어촌 인구에 대한 다급함 속에 농촌 총각 국제결혼 지원사업은 적은 예산으로 농어촌 유권자의 환심을 살 수 있는 포퓰리즘(populism) 공약이었다. 지자체의 이런 노력으로 국제결혼은 2005년 3만 719건으로 정점에 다다랐다.

현재에도 많은 농어촌 지자체에서 비혼 남성이 동남아, 중앙아시아 등지로 신부를 찾으러 가는 비용을 지원해준다. 지원금액은 대략 500~1500만 원이다. 과거보다 사기, 인신매매 등은 줄어들었지만 '처녀 수입'의 본질은 바뀌지 않았다. 농촌 남성은 일주일 만에 선을 보고, 처가에 인사를 하고, 결혼식을 하고, 첫날밤을 보낸 다음 신부를 데리고 한국에 돌아온다.

최근에는 국제결혼 지원사업을 줄이거나 폐지하는 지자체가 증가하고 있다. 성차별적인 매매혼을 지원한다는 비판의 영향도 있지만, 농촌 사회가 재생산에 실패하면서 더 이상 결혼 시킬 총각이 없기 때문이기도 하다. 한국 남성과 외국 여성의 국제결혼은 최근 몇 년간 1만 5000건 전후로 유지되고 있으며 농어촌보다는 도시 지역의 비중이 커지고 있다. 물론 결혼 이민을 통해 연을 맺은 많은 부부가 행복하게 살고 있고, 한국이나 동남아, 중국에서 일하다가 만난 연애 결혼, 한국에 자리 잡은 이주민이 소개한 중매 결혼도 늘고 있다. 따라서 현재의 국제결혼과 결혼 이주를 함께 일반화해서는 안 된다.

외로움을 차별하는 정부

다만 지자체의 적극적인 농촌 총각 장가보내기 사업은 우리 사회가 어떤 외로움을 중대하게 여기는지를 보여준다. 농촌 미혼 남성의 어려움은 출산을 통해 노동력을 재생산하는 것과 연관된 외로움이다. 이런 종류의 외로움만 우리 사회의 과제가 된다. 정부와 지자체는 이를 해결하기 위해 국제결혼에 대한 문화적 편견까지 뛰어넘으며 지원에 앞장섰다.

농촌 남성이 결혼하지 못하는 상황은, 농업 생산성을

올리고 농어업 노동조건을 바꾸고 농어촌의 가부장적 문화를 개선해야만 해결할 수 있는 구조적인 문제였다. 하지만 우리 사회는 정공법 대신에, 적은 돈과 불분명한 기회에 자신의 삶·몸·노동을 기꺼이 내놓을 가난한 여성을 동원했다. 여기에 여성의 본성이니 하는 낡은 성 역할을 동원하여 관계의 냉혹함을 따뜻한 돌봄 관계인 양 눙치려고 든다. 아이돌보미 사업이 그런 것처럼 말이다.

출산과 무관한 외로움은 그 자체로 해결과제가 되지 못한다. 저출산과 관련한 호들갑도 마찬가지다. 여성을 어떻게든 출산으로 몰고 가는 데에만 몰두한다. 아이를 한 명 낳으면 100만 원, 두 명 낳으면 200만 원, 열 명 낳으면 수천만 원 하는 계산을 듣고 있자면, 가끔은 간식을 주면서 양몰이를 하는 것처럼 느껴진다. 저출산 대책에서도 출산과 상관없는 여성의 삶, 결혼 밖의 친밀한 관계에 대한 상상력은 차단된다. 돌봄 공백이 낳는 문제를 해결하기 위해서는 적은 보상으로 여성의 삶·몸·노동을 교환하는 것보다 더 큰 상상력이 허용되어야 한다.

사회적 재생산을 할 수 없는 농촌의 현실은 한국 사회 전체의 현실이 되었다. 이제 어떻게 할 것인가. 국제결혼 지원을 전 국민에게 확대할 것인가. 농촌 총각 장가보내기 사업에 많은 세금을 쏟아 붓고 실제로 많은 이들이 결혼했지만, 그걸로 끝일 뿐 농촌사회의 자연스러운 재생산 구조를 되살리는 데는 실패했다.

남성을 중심으로 한 '정상 가족'의 한 조각이 비어 있는 것과 '돌봄 공백'을 동의어로 이해해서는 안 된다. 우리 사회가 책임져야 할 돌봄 공백은 훨씬 더 폭넓다. 남녀가 결혼하고 아이를 낳아 해결되는 돌봄 공백도 있지만, 그럴 의지도 방법도 없는 국민도 많다. 빈곤한 여성을 동원하여 헐값에 정상 가족의 조각을 채워보려는 빈곤한 상상력의 정책도 이제는 바뀌어야 한다. 구멍난 돌봄의 자리를 일시적으로 메울 수는 있지만, 서로를 돌보고자 하는 관계가 자연스럽게 생겨나고 이어지지는 않기 때문이다.

믿고 의지하는 사람과 함께 살아보겠다는 마음을 최대한 조직해내는 것이 고독의 사회적 비용을 줄이는 시작이다. 점점 커가는 돌봄 공백과 그에 따른 고독의 사회적 비용을 생각하면 생활동반자법은 시급하게 도입되어야 한다. 생활동반자법이 도입되어 가족이 무너지는 것이 아니라, 이미 기존의 가족제도가 무너지는데도 가족을 형성할 새로운 방법이 없는 것이다. 저출산으로 경제의 활력이 떨어지고 고령화로 사회복지비용이 폭증하는데 우리 사회가 견딜 수 있을까. 다들 걱정이 크다.

하지만 가끔은 진지하게 걱정을 하는 건지, 그냥 훈계하고 싶어서 걱정하는 척 하는 건 아닌지 의구심이 든다. 돌봄 공백에 따른 사회적 비용이 걱정된다면 어째서 서로를 돌보며 살겠다는 귀하고 고마운 마음을 이토록 방치하는 걸까. 정상 가족을 복원해서 돌봄 공백을 해결해야 한다고 주장하는 사람들은 돌봄 공백이 무엇인지 모르는 것은 아닐까 조심스러운 음모론을 제기해본다.

2부

어떤 이유로 같이 살고 싶은지는 사람마다 다르다.
우리가 '결혼'이라는 제도에 익숙할 뿐,
어떤 이유로 같이 살고 싶은지를 국가가 굳이
따져 묻는 것이 더 어색한 일일 수 있다.

서로 돌보며
함께 살지만

섹스하는 사이만 같이 살 수 있나요?

누군가와 같이 살면서 가장 좋은 점 중 하나는, 다인이 강력한 주의 환기 요인이 된다는 사실이다. 지나치게 골몰하거나 불안에 잠식당할 확률이 현저하게 줄어든다. 과일 깎아 먹으며 나누는 몇 마디로도 나도 모르게 울적한 기분을 털어버려 부정적 감정에 사로잡히지 않는다. 집 안 어딘가 누군가 있다는 사실만으로 얻는 마음의 평화도 있다. 아니 꼭 집 안에 있을 필요도 없다. 누군가 집으로 항상 돌아온다는 사실만으로도 그렇다.
— 김하나·황선우, 『여자 둘이 살고 있습니다-혼자도 결혼도 아닌, 조립식 가족의 탄생』, 위즈덤하우스, 248쪽.

2019년 출간된 김하나·황선우의 『여자 둘이 살고 있습니다』는 제목 그대로 두 여자가 함께 사는 이야기를 담은 에세이다. 40대 여성인 저자들이 함께 대출을 받아 아파트를 구입하고 둘이 살기 시작하면서 겪은 에피소드를 실감나게 그린다. 좋은 동거를 위한 노하우도 담고 있다. 이 책은 새로운 라이프스타일에 대한 사회적 반향을 일으키며 베스트셀러가 되었다. 에세이로서 읽는 재미 이상으로 흥행하는 것을 보며 혈연·결혼 이외의 방식으로 '함께 사는' 삶을 꿈꾸는 사회적 욕구가 특히 젊은 여성들 사이에서 크다는 것을 알 수 있었다. 『여자 둘이 살고 있습니다-혼자도 결혼도 아닌, 조립식 가족의 탄생』에도 생활동반자법을 언급하며 정책적 대안을 희망하는 부분이 나온다. 이 책의 부제처럼 '혼자도 결혼도 아닌' 삶을 고민하는 사람들을 보며 생활동반자법에 대한 책을 서둘러 써야겠다고 다짐하는 계기가 됐다.

흔히 '동거'는 이성애나 동성애 같은 성애적 관계의 커플이 함께 사는 것을 이야기하는 반면, 이 책은 깊은 우정에 기반한 관계를 그린다는 점이 흥미로웠다. 저자들은 서로를 신뢰하고 의지하고, 더불어 경제적으로도 협력한다. 성인이 돈을 섞는다는 건 신뢰를 보여주는 일이다. 둘의 사이좋은 모습을 보면 사람이 같이 살고, 국가가 이를 인정하기 위해 꼭 성적인 연결이 필요한지 묻게 된다.

이번 장에서는 성애적 관계가 아니지만 함께 사는 이들에 대해 다루려고 한다. 『여자 둘이 살고 있습니다』에 나온 것처럼 친구 사이에 서로를 돌보며 사는 가구, 장애인이나 노인처럼 당장의 물리적인 돌봄이 필요한 가구를 짚어보려

한다. 그동안 비성애적 관계, 즉 성적으로 서로를 사랑하는 사이가 아닌 관계의 돌봄은 일시적이거나 생활비를 아끼기 위한 것으로 치부되었다.

그냥 '베프'랑 살면 안 돼요?

비성애적 동거에도 층위가 있다. 혼인 이상으로 진지한 관계도 얼마든지 있을 수 있다. '결혼' 외에 가족을 구성할 방법이 없는 건 섹스하지 않는 사람과는 애초에 가족을 만들 법적인 방법이 없다는 뜻이다. 가족 구성을 위해 '성애적 관계'를 반드시 전제하는 것은 차별이다. 서로 신뢰하고 사랑하며 함께 사는데 성적 관계가 필수일까? 신뢰를 담당하는 중추가 성기에 달리지도 않았는데 말이다. 인간의 사랑, 돌봄, 신뢰는 훨씬 다양하고 복잡하다.

부부라고 해서 성관계로 관계를 유지하지도 않는다. 혼인신고를 하는 이성애 부부에게 원활한 섹스를 하냐고 묻거나 증명하라고 하지 않는다. 실제로 많은 부부가 성생활 없이 살지만 그들에게 가족을 구성할 자격이 없으니 헤어지라고 강제하지 않는다. 더구나 가족을 구성하겠다고 정부에 밝힐 때 내가 상대와 섹스하는 사실을 전제해야 한다면 이는 사생활 권리를 침해하는 측면이 있다.

그런 의미에서 '혼인관계'란 그저 혼인하기에 적합하다고 사회적으로 인정된 쌍에게 부여한 특권에 불과할지도 모른다. 적당한 나이의 이성 관계가 아니면 서로를 돌보는 자발적 선의를 가진 이들의 뜻은 법적으로 인정되지 않는다. '혼인'으로만 가족을 만들 수 있는 건 비성애적 관계 등 그 외의 관계에 대한 차별이다.

사람은 저마다 남이 이해하기 어려운 고집이 있고 같이 사는 건 누구에게나 어느 정도의 불편함이 있다. 『여자 둘이 살고 있습니다』에서는 "둘만 같이 살아도 단체 생활"이라며 동거생활이 꼭 좋기만 한 건 아니라고 이야기한다. 당장 친구와 함께 살겠다고 주변에 말해보라. 그러면 같이 살다가 관계가 틀어져 다시는 안 보는 사이가 된 사례 만 가지를 금방 수집할 수 있다. 당장 피를 나눈 가족도 같이 살기 싫을 때가 수두룩하다.

그렇게 많은 불편에도 불구하고 법적으로 등록하겠다는 우정 관계는 결코 가볍게 볼 수 없다. 생활동반자를 맺으면 위기 상황에서 서로를 부양해야 하고 함께 생활비로 쓴 채무를 갚아야 하고 본인의 잘못으로 관계가 깨질 경우 일정한 손해배상을 해야 하는 경우까지 생길 수 있다. 이런 부담스러운 관계를 기꺼이 맺겠다는 이들 간의 강한 신뢰를 섹스하지 않는다는 이유만으로 폄하해서는 안 된다.

'베프'와 살 집을 구할 때 겪는 일들

나도 친구와 같이 살기로 결심했다고 하자. 즐거운 대화 상대를 찾는 건 누구에게나 인생에서 중요한 과제다. 게다가 비슷한 경제 조건을 갖추고 비혼이기도 한 상대를 찾기란 정말 어려운 일이다. 『여자 둘이 살고 있습니다』의 두 저자에게 가장 부러운 점은 그런 친구를 찾았다는 점이다. 결혼을 하지 않고 친구와 목돈을 들여 집을 구하겠다면 다양한 편견에 부딪힐 것이다. 당장 제도로도 해결할 수 없는 부분이니 열외로 두고, 같이 살 친구를 찾은 다음 마주할 문제를 생각해보자.

일단 집을 구해야 한다. 두 명이 살 만한 15~24평 아파트는 큰 안방과 작은 방 한두개로 구성되어 있다. 방의 크기가 불평등하다. 한 명은 큰 방, 다른 한 명은 작은 방에 살아야 한다. 애초에 부모가 쓰는 큰 방, 자녀가 쓰는 작은 방을 가정하고 지어진 탓이다. 작은 방은 성인 1인의 짐을 다 풀어놓기도 좁다. TV 시청, 운동 등 집에서 할 수 있는 여가 생활을 공동 공간에서 하고, 각 방에서는 최소한의 사생활만 할 것이라고 가정하기 때문이다. 성인 두 명 이상이 대등한 관계로 각자의 사생활을 갖고 함께 산다는 상상이 없다.

주로 그런 형태로 짓더라도 조금씩 다양한 가족 형태를 고려한 집이 있을 법도 한데, 정말이지 대동소이하게 같은 모양이다. 대형 건설사에서 한꺼번에 수백, 수천 세대씩 짓는 한국식 '아파트 단지' 문화는 주택을 더욱 획일적으로 만든다. 부부 사이에서도 아이를 낳지 않거나, 각자의 사생활을 강조하는 등 가족문화가 다양해지고 있는데도 이러한 다양성을 공간적으로 재현한 집을 적절한 예산 내에서 찾기란 하늘의 별따기다. 오히려 건축법이나 공간제약 때문에 공간을 억지로 욱여넣은 낡은 집이나 대학가 하숙집으로 쓰이던 곳에서 독창적으로 배치된 공간을 발견하기도 한다.

친구랑 합의를 보거나 원하는 집을 찾았다고 가정하자. 이제 돈을 구하는 게 문제다. 친구랑 같이 살고자 하는 이들을 위한 공공임대, 공공분양주택은 없다. 결혼하지 않고 친구랑 살겠다고 다짐하는 순간 주거복지의 가장 큰 혜택에서 밀려난다. 전세를 생각해보자. 공동명의로 전세계약을 하는 건 굉장히 드물다. 게다가 가족관계도 아닌 두 사람이 공동명의로 전세계약을 하는 건 더더욱 드물다. 법적으로 불가능하지 않지만 집주인은 두 사람과 함께 계약하는 걸 대체로 싫어한다. 전세계약은 해당 주택에 대해 일정 정도 재산권을 제약하기 때문에 관계자가 많아지면 권리 관계가 복잡해질 위험이 있다. 안 그래도 좋은 전세를 구하기가 하늘에 별따기인데 집주인이 싫다는 걸 굳이 강요할 수 없다. 공인중개사 입장에서도 이례적인 계약을 하느니 한 사람 이름으로 계약할 것을 권하는 경우가 많다.

더 큰 문제는 전세자금대출을 받는 일이다. 대출을 고민할 필요가 없을 정도로 자산가거나 고액연봉자가 아니라면 대부분 정책적 혜택이 있는 전세자금대출을 받는다. 대표적으로 LH대학생 전세임대주택대출, 중소기업청년 전세자금대출, 버팀목 전세대출, 한국주택금융공사 행복전세대출 등이다. 가장 보편적인 건 버팀목 전세대출이다. 당장 은행에 가서 친구와 공동명의로 버팀목 전세대출을 받고 싶다고 얘기해보자. 창구 담당자는 매우 곤란한 표정으로 뒷자리의 상사와 상의할 것이다. 상사는 다시 곤란한 표정을 지으며 본점에 문의하고, 긴 통화 후 그는 꼭 공동명의로 전세계약을 해야만 하냐고 물어볼 것이다.

이렇게 한 집에 한 명 또는 한 부부만 대출받을 것으로 가정된 정책 탓에 친구와 살 집을 구할 수가 없다. 둘이 살기 적당한 집을 구하려면 둘 몫의 소득에 기반해 두 사람 명의의 대출을 받아야 한다. 결국 혼자 대출 받아서는 자금도 부족하고, 공평하게 부담하기도 어렵다. 전세자금대출을 상담하는 순간 당신은 친구와 돈을 모아 전세집을 구할 의지를 상실하고, 혼자 살 만한 원룸 전세를 알아보러 다시 부동산 어플에 접속할 것이다.

주택 매입은 담보가 분명하고 자산 비율을 명확히 등기할 수 있기 때문에 전세에 비해 대출이 조금 더 쉽다. 하지만 디딤돌대출, 보금자리론 같이 금리나 기간에 혜택이 있는 대출은 한 부부, 한 가족이 집을 사는 경우로 가정한다. 가족관계가 아닌 이들끼리 대출받기가 어렵다. 게다가 1금융권의 주택담보대출은 정부가 집값을 통제하는 주요한 정책수단이라서 개별 대출이 정부의 방침에 어긋나지는 않는지 늘 감독을 받는다. 그런 이유로 은행은 예외적이고 애매한 대출을 피하는 경향이 있다. 결국 주로 제2금융권에서 공동명의 주택담보 대출상품을 취급한다.

『여자 둘이 살고 있습니다』의 두 저자는 각자의 분야에서 성공적 커리어를 이뤄왔다. 이들의 경제적 상황을 알 수는 없지만 서울에 아파트를 살 수 있을 정도의 자산이 있어 보인다. 그럼에도 은행대출 과정에서 신혼부부에 비해 불이익을 받았을 것이다. 안정적인 주거를 꾸릴 자산이 부족한 이들은 친구와 함께 살아야 할 이유가 더 크지만 정작 함께 살 집을 구하기는 어렵다. 혼자 살면 중소기업청년 전세자금대출 등 유리한 대출을 받을 수 있는데 친구와는 월세로 살아야 한다면 당연히 고민이 깊어질 수밖에 없다.

 이 외에도 차별은 다양한 곳에서 벌어진다. 일시적으로 실업했을 경우 가족 간에는 국민건강보험에 피부양자로 등록해서 건강보험 비용을 줄이거나 연말정산 때 부양가족으로 혜택을 받을 수 있다. 하지만 가족이 아니라면 실질적으로 서로 부양하고 안전망 역할을 하더라도 국가는 이를 인정해주지 않는다. 사보험도 마찬가지다. 자동차를 같이 쓰더라도 가족 아닌 타인이 공유하면 비싼 자동차 보험을 내야 한다. 생명보험의 경우에도 수령인을 가족이 아닌 사람으로 하기 어려운 경우가 많다.

 가족구성원 중 한 명이 출산하거나 크게 아프면 이를 돌보기 위해 휴가와 휴직을 인정받는다. 물론 완전히 정착되지 않은 제도이기는 하지만 생활동반자적 관계는 아예 고려대상에 포함되지 않는다. 입원 수속, 수술 결정 등 위급한 상황에서 의료결정을 위해 멀리 사는 혈연가족이 와야 하는 경우가 허다하다. 주민센터나 은행에서 간단한 심부름을 대신해주려 해도 둘의 관계를 증명할 방법이 없다. 심지어 가정폭력 가해자도 가족관계가 청산되지 않으면 등초본을 발급해 피해자의 주소를 확인할 수 있는데, 동거인의 경우 아무리 가까워도 안 된다.

외적인 권리와 혜택뿐 아니다. 친구 사이도 오래 함께 살다보면 돈 문제가 생길 수밖에 없다. 생활비를 제때 안 준다거나, 나눠 내기로 한 월세나 공과금이 밀려 보증금을 깎아 먹는다던지, 가전제품이나 가구를 고장내는 문제가 생길 수 있다. 친구끼리 이런 일쯤 쿨하게 넘길 수도 있지만, 언제까지나 마냥 참을 수도 없는 일이다. 애초에 그런 친구를 안 사귀면 된다고 말할 수도 있지만, 사람 보는 눈이 없다고 재산상 손해를 입어서는 안 된다. 이런 경우 제도적으로 해결할 방법은 쉽지 않다. 부부의 경우 생활비와 가사노동의 가치 등을 일정 정도 추정해 손익을 따질 수 있고 생활비로 쓴 채무는 같이 책임지게 할 수도 있다. 동거하는 친구 사이에서도 원칙적으로는 하나하나 자료를 모아 민사적 손해배상을 청구할 수는 있다. 하지만 친구한테 치약값 받자고 소송을 걸 사람은 없을 것이고, 받아야 할 돈이 얼마인지 계산하기도 쉽지 않다.

늙어 남자 밥해주지 말고, 우리끼리 재밌게 살자

친구와 함께 살고 싶은 게 꼭 결혼을 거부하는 청년층만의 마음은 아니다. 1부에서 알아본 것처럼, 폭증하는 1인 가구의 다수는 노인층이다. 수명이 길어지면서 사별, 이혼 등으로 결혼 밖에서 살아가는 사람들이 늘어나고 있다. 대부분의 사람들이 적어도 수십 년은 결혼 밖에서 살아갈 것이다.

그동안 다양한 분들께 생활동반자법을 설명할 기회가 있었다. 새로운 가족 형태를 인정해야 한다는 내용이 아무래도 어르신들에게는 낯설지 않을까 하는 걱정도 있었다. 20, 30대 분들 중에서도 좋은 내용이지만 보수적인 우리 사회에서 될 리가 있겠냐는 분들이 많았다. 그런데 오히려 중노년층 분들이 꼭 필요한 법이라고 반응해주셨다.

내가 설명하는 방식은 보통 이렇다. '주변에 사별하거나 이혼해서 혼자 사시는 분들이 많지 않느냐, 재혼이 말이 쉽지 그게 어디 보통 일이냐, 혼자 외롭게 쓸쓸하게 사느니 이성이든 동성이든 마음 맞는 친구랑 살면 얼마나 좋냐, 같이 살면 나라에서도 신경 덜 쓸 수 있어서 좋다, 외롭게 살지 말고 친구랑 같이 살라고 인정해주고 지원해주는 법이 생활동반자법이다.' 그러면 의외로 많은 분들이 좋은 법 같다고 해주신다. 이런 경험이 없다면 이 책을 시작하지도 못했을 것이다.

중노년 층에서는 홀로 된 노후가 이미 당면한 현실이다. 본인의 문제가 아니더라도 주변의 누군가는 그런 상황에 처해 있다. 누구랑 살아야 할지를 비롯해 길어진 노후를 대체 어떻게 보내야 하는지는 중노년 세대의 주요한 화두다. 노년기에 들어서고 있는 50년대생 베이비부머들은 본격적으로 '노후생활'에 대한 새로운 모델들을 만들어나갈 준비를 하고 있다. 이 중에서 많은 분들, 특히 중노년 여성들이 친구와 함께 새로운 가족을 꾸리기를 바라고 있다.

 1부에서 살펴본 것처럼 노인 1인 가구의 다수는 여성이다. 여성들이 평균 수명이 길고, 대부분 연상의 남성과 결혼을 하다 보니 남편이 먼저 사망하는 경우가 훨씬 많기 때문이다. 노인 여성들은 이미 복지센터, 경로당, 콜라텍, 각종 취미 모임, 종교시설 등을 통해 적극적으로 자신들의 네트워크를 꾸리고 있다. 매일 출근하는 직장도 없고, 자녀 양육으로부터 자유로워진 여성들은 거의 모든 생활을 같이 한다. 이들은 취미 생활, 부업, 자원봉사 등을 오가며 일상생활을 공유한다. 지방에서는 경로당을 중심으로 아예 주중에는 거의 같이 살다시피 하는 경우가 많다.

 그들은 자연스레 더 나이를 먹고 혼자 살기 어려울 때 어떻게 해야 할지를 이야기한다. 재혼해서 다른 남자 밥을 해주기도 지겹고, 자식들에게도 부담주지 말고 그냥 우리끼리 재밌게 살자는 결론에 이른다. 노년 여성들에게 심리적으로 가장 가까운 사람은 먹고 살기 바쁜 자식들도, 낯선 재혼 상대도 아닌 비슷한 처지의 친구이기 때문이다.

 2017년부터 2018년까지 방영되었던 KBS1〈박원숙의 같이 삽시다〉는 여성 노인들의 이런 로망을 담아낸 프로그램이다. 박원숙, 김영란, 김혜정, 박준금 등 평균 나이 60세인 여성 배우들이 함께 경남 남해군의 전원주택에서 모여 사는 이야기다. 각자의 생활 습관, 장단점 등이 충돌하여 에피소드들을 만들어냈다. 결혼, 이혼, 사별 등의 곡절을 겪고 혼자 된 여배우들의 일과 삶, 노후에 대한 고민들이 소소한 반향을 얻으며 최고 시청률 10.0%를 기록했다.

하지만 예능은 예능일 뿐 역시 같이 살기는 만만치 않다. 살림을 합치고 돈을 섞는다는 건 여러 가지 걱정이 생긴다. 사돈댁에 어떻게 보일지, 명절에 자식들이 와서 지낼 곳은 있어야지 하는 생각에 또 망설인다. 다들 같이 살자, 교외에 집을 짓자 이야기하곤 하지만 주변에 별로 참고할 만한 사례가 없다. 한편으로는 실제로 같이 사는 것과 다름없으면서도 집은 각자 유지하는 경우도 많다. 특히 나이를 먹을수록 삶을 바꿀 필요를 느껴도 실천하기엔 쉽지 않고, 엉덩이는 점차 무거워진다.

생활동반자법이 생긴다면 사회적으로 서로 돌보며 함께 사는 관계를 더 장려할 수 있다. 정부와 지자체에서도 노인 1인 가구가 함께 살며 서로 돌보도록 하는 것이 여러모로 도움이 된다. 생활동반자법이 있다면 생활비 및 재산 관계를 명확히 할 수 있을 뿐더러, 사회복지혜택을 받는 데도 도움이 될 수 있다. 생활동반자법이 주거, 사회복지, 재산 관계 등의 어려움에 어떤 해결책을 줄 수 있는지는 4부에서 법을 이야기하며 좀 더 구체적으로 다룰 것이다.

서로 도와서 자립할 수 있는 권리

서로 돌보며 함께 살아가는 관계에 대해 이야기하면, 많은 분들이 장애인끼리 서로 돌보며 살면 좋겠다고 얘기한다. 전쟁터에서 각자 팔과 다리를 잃고서도 서로의 손발이 되어주는 하근찬의 소설 『수난이대』같은 아름다운 모습이 쉽게 떠오르기 때문인 듯하다. 누구에게나 마찬가지지만 특히 장애인들에게 함께 살 사람을 찾는다는 것은 생존의 문제다. 24시간 장애인 활동보조 지원 서비스가 제대로 자리 잡지 못했기 때문에 더욱 그렇다. 불이 나거나, 몸이 뒤집히는 등 응급한 상황이 생겼을 때 중증장애인이 바로 대응할 수 없어 목숨을 잃는 안타까운 사연들이 너무나 많다.

하지만 돌봐줄 수 있는 능력이 있다고 누구나 함께 살 수 있는 건 아니다. 장애인들에게도 마음 편히 같이 살 사람을 찾는 것은 어려운 일이다. 당장의 생존을 위해 물리적 보조를 받는 일도 해결하기 어렵다보니 장애인 당사자가 누구에게 더 친밀함을 느끼고 누구와 살고 싶은지에 대해 사회적으로 깊은 고민이 없었다. 장애인들은 다양한 방식으로 서로를 돌보며 지내왔지만 어떤 관계를 인정하고 지원해야 그들이 행복하고 자유로운지 깊게 고민하지 못했다.

장애인들에게 사회복지수급은 생존과 자유의 문제다. 그래서 사회·국가의 정책과 제도에 자신의 삶을 훨씬 더 얽매게 된다. 가령 사회적으로 가장 인정받는 관계인 '혼인'도, 장애인 부부는 필요한 사회복지혜택에 따라 혼인신고 여부를 결정하는 경우가 많다. 장애인 활동보조 서비스의 경우 장애 정도, 사회활동 여부, 가족 환경 등을 고려해 정부와 지자체가 몇 시간을 지원해줄지를 결정하고, 가구의 소득에 따라 본인 부담금도 달라진다. 그렇다보니 가족이 함께 살 경우 지원 시간이 줄어들고, 본인 부담금이 늘어나는 경우가 있다. 그래서 서류상으로 독거 가구를 유지하기 위해 결혼생활을 하면서도 혼인신고를 못 하는 경우가 많다. 또 반대로, 장애인 임대주택의 경우 가족구성원이 많아야 유리하다. 특히 부부가 모두 장애인인 경우 가능성이 높아지기 때문에 결혼식 전에 혼인신고를 서두르는 경우도 많다. 국가의 사회복지제도 디자인이 가족 구성을 좌지우지 하는 것이다. 그것도 일관된 방향성도 없이 말이다.

  우리 사회가 장애인들이 자유롭게 원하는 사람과 살 권리를 고민한 지는 그리 오래되지 않았다. 1990년대까지만 하더라도 혼자서 생활이 쉽지 않은 중증장애인들을 돌보는 일은 1차적으로 가족, 특히 여성의 몫이었다. 장애는 본인은 물론 가족들에게조차 천형으로 받아들여졌다. 돌볼 가족이 없거나 가족들이 부양을 포기할 경우, 장애인 시설에서 평생 고립된 삶을 살아야만 했다. 겨우 삶을 연명할 뿐, 교육을 받고 사회생활을 하며 자유롭게 사는 것은 허락되지 않았다. 자유는커녕 폭력, 성폭력, 배고픔, 방치 등에 상시적으로 시달려야 했다.

  1990년대 후반 이후, 장애인 거주시설의 끔찍한 인권유린 사태가 드러나고 장애인 운동이 성장하면서 장애인들의 인간답고 자유로운 주거 권리에 대한 요구가 차츰 등장한다. 장애인이자 작가, 변호사인 김원영 씨는 이를 두고 "장애인 대다수는 사회적 의미에서, 이제 스무살 무렵의 인생을 사는 중이다"라고 말했다(김원영, 「스무살이 된 장애인들」, 한겨레, 2019.8.19). 사회에서 고립된 장애인 거주시설을 벗어나 자유롭게 살 수 있는 '집'을 갖고 자립생활을 하기 위한 장애인들의 투쟁은 지금도 계속되고 있고 여전히 갈 길이 멀다. 정부도 장애인들의 자립생활을 위해 나름의 노력을 하고 있지만, 예산과 제도 모두 아직 한계가 있는 상황이다.

이처럼 장애인들이 시설 밖에서 가족과 함께 살아갈 권리 자체가 자리 잡지 않은 상황에서 생활동반자법 등 대안적인 가족에 대해 이야기하는 것이 시기상조라고 할 수도 있다. 하지만 장애인들이 선택할 수 있는 생활방식이 다양할수록 자립을 결심하기가 쉬워진다. 장애인들이 자유롭고 독립적으로 살 권리라는 큰 틀 안에서 혈연·혼인에 대한 권리뿐 아니라 다양한 가족을 구성할 권리도 함께 논의되어야 한다. 두 권리는 순차적인 것이 아니라 큰 틀에서 함께 이뤄나갈 수 있는 것이다.

시설을 나온 장애인에게 동거란

사회 경험이 부족한 시설 장애인들이 사회에서 바로 혼자 살 용기를 내기는 어렵다. 그들은 시설에서 나와 당장 누구랑 어떻게 살 것인지가 생존의 문제다. 장애인 활동보조가 24시간 가능한 경우가 아주 드문 데다가 혼자 살면 실제로 여러 위험한 상황에 처한다. 장애인들의 탈시설을 돕기 위해 장애운동 단체와 지자체 각자 열심히 노력하지만 아직 모든 개인들을 도울 만큼 충분하지가 않다.

가족들과 살고자 해도 시설에서 오래 거주한 장애인들은 사실상 기존 혈연가족과의 관계가 단절된 경우가 많다. 가족들이 시설에 맡기고 인연을 끊은 경우가 허다하고, 연이 이어진다 해도 떨어져 산 지 오래되다 보면 관계가 멀어진다. 이 경우 시설에서 수십 년을 함께 산 친구가 훨씬 '가족'에 가깝지만 법적으로는 남남이다. 장애인들이 시설에서 나올 경우 혈연가족들은 대부분 큰 부담을 느낀다. 매정한 가족이라고 비판하기는 쉽지만, 중증장애인이 시설을 나와 살게 될 경우 당장 돌봐야 할 부담이 너무 커지는 것도 사실이다. 장애인 당사자 입장에서도 수십 년을 떨어져 살았던 가족과 함께 산다는 게 편하지만은 않다.

이렇다보니 장애인 당사자가 성인임에도 불구하고 가족의 동의가 없으면 시설에서 내보내지 않기도 한다. 그리고 스스로 탈시설을 포기하는 경우도 많다. 누구나 자신이 살고 싶은 장소, 사람, 방식을 결정할 자유가 있지만, 보조금을 받아야 하는 시설장과 부양 책임이 부담스러운 가족들의 뜻이 일치할 때 시설 안에 고립되어 있는 장애인 당사자가 결정할 수 있는 경우는 많지 않다. 헌법이 보장한 거주이전의 자유와 사생활의 권리는 '의지할 사람과 같이 살 구체적인 방법'이 마련되지 않으면 법전 속의 선언에 불과하다.

　　탈시설을 결심하는 장애인들은 시설에서 함께 생활한 친구에게 의지하며 새로운 자립생활을 준비하는 경우가 많다. 시설 내에서 함께 사회생활을 고민하는 경우도 있고, 이미 탈시설한 친구를 믿고 시설에서 나오기도 한다. 탈시설을 준비하는 과정에서 그룹홈이나 자립 지원 프로그램에서 만난 사람과 의기투합하기도 한다. 사실 이들에겐 시설에서 같이 산 동료 외의 인간관계가 매우 적다. 이처럼 장애인들은 서로에게 자립생활의 용기가 되고 있지만, 막상 시설에서 나온 다음에는 사회복지제도의 이런 저런 제약 때문에 같이 살지 못하는 경우도 많다.

　　육상효 감독의 영화 〈나의 특별한 형제〉(2019)는 시설에서 나온 두 장애인이 함께 동거하기까지의 분투를 다룬다. 지체장애인 세하(신하균 분)와 발달장애인 동구(이광수 분)는 어렸을 때부터 장애인 시설에서 서로를 의지하며 함께 자랐다. 동구는 세하의 이동을 도와주고, 세하는 동구가 최선의 선택을 할 수 있도록 도와주며 살아왔다. 어릴 적 엄마에게서 버림 받은 트라우마가 있는 동구는 세하에게 강하게 의존하고, 세하도 동구에게 큰 책임감을 갖는다.

　　어느 날 함께 살던 시설이 폐쇄되면서 각기 다른 시설로 옮겨질 위기에 처하자 둘이 함께 자립생활을 추진한다. 그들은 당장 살 곳이 없어 세하의 대학 후배이자 사회복지 공무원인 송 주사(박철민 분) 집에서 얹혀 살기 시작한다. 우여곡절 끝에 둘은 임대주택에 입주 자격을 얻는다.

영화는 자립생활에 대한 여러 현실적 어려움을 단순화한다. 일단 탈시설한 장애인에게 당장 자기 집을 비워줄 관대한 사람이 있을 리 없다. 장애인 임대주택 입주 순서가 그렇게 빨리 오지 않고, 혈연관계가 아닌 사람들의 동거를 쉽게 인정해주지도 않는다. 영화에서도 둘이 함께 살기 위한 노력들이 눈물겹게 나오지만 현실은 훨씬 치열하고, 대부분의 경우 영화와 달리 해피엔딩이 아니다. 이 영화에서 가장 현실적인 점은 세하가 동구와 헤어지자 당장 돌봐줄 사람이 없어 다시 시설로 입주하게 된다는 점이다.

동구와 세하 같이 애틋한 사연을 보면 장애인과 함께 사는 사람이 더 많은 돌봄을 받을 수 있도록 동거 가구의 권리를 넓게 보장해주면 좋겠단 생각이 든다. 그러나 사회적으로 고립되어 있고 자기 방어 능력이 부족한 장애인들을 착취하는 사람들이 세상에는 많다. 장애인 여러 명을 '동거인'으로 등록해놓고 각종 보조금, 후원금 등을 착복하고 인권유린을 일삼는 불법 장애인 시설도 여전히 많다. 장애운동 진영에서는 '동거인'이라는 말을 들으면 인권유린의 트라우마를 먼저 떠올린다. 함께 살며 그들을 돌본다고 해서 무작정 권리를 부여하기가 어려운 이유다.

〈나의 특별한 형제〉에서도 세하와 동구가 동거 자립을 준비하는 중에 동구 엄마가 나타나 동구를 데리고 가겠다고 주장한다. 어렸을 때 동구를 버렸지만 이제는 사죄하는 마음으로 데리고 살겠다는 뜻을 밝힌다. 동구 엄마는 '휠체어 밀어 줄 사람'이 필요해서 세하가 동구를 이용한다고 주장한다. 세하 입장에서는 억울하지만 둘 사이가 특별하다고 주장할 근거가 딱히 없다. 동구를 버렸던 엄마는 혈연이라는 이유만으로 특별한 관계라는 것이 입증되고 결국 동구는 다시 엄마와 함께 살게 된다. 하지만 엄마와 새 가족들은 동구의 삶과 장애를 잘 이해하지 못해 방치한다. 결국 동구는 다시 세하를 찾아가고, 가족의 양해를 얻어 동구와 세하가 함께 사는 것으로 영화는 끝이 난다.

〈나의 특별한 형제〉에서 동구의 혈연가족인 엄마와 생활동반자적 관계인 세하 둘 다 동구와 함께 살고 싶어 하고, 동구를 진심으로 아낀다는 점은 현실적으로 아주 보기 드문 장면이다. 장애인의 혈연가족은 장애인 부양을 부담스러워하고, 가족관계가 아닌 '동거인'들은 장애인을 이용하고 방치하는 상황인 경우가 많다. 영화에서 다들 동구와 세하의 진심을 알아주고 둘이 같이 살 수 있도록 도와주지만, 현실적으로 가족이 아닌 사람의 권리를 인정해주는 경우가 드물뿐더러 쉽게 인정해줄 수 없는 냉혹한 현실 또한 존재한다.

장애인 자립생활 지원을 위해선 혈연·혼인 가족보다는 유연하지만 권리와 의무가 분명하고 일정한 제약이 있는 새로운 관계가 필요하다. 생활동반자법 등을 통해 이런 특별한 관계를 규정하고 이름을 붙여야 한다. 생활동반자는 한 사람하고만 맺을 수 있고, 결혼한 사람은 맺을 수 없기 때문에 강한 책임감이 있어야 한다. 4부에서 생활동반자 관계의 의무에 대해 상세하게 다루겠지만, 일방적으로 의무를 다하지 않을 경우 손해배상을 요청할 수도 있다. 생활동반자와 같은 법적 제도는 장애인 자립가구 내에서 평등하고 공정한 관계를 맺도록 돕는다. 정부와 지자체는 장애인 생활동반자 가구에게 더 나은 사회복지 지원이 가능하다. 정부와 지자체 입장에서도 중증장애인 혼자 사는 것보다, 서로가 신뢰할 수 있는 사람끼리 함께 사는 것이 사회복지 부담을 줄일 수 있기 때문이다.

집안이나 시설에서 사회와 고립되어 살아온 장애인들이 자율적으로 사람들과 어울려 사는 연습을 하기 위해서라도 혼인보다는 조금 더 유연한 방식들이 필요하다. 우리는 대개 일상에서 내가 어떤 사람과 잘 맞는지를 찾아나간다. 그러나 관계를 스스로 찾아나간 경험이 없는 장애인들에게는 이 또한 낯선 일일 수 있다. 장애인의 자립은 스스로의 욕구를 알아가고 거기에 맞게 생활을 바꿔나가는 과정이다. 내가 어떤 사람과 함께 잘 살 수 있는지도 계속 찾아나가야 할 과정이다.

물론 생활동반자법이 장애인 자립을 위한 완벽하고 유일한 해답은 아니다. 장애 유형과 당사자의 의사에 따라서 반드시 최선은 아닐 수도 있다. 하지만 장애인들의 삶, 특히 시설에서 나와 자유롭게 살고자 하는 장애인들의 삶은 함께 사는 사람을 선택하는 일, 가족을 꾸리는 일이 다양한 필요 속에서 진행된다는 것을 보여준다. 혈연과 결혼이라는 제한적인 가족의 구성은, 어떤 조건의 사람들에게는 더더욱 닿기 어렵고 불필요한 방식일 수 있다. 평생을 시설에서 살아온 장애인들은 혈연가족과의 관계가 단절되어 있고, 사회생활을 하기 위해 특히 많은 도움이 필요하다. 이들에게 혈연가족, 혼인, 독거 중에 선택하라는 것은 가혹하다. 생활동반자법은 각자의 사정과 필요에 따라 가족을 구성할 권리를 보장하되, 구성원으로서 적절한 책임과 의무를 부여해 서로를 보호하도록 한다.

같이 살고 싶은 이유를 국가가 꼭 알아야 해?

자본주의와 국가제도, 가부장적 국가처럼 세상사에 대한 근본적인 이야기는 되도록 하고 싶지 않다. 가족문화 자체를 뒤집고 싶은 건 아니기 때문이다. 하지만 '이성애자의 성애적 관계'에만 가족을 만들 권리를 부여하는 건 사회의 노동력 재생산과 떨어뜨려서 생각할 수 없다. 성관계를 통해 아이를 낳고, 그 아이가 노동자로서 제 역할을 하도록 기를 수 있는 커플에게만 '함께 살 권리'를 부여해온 것이다. 그 사이에서 노동력 재생산과 무관한 사람들의 '함께 살 권리'는 배제되어 왔다. 하지만 이제 사람들은 성애적 관계든 아니든 노동력 재생산만을 위해서는 같이 살지 않겠다고 생각하며 그것을 실천하고 있다. 그래서 기존의 가족법이 포용할 수 있는 사람들은 점차 줄어들고 있다.

　　혼자는 힘들다. 누군가와 같이 살고 싶은 이유는 다양하다. 정서적 충만, 경제적 안정, 장애인의 활동보조 등 이성애적 사랑에 비해 작은 이유라고 볼 수는 없다. 어떤 이유로 같이 살고 싶은지는 사람마다 다르다. 우리가 '결혼'이라는 제도에 너무 익숙할 뿐, 사실 어떤 이유로 같이 살고 싶은지를 국가가 굳이 따져 묻는 것이 더 어색한 일일 수도 있다. 서로에 대해 신뢰하고 서로가 책임을 다할 수 있는지만 묻자. 그것이 생활동반자법의 정신이다.

혼인신고의 장벽과 그 바깥의 사람들

"실은 모든 게 잘 되고 있을 때는 문제가 없으니까, 동거가 유지되고 있을 때는 문제가 생기지 않는 거고 문제가 시작되는 시점은 해소시부터니까, 그건 어쩔 수 없는 부분이긴 한데…."

— 변수정 외,「다양한 가족의 출산 및 양육실태와 정책과제-비혼 동거 가족을 중심으로」, 한국보건사회연구원, 2016, 140~141쪽.

이번 장에서는 남녀 간의 동거에 대해 다룰 것이다. 물론 이성 간에도 우정 동거는 있을 수 있고 이는 앞서 다룬 내용과 다르지 않을 것이다. 이번 장에서는 성애적 관계, 즉 법적으로 혼인할 수 있지만 혼인하지 않고 동거를 선택하는 사람들의 이야기를 다룰 것이다. 이들이 왜 혼인을 선택할 수 없는지, 법적으로 인정되지 않음으로써 어떤 문제를 겪는지에 대해서 이야기하려고 한다.

혼인신고의 어마어마한 무게감

출생신고와 사망신고는 자의로 하는 것이 아니란 점에서 제외한다면 혼인신고는 일생에 걸쳐 가장 큰 변화를 가져오는 행정 절차다. 우리는 현대 정부의 조밀한 행정망 속에서 살고 있기 때문에 수없이 정부에 무언가를 신고하면서 산다. 돈을 벌고, 부동산을 사고, 사업을 시작하고, 이사를 할 때마다 정부에 신고하지만 그 무엇도 혼인신고만큼 나의 신분과 처지를 돌이킬 수 없게 바꿀 수는 없다. 혼인신고를 하면 우리는 배우자는 물론 그 가족들과도 친족 관계를 형성하게 되고, 상속, 부양의무, 친권, 법률적 대리 등 복합적인 권리를 주고받는다. 게다가 혼인신고는 나 혼자서 철회할 수도 없다. 우리 법은 부부가 합의하거나 상대방의 중대한 잘못이 있을 때만 이혼할 수 있도록 하고 있다.

나이가 차면 다들 결혼을 하고 혼인신고를 하던 때가 있었다. 혼인신고가 출생신고만큼이나 당연한 인생의 절차였다. 물론 이때도 여러 이유로 혼인신고 없이 동거하는 경우도 있었다. 당시의 동거는 결혼할 의사가 있지만 부모의 반대 때문에 결혼하지 못하거나, 법적 배우자가 있는 상황에서 바람을 피워 딴살림을 차리거나 하는 경우가 대부분이었다. 이들이 혼인신고를 하지 않는 것은 스스로의 적극적인 선택이라기보다는 어쩔 수 없는 경우가 많았고, 사회적으로도 정상 범주 밖의 일이었다.

그러나 경제적 불안정이 커지고, 정해진 절차보다는 스스로의 결정으로 인생을 이어나가고 싶어하는 사람이 늘어날수록 혼인신고는 하나의 선택지에 불과해졌다. 게다가 수명이 길어지면서 '일생에 걸쳐 한 사람과의 충실한 결혼생활'이라는 이상이 과연 가능한 것인가를 회의하는 사람이 점차 늘어나고 있다. 이렇게 결혼이 하나의 선택지가 되는 순간 '혼인신고'가 얼마나 무겁고 때론 무서운 것인지 그 무게감이 느껴진다. 지금의 로맨스만으로 나, 그리고 우리 가족의 수십 년을 결정할 수 있는지가 새삼스러워진다. 어깨에 짊어진 돌덩이를 내려도 된다고 생각하는 순간이야말로 그 무게를 가장 열심히 고민하는 법이다.

생활동반자법을 추진하면서 당사자들의 목소리로 이 법의 필요성을 말하기 위해 다양한 동거 가구를 열심히 찾아다녔다. 하지만 '동거'라고 하면 바로 떠오르는 청춘 남녀의 동거 커플을 찾기가 가장 어려웠다. 동거에 대해 연구한 학자들도 당사자 찾기가 어려워서, 겨우 소개를 받아 익명으로 인터뷰를 진행해야 했다고 말했다. 장애인들끼리 서로 돌보는 가구, 노인 친구끼리 사는 가구는 물론 사회적 편견이 심한 동성 부부도 자신들의 목소리를 내주었지만 이성간 연애 동거 커플은 찾기가 쉽지 않았다.

동거 커플은 마치 도시전설 같았다. 다들 자기가 동거

중이라고 하진 않고, 내 친구가, 후배가, 아는 언니가 애인과 동거 중이라는 얘기만 해주었다. 어렵게 소개받은 당사자분들이 여러 이야기를 해주었지만 앞에 나서기는 부담스럽다고 했다.

청년 동거: 많지만 드러나지 않은 동거 커플

분명 많은 사람들이 애인과 동거를 하고 있는데 아무런 통계에도 잡히지 않았다. 당사자 스스로도 동거를 결혼에 이르기 전의 일시적인 상황으로 여기는 경우가 많았다. 또 결혼까지 이르지 않더라도 당장 즐겁고 편하려고 하는 것인데 굳이 자랑할 만한 건 아니라고 생각하기도 했다. 동거에 대한 사회적 편견, 특히 동거 경험이 있는 여성에 대한 사회적 편견이 심한 상황에서 굳이 나설 용기를 내지 않는 것이다.

특히 한국 사회에서는 동거가 주로 저소득층의 문제다 보니 자신의 권리를 적극적으로 주장할 정치적 힘을 갖지 못한다. 한국에서 결혼이 아닌 동거를 선택하는 가장 주된 이유는 경제적 사유다. 변수정 교수팀이 진행한 비혼 동거 가족 실태조사(변수정 외, 「다양한 가족의 출산 및 양육실태와 정책과제-비혼 동거 가족을 중심으로」, 한국보건사회연구원, 2016)에 따르면, 현재 동거 중이면서 혼인신고 의사가 있는 커플 중 49.4%는 '경제적인 조건이 어느 정도 갖추어졌을 때' 혼인신고를 하겠다고 밝혔다. '상대에 대한 확신이 생겼을 때'는 17.2%에 불과해 한국 사회에서 결혼이 아닌 동거를 선택하는 것이 심리적 이유보다 경제적 이유가 월등히 크다는 점을 알려준다. 이외에는 '자녀를 임신, 출산했을 때'가 29.9%였다.

이들은 주변에도 동거 사실을 거의 알리지 않았다. 혼자 살거나 친구와 사는 척한다. 특히 여성들은 혼전 동거 사실이 알려지는 것을 극도로 꺼렸다. 사랑하는 사람과 좀 더 가깝게 서로 도우며 살고 있을 뿐인데 죄를 지은 것처럼 숨겼다. 동거 커플들은 편견과 가난 속에 우리 사회에서 존재하지만 보이지 않는 유령 가족으로 산다.

이들과는 다르게, 사회적으로 부부 역할을 하고 있었지만 법적으로는 혼인신고를 하지 않은 커플이 동거 커플의 한 편에 있다. 의외로 이미 결혼식을 올리고 함께 사는 부부들이 생활동반자법이 꼭 필요하다고 말하는 경우를 종종 만났다. 사회적으로 이들을 부부로 알고 있지만 이들은 사실 숨겨진 동거 커플이다. 생각보다 이런 경우는 매우 흔했다.

함께 사는 게 잘 맞지 않을 가능성도 있으니 특정 기간까지 혼인신고를 유예하는 경우는 이제 흔해졌다. 6개월은 같이 살고 혼인신고를 하는 것이 젊은 세대의 새로운 트렌드로 자리 잡고 있다. 서구권에서는 동거를 하다 프러포즈를 하고 결혼식을 올리는 경우가 흔한데, 동거에 대한 사회적 편견이 심한 우리 사회에서는 결혼식을 하고 동거를 해보는 특이한 문화가 생기고 있는 것이다.

결혼식 이후에도 경제적 이유로 혼인신고를 계속 미

루는 경우도 많다. 한 쪽에 큰 빚이 있어 혼인신고를 할 경우 배우자의 자산과 소득까지도 추심당할 우려를 하는 커플도 있었다. 많이 아픈 부양가족이 있어 건강보험상 가구 소득을 낮게 유지해야 하는 사연도 들었다. 반대로 자산의 차이가 커서 이혼할 경우 생길 재산 분할, 위자료 등의 문제를 피하기 위해 아예 신고를 안 하기로 한 경우도 있었다. 어떤 부부는 혼인신고일부터 특정한 기간 동안만 자격이 있는 아파트 신혼부부 특별공급을 노리고 적절한 투자처가 나올 때까지 혼인신고를 미루는 재테크적 선택을 하기도 했다.

생활동반자법이 있었다면 혼인신고를 하지 않았을 거란 부부도 있었다. 결혼식을 했으니 자연스럽게 혼인신고를 하긴 했지만 일생을 내내 따라다니는 혼인신고가 부담스럽다는 기혼자들을 많이 만났다. 그들은 생활동반자법을 통해 자신들의 관계가 사회적으로 인정되었다면 몇 년간 생활동반자로 살아봤을 것이라고 얘기했다. 법적인 틀에 얽매이지 말고 개인으로서 서로의 가능성을 염두에 두고 싶었지만, 주택자금대출 등 각종 혜택과 법적 보호를 위해 결국 혼인신고를 하는 부부도 많았다. 회사에서 가족수당이나 신혼여행 휴가를 받으려면 가족관계증명서를 제출해야 한다고 해서 혼인신고를 하는 사람들도 있었다.

이처럼 결혼적령기 세대에서 혼인신고는 하나의 선택지에 불과했다. 같이 살더라도, 심지어 결혼식을 올리고 주변에서 다들 부부로 알고 있는 경우에라도 혼인신고를 언제 할지는 또 다른 문제다. 여성가족부가 2019년 진행한 '가족다양성 수용도 여론조사'에 따르면, 응답자의 67.0%, 여성 65.1%, 남성 68.9%가 '남녀가 결혼하지 않고 동거하는 것'을 수용할 수 있다고 답했다. 특히 20대 이하는 89.7%가 동의, 30대와 40대는 74%이상이 동의하여 결혼 적령기 국민들에게 혼인신고 없는 동거는 자연스러운 일로 받아들여진다. 2019년 상반기의 혼인신고 수는 12만 121건으로 고작 한 해 만에 9.3%가 줄어들며 역대 최저 기록을 갱신하고 있다.

중노년 동거: 가족관계를 더 꼬이게 하고 싶진 않다

이혼, 사별 등으로 한 번의 결혼을 겪은 사람들은 다시 결혼을 선택하기가 어렵다. 내가 결혼에 잘 맞는 사람일까, 결혼이라는 복잡한 과정을 또 겪어야 하나 하는 심리적 장벽은 자연스럽다. 재혼에 대한 마음가짐을 제도로 어떻게 해줄 수 있는 것은 아니지만, 실로 더 큰 문제는 재혼이 기존의 관계를 꼬이게 한다는 점이다. 특히 자녀가 있는 사람들의 재혼은 아주 복잡하다. 본인뿐 아니라 내 아이의 법적 신분과 일상생활까지 바꿔놓기 때문이다.

가장 눈에 띄는 문제는 상속이다. 재혼을 하면 자녀들이 상속받을 자산이 크게 줄어든다. 일정 정도 자산을 물려줄 가능성도 있고, 별도의 유언 없이 사망할 경우 재혼 배우자는 자녀들보다도 1.5배 많은 비율의 상속을 받는다. 자녀들을 위해 재혼 배우자에게 상속을 하지 않으려고 해도 재혼 배우자가 유류분 청구소송을 하면 상당 부분을 상속받을 수 있다. 계산이 복잡하지만 사망자의 자녀가 한 명인 경우, 재혼 배우자는 유언과 무관하게 최소한 30%의 재산을 상속받을 수 있다. 사망 직전에 혼인신고를 했다 해도 마찬가지다. 결혼이라는 것은 이렇게 신고서 한 장만으로 둘 사이의 신뢰나 함께 보낸 세월과 무관하게 강한 힘을 발휘한다.

사실 재혼 부부가 아니면 배우자가 상속을 받든, 자녀가 상속을 받든 큰 상관이 없다. 가령 아버지가 먼저 돌아가셔서 어머니가 상속을 받았다고 하더라도 별일이 없으면 어머니가 돌아가실 때 다시 자녀들에게 상속되기 때문이다. 자녀들 입장에서도 당장 돈이 필요하거나 상속세를 두 번 내야 하는 불만이 있을 수 있지만, 아버지 재산을 어머니가 상속받는다는 데 불만을 가지지는 않는다. 어쨌든 한 가족 내에서 자산이 이동하는 것이기 때문이다.

그러나 재혼하면 얘기가 다르다. 생전 본 적 없는 새로운 사람이 상속을 받는 것이다. 게다가 재혼 배우자에게 상속된 재산은 내게 상속되지 않는다. 내 부모의 배우자일 뿐 나와는 남남이기 때문이다. 부모님이 이혼 후 아버지가 재혼을 한다고 가정해보자. 두 분이 같이 사시다가 아버지가 먼저 돌아가시면 자산의 상당 부분이 재혼 배우자에게 상속된다. 조상 대대로 물려받은 선산이 있다고 해보자. 아버지가 별도의 유언을 남기지 못하고 돌아가시거나, 혹은 유언을 했다고 해도 재판을 받으면 재혼 배우자에게 땅이 넘어간다. 나중에 재혼 배우자가 사망해도 이 땅이 우리 가족에게 다시 상속되는 건 아니다. 재혼 배우자가 이전 결혼에서 낳은 자녀나 재혼 배우자의 부모나 형제들에게 상속된다. 아버지의 혈연가족 입장에서는 불공평하게 여겨진다.

　이런 이유로 노인 커플이 재혼하려 할 때 자녀의 반대가 가장 큰 장벽인 경우가 많다. 남사스럽다는 심리적 문제도 있지만 그 뒤에는 상속이나 생활비 부담 등의 경제적 이유가 있는 경우가 많다. 그러니 연애만 하고 결혼은 하지 마시라는 뻔한 아침 드라마 같은 대사가 등장하는 것이다. 노인 커플 당사자 입장에서도 상속 문제를 두고 괜히 자식들과 갈등을 일으키고 싶지 않아 재혼을 포기하곤 한다. 하지만 나이가 들수록 혼자 지내기 힘든 이유가 더욱 많다. 게다가 청춘의 연애처럼 밖에서 만나 열심히 다니는 것도 어렵다. 그래서 혼인신고를 하지 않고 동거를 선택하는 경우가 많다.

노인 계층에 가장 요긴하게 사용될 법

노인이 되면 병원에 갈 일도 많고 주민센터나 노인복지시설 같은 행정기관의 도움을 받을 일도 많아진다. 그럴수록 가족이 대신 신청하거나 돈을 낼 일이 생기고, 몸이 갑자기 안 좋아지면 수술을 바로 결정해야 할 상황이 일어나기도 한다. 그러나 동거인은 법적으로 아무 사이도 아니기 때문에 이를 결정할 권리가 없다. 자녀들이나 다른 가족들이 가까이 살면 그나마 다행이지만 혈연가족들이 멀리 살거나 인연이 끊겼다면 적절한 치료 시기를 놓치는 문제가 생길 수도 있다.

　혼인신고를 안 해서 상속 문제가 안 생기면 자녀들이나 다른 가족들은 편하겠지만 동거인 입장에서는 억울한 일들이 많다. 수명이 길어지면서 노년기에 만나도 수십 년을 함께 사는 일이 생긴다. 아직도 노년층에서는 남성이 연상인 경우가 많고, 또 남성의 평균 수명이 짧기 때문에 동거 커플 사이에서도 여성이 남성을 돌보는 일이 많다. 수십 년 동안 밥을 해주고 병이 들자 수발을 들었는데 돈을 한 푼도 물려받지 못하고, 정작 누군가의 부양이 필요할 때 혼자가 되는 것은 너무나도 불공평한 일이다.

　노인 동거 커플은 법적인 상속권이 없기 때문에 부양의 대가로 죽기 전에 자산을 증여할 것을 약속하는 경우가 많다. 그런데 증여를 하는 쪽에서는 재산을 미리 주면 도망갈까 걱정이 된다. 증여를 받는 쪽에서는 이 영감이 이렇게 차일피일 미루다 그냥 가버릴까봐 전전긍긍이다. 이처럼 미리 증여를 해야 하다 보니 얼마만큼을 언제 증여할지를 두고 싸움이 나고 관계가 틀어져버리는 경우도 허다하다.

　노인 동거 커플은 장례 절차에서도 배제되는 경우도 있다. 유가족들이 동거인을 장례 절차에서 배제시키면 제대로 추모조차 할 수 없다. 한국에서 장례식은 고인과 유가족의 모든 인맥이 다 모여드는 행사인데, 고인의 동거인을 소개하기 껄끄러워 하는 경우가 많기 때문이다. 더 심한 경우, 고인과 동거인이 함께 살던 주택을 빨리 처분하기 위해 동거인을 집에 접근조차 못하게 하는 경우도 있다. 재산 관계도 정리하지 못한 채 내 집에 들어가지 못한다.

다른 유가족이 없는 경우 동거인이 있어도 무연고자로 처리된다. 장사 등에 관한 법률에 따라 무연고자로 판정이 되면 동거인은 시신을 수습하지 못하고, 지자체가 화장해서 보관한다. 동거인이 시신을 수습해 장례를 치르려고 해도, 지자체 입장에서는 나중에 혹시라도 혈연가족이 찾아올지도 모르니 허가하지 않는다. 법적으로 둘이 아무 사이 아니니 동거인이란 말만 듣고 시신을 내어줬다가 나중에 문제가 될 수도 있는 것이다.

이처럼 동거가 사회복지혜택, 의료적 결정, 사망과 장례, 상속에까지 바로 연결되는 노인 커플에게 생활동반자법의 혜택은 매우 요긴하다. 법안이 대중화된다면 가장 흔히 사용할 계층이다. 자녀가 있는 노인 커플은 혼인신고하기가 어려운 반면, 같이 살아야 할 현실적 이유는 크기 때문이다. 정부 입장에서도 노인들이 함께 사는 것이 여러모로 좋기 때문에 생활동반자 관계 형성을 권장할 것이다.

생활동반자법은 혼인신고로 신분관계가 변해 상속 등의 복잡하고 껄끄러운 문제가 생기는 것을 피하면서도, 두 사람 관계를 법적으로 인정하고 사회복지혜택도 받을 수 있게 해준다. 노인층이 새로운 제도에 대한 심리적 장벽이 있을 수 있지만 정부 차원에서도 빠르게 다가오는 고령사회에 대응하기 위해서는 생활동반자법을 진지하게 고민할 수밖에 없을 것이다.

법이 없으면 약한 쪽이 피해 입어

이미 남녀 간의 동거가 현실적인 선택지로 다가와 있는데도 어떻게 하면 좋은 동거생활을 할 수 있는지 아무런 규범이 없다. 함께 살기 위한 집을 구하는 문제, 생활비 분배, 부양관계에 대한 인정 등의 문제는 성애적 관계와 비성애적 관계가 차이가 없다. 남녀가 함께 살고 또 헤어질 때는 우정 동거와는 또 다른 문제들이 발생할 여지가 있다. 동거에 대한 제도와 윤리가 부재한 곳에서는 둘 중 약자가 손해를 보기 마련이고, 이는 보통 여성인 경우가 많다.

대표적인 것이 가정폭력의 문제다. 물론 비성애적 관계에서도 가정폭력은 벌어질 수 있다. 그러나 남녀 사이에서 가정폭력은 더 빈번히 일어나고, 더 지속적인 경우가 많다. 동거인 가정폭력은 쉽게 신고할 수 없으며, 한다고 하더라도 특별히 취급받지 않는다. 법적으로 묶인 사이도 아닌데 싫으면 안 살면 되는 것 아니냐고 쉽게 말할 수 있다. 그러나 폭력 피해는 사람을 무력하게 하며, 합리적이고 적극적인 행동을 어렵게 한다. 또 재산의 대부분이 얽혀 있는 주거를 옮기는 것은 결코 단순한 문제가 아니다. 특히 동거 가구의 다수가 저소득층인 현실을 감안했을 때 싫으면 갈라서면 된다는 해결책이 통하지 않는다.

　가정폭력 피해자는 당장 폭력을 피해 살 곳이 없고 자기방어가 어렵다. 그렇기 때문에 우리 법은 다양한 방식으로 가정폭력 피해자를 지원하고 있다. 가장 큰 제도는 역시 이혼일 것이다. 가정폭력 가해가 인정되면 가해 배우자의 동의 없이도 이혼이 가능하다. 이혼을 하면 일단 재산 분할이 가능하다. 결혼 전에 가지고 있던 재산뿐 아니라 결혼 기간 동안 내가 모은 재산도 명의와 상관없이 다시 받을 수 있다. 직접 돈을 벌지 않고 가사노동과 육아만 했더라도 가치를 인정해 재산을 나눈다. 그리고 가정폭력 등 배우자의 잘못이 있으면 위자료를 받을 수 있다. 물론 이런 것들이 가정폭력의 상처를 온전히 극복하게 해주는 것은 아니다. 하지만 이런 이혼제도는 가정폭력 피해자 등 가족 내 약자를 보호하기 위해 오랫동안 고민하고 싸우며 만들어온 것이다. 법을 통해 합리적이고 강제적인 방식으로 갈라설 수 있는 건 큰 권리다.

　동거 가구의 가정폭력 피해자는 이런 이혼제도의 혜택을 받을 수 없다. 일단 당장 갈 곳이 없다. 전 재산은 지금 같이 살고 있는 주거비용에 묶여 있는 경우가 대부분이다. 전세 명의 등을 깔끔하게 정리해놓지 않았다면 상대방의 명의로 묶일 수 있다. 가사노동을 전담하며 직장 생활을 하지 않았다면 당장 먹고 살 돈조차 없는 것이다. 가정폭력을 당해 집에서 도망쳐 나오긴 했는데 전세금에 돈이 묶여 갈 곳이 없다는 황당한 경우가 실제로 적지 않다. 폭력이 두려워 재산을 포기해버리는 경우도 생긴다. 가해자가 곱게 돈을 돌려주지 않으면 민사소송을 진행할 수밖에 없다. 민사소송이 얼마나 지난한 과정인지는 굳이 덧붙이지 않겠다.

    법적으로 인정받는 가족 내 가정폭력의 경우 부족하지만 여러 피해자 보호를 받을 수 있다. 이혼 재판 과정에서 접근 금지 명령을 받을 수 있고, 경찰의 임시보호소나 여성가족부의 가정폭력 피해자 쉼터에 들어갈 수도 있다. 그리고 수사와 재판 과정에서 가정 상황을 종합적으로 판단하도록 가정보호 조사관 등의 전문가 도움을 받을 수 있다. 또 치료, 심리상담 등의 지원이 가능하고, 실효성이 없다는 지적이 많지만 임대주택 혜택을 주는 경우도 있다. 가정폭력 가해자는 일반 폭력보다 가중처벌 하도록 되어 있다. 그러나 동거 가구의 가정폭력은 이 모든 보호에서 제외되며, 아예 통계조차 잡히지 않는다.

동거 가구에서 일어나는 가정폭력의 피해

동거 경험이 있는 여성에 대한 편견은 가정폭력 피해에 더 대응하기 어렵게 한다. 피해 여성들은 가족이나 지인, 경찰에 도움을 요청하길 꺼린다. 그렇다보니 억울한 일을 당해도 문제 해결에 적극적으로 나설 수가 없다. 특히 저소득층 여성들은 스스로를 지킬 자원이 부족한 경우가 많고 주변에 조력을 구하지 못하는 상황에서 피해를 점점 키우곤 한다.

동거 가구에서 일어나는 가정폭력의 피해는 본인뿐 아니라 함께 사는 아이에게까지 확대되는 경우가 흔하다.

동거인에 의한 성폭력도 대응하기 쉽지 않다. 같이 살고 있는 상황에서 강제성을 입증하는 것이 어려워서 성애적 관계로 같이 사는 사람에 의한 성폭력은 인정받지 못하는 것이 대부분이다. 최근 배우자 성폭력이 인정되는 사례가 늘어나고 있지만, 이미 별거 중인 상태이거나 심각한 폭행을 가한 경우 등 예외적 상황에 한하고 있다. 동거인 성폭력은 피해자를 세뇌하고 무기력하게 하는 그루밍 성폭력으로 확대될 가능성이 크다. 성폭력이 원치 않는 임신으로 이어지는 경우도 생긴다. 그러나 동거인 성폭력에서는 혼인관계도 아닌데 계속 함께 살았다는 것 자체가 성폭력의 강제성을 입증하는 데 불리한 증거가 될 수 있다.

이런 상황에서 동거 커플에게 '안전 이별'은 더욱 중요한 문제다. 안전 이별은 정신적, 물리적 폭력 없는 이별이란 뜻으로 이별에 대한 보복 범죄가 사회적 이슈로 떠오르면서 등장한 말이다. 동거를 하면 재산을 정리하고 이사를 해야 하는 등 이별 과정이 길고 복잡할 수밖에 없다. 헤어지자는 뜻을 밝히고도 당장 집을 떠나지 못하는 경우가 생기기 마련이다. 이 시기에 폭력, 살인이 가장 흔하게 일어난다. 특히 동거인들 중에 다른 가족이 없거나 연이 끊긴 사람은 당장 거주지를 옮길 돈이 없을 수도 있다. 그러다보니 이별의 과정은 길고 지난하고 위험해질 수밖에 없다.

동거녀 살인은 정말 흔하다. 다른 가족 살인사건과 마찬가지로 가족 내 살인, 특히 남성이 여성을 살인하는 경우는 살인에 이르기까지 오랜 폭력이 있었던 경우가 많다. 가정폭력은 일상생활과 범죄 피해를 분리하기 어렵고, 함께 사는 사람에 의해 거주하고 있는 장소에서 벌어진다는 점에서 대응하기 어려운 점이 많다. 동거인 가정폭력은 편견 때문에 주변에 도움을 받지 못하고, 관련법이 없어 법적인 보호도 받지 못한다는 점에서 다른 가정폭력보다 더 위험한 결과를 초래할 수 있다.

임신과 출산이 축복이 될 수 없는 동거생활

불안정한 동거생활에서 임신은 축복이 되기 어렵다. 한국은 혼외출산율이 2%대로 세계에서 가장 낮은 편이다. OECD 국가의 혼외출산율은 평균적으로 40% 정도이다. 아이를 낳아 기르기 위해서는 혼인이 필수로 여겨지는 사회에서, 동거 중 임신은 관계를 위태롭게 만든다. 임신을 하면 결혼을 할지, 임신중절을 할지 결정해야 하는 상황이 된다. 동거 커플들이 여러 가지 이유로 결혼하지 못하고 동거를 선택한 현실을 고려할 때, 임신을 한다 해도 바로 결혼을 선택하기 어렵다. 2019년 4월 헌법재판소가 임신 초기의 낙태까지 전면 금지하는 것은 위헌이라고 결정했지만, 여전히 임신중절이 온전한 합법이 아닌 상황에서 여성들은 위험한 임신중절 수술을 받아야 한다.

임신은 동거 커플이 결혼하는 계기가 되기도 하지만 관계가 끝나는 계기가 되기도 한다. 임신이란 사건이 서로가 이 관계를 어떻게 생각하는지 확인하는 계기가 되기 때문이다. 임신한 상태로 동거가 깨지면 태아에 대한 책임은 여성이 모두 지게 된다. 최악은 남성의 무책임한 대응으로 임신중절이 가능한 때를 놓쳐 혼자 아이를 낳아야 하는 경우다. 법적으로 아이 아빠와 아무 사이도 아니기 때문에 도망친 아이 아빠와 연락하기는 사실상 거의 불가능하다.

이 경우 아이 아빠를 찾기 위해서는 인지청구소송, 즉 친부임을 확인하는 소송을 해야 한다. 그 소송을 하자고 마음을 먹고 소송 절차를 밟는 것 자체가 큰 장벽이다. 소송을 결심했다고 해도 이 소송을 하기 위해서는 최소한 주소나 전화번호를 알아야 한다. 남자가 주소와 전화번호를 바꾸고 잠적하고, 타인 명의의 휴대폰이나 대포폰을 쓰면 소송을 개시하는 것 자체가 어렵다. 법원을 통해 새 주소를 확인하는 방법이 있기는 하지만 주민등록이 말소되거나 해외에 체류하면 소송을 시작할 수 없다.

이혼한 가정에서도 아이와 같이 살지 않는 부모에게 양육비를 받아내기는 매우 어렵다. 법원에서 양육비를 주라고 명령해도 안 주고 버티면 받아내기가 힘들다. 오죽하면 이혼 가정에서 양육비 지급명령이 잘 이행되도록 하는 양육비이행관리원이라는 국가기관을 따로 만들어 관리할 정도다. 한때 결혼한 부부가 이런 상황인데 동거했다 헤어진 커플 사이의 임신과 출산에 대해 남녀 모두 책임을 다하길 기대하기는 쉽지 않다. 동거 가구에 대해서는 물론, 가정환경과 상관없이 태어나는 모든 아이가 환영받을 수 있는 사회적 환경이 필요하다.

우리 사회의 결혼제도는 여성의 권리를 확대하고 평등한 가정 생활을 만드는 방향으로 발전해왔다. 호주제 폐지, 가사노동의 가치를 인정해 재산 분할의 권리를 주는 것, 사망시 배우자 상속 비율을 높인 것, 가정폭력특별법을 만들어 처벌 수위를 높이고 피해자 보호조치를 만든 것, 이혼한 배우자에 대해 양육비를 청구하고 강제로 이행할 수 있는 것 등이 그러한 변화다.

동거 커플은 이런 법적 제도의 사각지대에 놓여 있다. 결혼 외 방식으로 남녀가 같이 살 수 있다고 상상하지 않았기 때문이다. 동거는 법적 보호장치 없이 젠더 간 권력을 날것으로 보여주고 있다. 결혼처럼 강제성도 없으니 헤어지면 그만이라고 생각할 수도 있지만 일상생활, 재산, 감정적 집착이 뒤엉켜 있는 남녀 사이가 그렇게 쉽게 정리되기가 쉽지 않다. 특히 동거가 저소득층 사이에서 더욱 빈번한 상황에서, 동거인들은 폭력적이더라도 일단 동거를 이어나가는 것 외에 대안이 없는 경우가 많다. 남녀가 같이 살면서 생길 수 있는 다양한 문제들을, 그저 혼인신고를 하지 않았다는 이유만으로 보호하지 않는 것이 당연한 걸까. 그것도 혼인신고의 장벽이 이렇게 높은데 말이다.

생활동반자법은 피해자를 위한 법

이제 결혼은 하나의 옵션이 되었다. 남녀가 함께 살고 있는 경우나 결혼식 후에도 마찬가지다. 혼인신고가 필수적이라는 사회적 합의가 한번 무너지고 나면 우리 모두 혼인신고의 무게에 대해 깊게 고민하게 될 것이다. 그리고 일생을 그 무게를 지고 가기를 포기하는 사람들은 점차 늘어날 것이다. 혼인신고를 하지 않으면 부부로서 누려야 할 법적 인정, 사회복지혜택을 포기하게 된다. 그럼에도 혼인신고를 거부하는 사람들은 점차 늘어나고 있다.

아무런 법적 권리가 없는 동거, 그리고 높은 장벽의 혼인신고. 그저 이 두 가지 선택지면 충분한 것일까? 법의 바깥에서 가족을 꾸리는 사람들을 보면서 혼인신고를 하지 않은 세태를 안타까워하고 결혼이 좋다고 훈계하면 충분한 것일까?

국가의 제도와 상관없이 온전히 둘만의 사랑만으로 삶을 나누고 싶어하는 사람도 있을 것이다. 그러나 동거 커플의 대부분은 혼인신고 외에 적절한 방식을 찾지 못할 뿐이다. 좀 더 가볍고 유연하면서 개인의 권리를 공평하게 챙길 수 있도록 하는 방법 말이다.

이미 같이 살고 있거나, 혹은 같이 살고자 하는 마음이 있는 사람들을 법적으로 보호하지 않으면 더 약한 사람들이 피해를 입는다. 결혼할 준비를 하지 못한 청년들, 사회복지 사각지대에 놓이는 가난한 사람들, 자신의 재산권을 지킬 방법을 모르는 사람들, 가정폭력과 성폭력 피해자를 방치하는 것이다. 생활동반자법은 이들을 위한 법이다.

생활동반자법은 동성애자를 위한 법이다?

> 비혼/동거 가정에 적용하려는 차별금지법이 동성애자들의 동거도 가족 형태로 인정하여, 법의 보호와 복지 혜택을 누리게 하려는 유럽식 '생활동반자법'으로 될 것으로 보여, 우려를 금할 수가 없다. 이는 건전한 우리 사회를 위해서도 절대 허용해서는 안 되는, 악법이 될 것이다.
> ― 한국교회언론회 논평, '비혼/동거 가정을 위한, 차별금지법 제정은 진정 해법이 될 수 없다', 2015.10.20.

생활동반자법은 동성애자를 위한 법이다. 정확히는, 동성애자도 위한 법이다. 동성애자도 대한민국 헌법의 적용을 받는 국민인 이상 우리 법의 혜택에서 배제할 수 없다.

생활동반자법을 추진하면서 가장 많이 부딪힌 반대 논

리는 생활동반자법이 동성혼을 위한 전초 단계라는 것이다. 사실 성적 정체성 문제는 생활동반자법과 직접적인 연관이 없다. 생활동반자법은 성적 정체성, 성별, 성관계 여부 등을 전혀 묻지 않는 법이기 때문이다. 하지만 생활동반자법과 동성애, 동성혼을 연관짓는 의견이 많은 만큼 별도의 장으로 설명하려고 한다.

생활동반자법은 원하는 사람과 서로를 돌보며 살 기회를 국민 모두에게 더 넓게 보장하려는 법이다. 생활동반자법은 둘이 왜 같이 살고 싶은지를 굳이 묻지 않는다. 둘이 성관계를 하는 사이인지, 마음으로 깊게 의지하는 사이인지는 국가가 알 필요가 없다. 생활동반자법을 운영하는 정부가 알아야 할 것은 둘의 관계가 안정적이고 평등하게 유지될 것인가, 그러기 위해서 정부의 역할은 무엇인가 하는 것뿐이다.

생활동반자법은 동성애자도 위한 법

사실 동성애자들을 도려내듯 떼내고 그들의 권한을 배제하는 것이 더 힘든 일이다. 생활동반자를 등록하러 가서, 이 사람과 아무런 성적 끌림이 없는 순수한 우정이라며 증명이라도 해야 하는가. 게다가 동성애자도 성애적 관계 없는 동성 친구와 함께 살 수 있다. 그들을 온전히 구분해내고, 권리를 배제한다는 것은 평등하지 않을 뿐더러 현실적으로 그런 법을 만들 수도 없다.

물론 동성 결혼이 허용되지 않는 상황에서 동성 커플들에게 생활동반자법을 통한 법적 인정은 절박한 문제일 수 있다. 그러나 그건 동성혼에 대한 사회적 논쟁을 통해 해결해야 할 문제다. 동성 결혼을 원하는 입장에서 생활동반자법은 꿩 대신 닭일 뿐이다. 동성애에 대한 사회적 터부가 워낙 심하다 보니 논쟁은 제대로 시작하지도 못하고 애꿎은 생활동반자법만 고생이다. 동성혼을 인정할 것인지는 전 세계 민주주의 국가가 모두 겪고 있는 주요한 논쟁이다. 조만간 우리 사회에서도 개인의 입장과 무관하게 피할 수 없는 논쟁을 불러올 것이다.

혼인은 생활동반자법에 비해 개인적으로도, 사회적으로도 훨씬 무거운 제도다. 많은 사람들이 동성혼 허용을 동성애자에 대한 호불호 정도의 문제로 생각한다. 하지만 혼인은 생각보다 많은 권리와 연계되어 있을 뿐더러, 다른 맥락을 앞질러서 한꺼번에 특권을 부여하는 특이한 제도다. 복잡한 권리 관계에 관한 법인 만큼 동성 커플이 혼인을 할 수 있게 되면 상속권, 친권, 양육권 등의 관계가 달라진다. 국제법적으로도 '부부'는 특별한 권리를 가진다. 외국인은 혼인을 하면 배우자 비자로 바뀌어 영주권이 생기고, 시민권 또는 국적 취득에도 훨씬 유리해진다.

한국은 동성혼을 허용하지 않고 있지만 그렇다고 동성혼과 관련한 법적 다툼에서 완전히 자유롭진 않다. 동성 부부의 법적 지위에 대해 동성혼 허용국과 동성혼 불허국 사이의 국제적인 논쟁이 뜨겁다. 이성애자의 경우 어느 나라 법에 따라 결혼하건 모든 나라에서 배우자로서의 지위를 인정받는다. 가령 미국법에 따라 결혼한 부부의 경우, 남편이 한국에 취업 등으로 영주권을 얻으면 배우자도 함께 살 수 있는 일정한 권리를 부여한다. 그러나 미국법에 따라 결혼한 동성 부부는 한국 정부에 의해 배우자로서 지위를 인정받지 못한다. 예외적으로 주한 외교관과 한국 주둔 미군의 동성 배우자에게 배우자 비자를 부여하고 있다.

이 책에서 동성혼을 둘러싼 복잡한 논쟁을 소개하려는 것 아니다. 머리가 아파졌다면, 그만큼 혼인이라는 건 국내법, 국제법적으로 아주 복잡하고 강력한, 이해하기 어려운 권리 관계이기 때문이다. 생활동반자법은 그에 비하면 단순하고 가벼운 법이다. 동성과 같이 살 방법을 열어둔다고 해서 다 같은 법이 아니다. 혼인과 달리 생활동반자법은 훨씬 넓고 실용적인 맥락에서 논의되어야 한다.

생활동반자법은 국민들끼리 같이 살겠다고 할 때 정부가 보호할 수 있는 수준에서 안정적으로 살 수 있는 방법들을 마련해주는 제도다. 또 생활동반자를 맺는 둘 사이의 권리 문제만 조정할 뿐, 신분관계를 변동시키지 않기 때문에 상속, 친권 등의 문제에 영향을 주지 않는다. 물론 생활동반자법이 더욱 발전하여 외국인과의 생활동반자 관계도 가능하게 되고, 더 많은 권리를 보장할 수도 있지만 생활동반자법이 시작하는 단계에서 고민할 문제는 아니다.

생활동반자법의 모티브가 된 프랑스 팍스

실제로 프랑스의 동성 커플들은 생활동반자 관계에 만족하지 않고 결국 결혼할 권리를 요구했다. 프랑스는 1999년 시민연대협약인 팍스(PACS)를 도입하며 선도적으로 동성 커플의 법적 권리를 보장했다. 프랑스 팍스는 동성, 이성 가리지 않고 동거를 폭넓게 인정하며 사회복지혜택 등 다양한 권리를 보장하는 법이다. 팍스 등록을 하는 동성 커플, 이성 커플의 수는 점차 늘어났고 보장하는 권리도 점차 많아졌다. 나중에는 외국인 파트너에게 배우자 비자를 발급할 정도로 폭넓은 권리를 부여했다. 이는 많은 나라가 동거 커플의 법적 권리를 인정하는 주요한 모델이 되었고 우리가 지금 논의하고 있는 생활동반자법도 팍스에서 많은 아이디어를 빌려온 것이다.

팍스는 세계적으로 프랑스의 자유와 평등 정신을 나타내는 모범이 되었지만, 동성 커플들은 여기에 만족하지 못했다. 상속, 입양 등의 신분관계에 관한 문제들이 해결되지 않았기 때문이다. 무엇보다 '결혼'이라는 사회적 상징성이 이성애자에게만 주어지는 것을 받아들이지 않았다. 특히 천주교적 전통이 강한 프랑스에서는 '결혼'이 종교적 성사의 하나였다. 그러나 계속된 투쟁으로 프랑스에서 2013년 동성결혼법이 통과되었다. 결국 동성혼 논쟁은 성적 지향에 따른 차별을 궁극적으로 해소해야지, 생활동반자법과 같이 구체적인 권리의 나열들로 해결할 수 없다.

실제 생활동반자법 초안이 공개된 후 성소수자 단체들은 생각보다 알맹이가 없다며 아쉽다는 입장을 보이기도 했다. 상속 및 입양, 친권 문제를 건드리지 않고, 의료결정권, 공공주택 입주권 등에서도 아주 명확한 해결책이 되지 못한다는 이유였다. 동성혼이 허용되면 동성 부부가 가질 수 있는 권리가 무엇인지 분명하다. 그동안 결혼한 이성 부부에게 주어진 혜택이 그대로 부여되기 때문이다. 그에 반해 생활동반자는 새로운 법적 관계이기 때문에 그 혜택을 하나하나 합의해 가야 할 뿐 아니라 혼인에 비해서는 보장하는 권리가 적을 수밖에 없다.

동성 부부는 현행법상 인정받을 방법이 전혀 없다. 그러니 생활동반자법이 생기면 요긴하게 사용할 것이다. 하지만 동성애자들은 결코 이에 만족하지 않을 것이다. 사회적으로도 생활동반자법에 대한 논의는 동성혼에 대한 논의를 대신할 수는 없다. 가령 일본은 우리나라에 비해 성인에 대한 입양이 훨씬 간단하고 보편적이라, 동성 부부들이 입양 절차를 통해 가족관계를 맺는 경우가 많다. 이 경우 둘 사이의 법적 권리를 보장받는 데 큰 문제가 없다. 하지만 일본에서도 동성혼 합법화에 대한 요구는 여전히 크고 사회적으로 활발한 논의가 진행되고 있다.

생활동반자법을 동성애자들이 사용할 수 있다는 이유로 동성애를 혐오하는 이들은 국민의 보편적 권리를 확대하는 입법들을 반대한다. 그들은 성적 지향, 성별 정체성에 대한 차별을 없애는 법안뿐 아니라 인권, 다양성, 가족 등과 조금만 관계가 있어도 무작정 반대한다. 전화나 문자폭탄, 폭언, 점거 등으로 업무를 방해하고, 지역구 목사들을 동원해 국회의원을 협박한다.

동성애 혐오로 삭아가는 우리 모두의 권리

차별금지법은 벌써 13년째 싸우고만 있다. 그저 합리적인 이유 없는 차별을 금지하는 법일 뿐인데 말이다. 정부나 국회의원이 차별금지법을 발의하려고 할 때마다 지독한 협박에 시달린다. 성적 정체성, 성적 지향에 대한 차별을 금지하면 세상이 무너진다는 것이다. 이외에도 더불어민주당 김부겸 의원은 혐오표현 방지법을, 이종걸 의원은 증오범죄 통계법안을, 정성호 의원은 인권교육 기본법안을 발의했다가 반대에 부딪혀 철회했다. 이 법안들에서는 동성애, 성적 지향, 성적 정체성 등을 직접 언급하지도 않는다. 그저 인권정책의 일부로 성소수자 문제가 다뤄질 수 있다는 막연한 우려 때문에 반대한다.

 2018년 4월 더불어민주당 전혜숙 의원은 성차별, 성희롱 사건에 대해 피해자의 신고가 없더라도 의심할 만한 이유가 있을 경우 여성가족부가 이를 직권조사 할 수 있는 내용의 법안을 제출했다. 당시 문제가 된 문화체육계 성추행, 성희롱 사건에 대한 대책의 일환이었다. 그러나 동성애 혐오 단체들은 여성가족부가 성차별을 조사하면 성소수자를 차별하는 사람도 조사할 수 있다는 얼토당토않은 이유로 이 법안을 반대했다. 결국 해당 법안은 논의도 하지 못한 채 철회됐다.

이들은 정의당이나 민주당 국회의원들만 공격하는 것이 아니다. 미래통합당 조경태 의원은 2019년 3월 인권위가 실시하는 인권교육의 구체적인 내용을 규정한 국가인권위법 개정안을 냈다가 3일 만에 철회했다. 미래통합당 김정재 의원도 법규 위반 벌금액을 상향하는 내용의 인권위법 개정안을 냈다가 철회했다. 심지어 20대 국회에서 가장 보수적인 성향의 자유공화당 조원진 의원도 2018년 12월 인권위에 성희롱, 성폭력 소위원회를 만들자는 법 개정안을 내놨다가 철회한 바 있다. 인권위 강화는 동성애 옹호라는 논리로 반대의 대상이 되었다. 이들 보수 의원들은 애초에 성소수자 인권 보장에 부정적인 입장을 내왔다. 보수적인 성향의 의원들이 동성애와 관계없이 제출한 법안마저도 동성애 반대의 딱지가 붙는 것이다. 이외에도 수없이 많은 인권 법안들이 발의 준비 단계에서, 상임위 논의 과정에서 전혀 진행되지 못한 채 묶여 있다.

동성애 혐오의 피해자는 성소수자들만이 아니다. 동성애 혐오를 이유로 각종 인권 입법을 방해하면서 우리 모두는 국민으로서 누려야 할 권리들을 잃어가고 있다. 우리는 비합리적인 이유로 차별받지 않을 권리를 빼앗기고 있고, 성희롱이나 성차별을 당했을 때 구제받을 수 있는 법을 만들 기회를 놓쳤다. 인권교육을 강화하고, 혐오범죄를 예방할 사회적 기회를 상실했다. 인권위의 역할을 강화하고 인권침해에 대한 처벌을 강화할 기회를 잃어버렸다. 동성애 혐오를 방관하는 와중에 우리 모두의 권리는 그렇게 삭아가고 있는 것이다.

행복해지고 싶은 보편적 마음

동성 커플이 같이 사는 모습이 보기 싫어서 생활동반자법을 받아들일 수 없다면 우리는 또 기회를 잃는 것이다. 국민으로서 더 많은 권리를 보장받을 기회 말이다. 생활동반자법은 정체성과 무관하게 국민이라면 누구나 원하는 사람과 함께 살 권리가 있음을 확인하는 법이다. 당신이 누구와 성관계를 갖든 갖지 않든, 결혼 적령기이든 아니든, 이혼한 경력이 있든 없든 상관없이 또 다른 방법의 행복을 추구할 수 있다. 그런 점에서 생활동반자법은 특정한 정체성의 문제가 아니라 행복해지고 싶은 우리 모두의 보편적 마음에 대한 법이다.

3부

생활동반자는 친족과는 다른 별도의 법적 관계를
새로 정의한다. 생활동반자를 맺어도 나는 나일 뿐,
누구의 아내도 남편도 며느리도 사위도 아니다.

혼자도, 결혼도 아닌 생활동반자

'개인'이 모여 '함께' 사는 즐거움

진정한 사랑과 우정은 독립적이고 동등한 개인들 사이에서만 가능하다.
— 아누 파르타넨,『우리는 미래에 조금 먼저 도착했습니다』, 원더박스.

책을 쓰다 보니 점점 게으름이 생긴다. 집필을 시작할 때는 아침 알람을 듣고 바로 일어나 작업을 시작했지만 이제는 눈을 뜨고도 한참 멍하니 침대에 누워있는 날이 늘어난다. 해야 할 일을 미루고 뒹굴 때야말로 평소에 안 하던 짓을 하게 되는데, 그래서 TV 아침 드라마를 종종 본다. 처음 보는 드라마인데도 진행을 금세 따라잡는다. 아침 드라마 특유의 동어반복 때문이다. 출생의 비밀, 상속과 승계, 결혼 반대, 집착과 복수, 원망과 용서. 모든 아침 드라마는 결국 가족 이야기다.

한국 사회의 가족에 대한 깊은 속 터짐이 끝없는 동어 반복의 동력 아닐까. 아침 드라마를 보다보면 차마 밖으로 말할 수 없어 숨겼던 가족들의 뒷이야기가 모여드는 굿판처럼 느껴진다.

낯설게 보이는 '가족'

모든 가족은 제각기 다른 비합리성의 총체다. 모든 가족을 조금만 깊게 살펴보면 객관적으로 이해할 수 없는 일들로 가득하다. 각기 다르게 엉망진창이다. 알 수 없는 방식으로 감정과 돈이 분배되고, 이해할 수 없는 기대를 주고받는 이상한 흐름도가 있다. 그냥 덮어버린 흉터가 있고, 곪아가고 있는 줄 알지만 어쩔 도리가 없어서 방치하고 있는 환부가 있다. 그 비합리성에 익숙해져서 이상한 걸 모르거나, 내 가족이라 그냥 어쩔 수 없이 참는 것이다. 모든 가족은 그런 의미로 황금비를 갖춘 그리스 조각상보다는 제각각으로 못난 괴물에 가깝다.

이 괴물이 당신의 모든 것을 결정한다. 당신은 이 괴물을 사랑해야 한다. 아니 사랑을 넘어서 괴물을 위해 희생해야 한다. 괴물의 뱃속에서 내 삶이 삭아간다. 이 괴물, 우리 가족의 비합리적인 면들을 이해하고 사랑하기 위해 속이 터진다. 1부에서 살펴본 것처럼 한국 사회에서 가족은 단순히 휴식과 재생산의 공간이 아니라, 하나의 전략적 공동체로서 사회생활을 좌지우지한다. 한국에서 '가족 사랑'은 단순히 감정적으로 아끼는 것을 넘어 시간과 돈, 지략과 인맥을 동원해야 하는 종합 경영이다.

가족은 이렇게 무거울 뿐 아니라 기능들도 구분되어 있지 않다. 가족은 물리적인 돌봄, 감정적인 보살핌, 생존과 재테크 등의 경제적 협력, 성관계, 출산과 육아까지 아주 다양한 기능을 담당하고 있다. 우리는 가끔 개인이 아니라 가족이라는 괴물의 한 부속으로만 사는 것 같다는 생각이 든다. 각자 속한 괴물에 인생의 너무 많은 것을 맡긴다. 가족이 원래 그런 것이라고 여기면 더 이상의 의문은 불가능하지만, 이걸 굳이 하나의 관계, 한 틀에서 해야만 하는 걸까 생각하고 나면 '가족'은 낯설게 보인다.

특히 모든 사람이 때에 맞춰 취업, 결혼, 출산을 하는 보편적 생애사가 불가능해지면서 개인에게 필요한 가족의 기능 또한 달라지기 시작했다. 전통적인 가족의 기능은 한 사람이 태어나고 자라며, 노동력을 갖추고, 결혼해 아이를 낳고 늙는, 보편적인 생애사를 가정한다. 이 생애사에 걸쳐 부모의 보살핌을 받다가, 점차 늙은 부모와 새로운 세대의 아이를 보살피는 역할로 넘어간다. 이에 따라 필요한 혼인, 출산 등의 의례가 자리 잡고, 해야 할 학업과 노동의 의무를 지고, 돌봄이 필요한 나이에 돌봄을 받을 자격을 갖게 된다. 가족윤리와 가족법도 이에 맞춰 만들어졌다.

그러나 전통적 가족의 많은 전제들이 아직도 적절한

지 의문시 되고 있다. 일단 출산, 노동, 학습, 은퇴, 사망 모두 대체 언제할지 모르는 시대가 되었다. 불안정한 생애사 속에서 우리는 순서에 상관없이 학습을 했다가 노동을 해야 한다. 시간과 경제력에 있어서도 여유가 있다가도 또 금세 도움이 필요하다. 가족을 위한 희생의 대가를 언젠가 돌려받을 것이라고 기대할 수 없다. 그리고 전통적 가족의 많은 기능을 사회복지와 시장에서 상품 구매로 대신할 수 있게 되었다. 또 남녀 간의 성관계 등에 대한 윤리적 선택과 성적 지향, 성별 정체성 등 정체성 역시 개인의 각기 다른 선택을 존중하는 방식으로 다원화 되고 있다.

같이 사는 사람에게 기대하는 수준도 다양해진다. 온기와 즐거움을 나누는 수준에서부터, 물리적인 돌봄을 주고받는 수준, 상속 및 친권 등 신분관계의 변동을 기대하는 수준까지 말이다. 경제적인 차원에서도 단순히 당장의 생활비 부담을 나누는 수준에서부터, 먼 미래를 위한 재테크를 함께 기획하면서 임금노동과 가사 및 육아노동을 분담하는 수준까지 다양하다. 기간의 측면에서도 현재의 삶만 함께하길 바랄 수도 있고, 죽어서 제사까지 챙겨주길 바랄 수도 있다. 성적인 친밀성 차원에서도 성애적이지 않은 관계에서부터 평생에 걸쳐 두 사람끼리만 섹스하기를 기대하는 관계도 있다. 이렇게 다양한 기대에도 불구하고, 공통된 것은 서로를 아끼며 함께 살고 싶다는 마음이다.

'함께 사는 즐거움'의 비싼 값

'혼인'이라는 제도가 이런 기대치들에 적절한 답일 수는 없다. 혼인은 동거인에게 기대하는 다양한 모습들을 혼인이라는 틀로 재단하는 '프로크루스테스의 침대'와 같다. 프로크루스테스는 그리스 신화 속의 악당으로, 자기 집에 들어온 손님을 침대에 눕히고 침대보다 키가 크면 다리나 머리를 자르고, 작으면 사지를 잡아 늘여서 죽였다. 혼인 제도는 다양한 종류의 기대 중 특정한 사람들의 기대만 만족시킬 수 있다. 온 세상이 나서서 결혼하면 행복할 수 있다는 환상을 심어주는데도 사람들은 점차 혼인으로는 채울 수 없는 기대들을 갖는다. 그럼에도 가족을 이루기 위해서 혼인이 전제한 기대들을 억지로 받아들이거나, 법적 인정과 보호를 포기해야 한다.

심지어 결혼을 한 사람들도 혼인이 허락하는 무거운 기대들에 부대낀다. 결혼은 부부만의 문제가 아니라 가족과 가족이 만나는 일이다. 각기 다른 비합리적 시스템들이 충돌하는 일이다. 가족과 가족이 만나는 결혼은, 그런 의미에서 괴물끼리의 대면이다. 이상적이라면 괴물끼리 서로 연대해 더 강한 팀이 되는 것이겠지만, 어떤 결혼은 괴물들의 전투가 되기도 한다. 기혼자들은 새로운 가족관계 틀에서 기존에 없었던 며느리, 사위로서의 역할을 요구받는다. 원가족에게도 그렇게 충실하고 훌륭한 가족 구성원은 아니었으면서 어쩐지 새 가족에게는 좋은 구성원이 되어야 할 것 같다. 게다가 원가족도 '모범 가족'처럼 보여야 한다는 부담에 생전 챙기지도 않던 제사, 생일, 명절 따위를 더 챙기고 괜히 별 것 아닌 일에도 서운해 한다.

그리고 많은 가족규범과 마찬가지로 결혼에 따른 역할 변화는 여성들에게 더 크게 다가온다. 많은 여성들의 공감을 얻으며 베스트셀러가 된 수신지 작가의 만화 『며느라기』에서는 여성들이 결혼하면서 겪는 역할 갈등의 시기를 '며느라기'라고 표현한다. '며느라기'는 '며느리가 되면 겪게 되는, 시댁 식구한테 예쁨 받고 칭찬받고 싶은 그런 시기(수신지, 『며느라기』, 귤프레스, 221쪽)'이다. 만화의 주인공 민사린은 정해진 '좋은 며느리' 역할에 맞추고자 하는 자신을 보며 "내가 나를 지키지 못한 순간들"이라고 표현한다. 만화 『며느라기』에서 남편과 그 식구들은 평범하고, 대한민국 평균보다 오히려 합리적인 사람들로 그려진다. 그들이 특별히 나쁘지 않은데도, 불쑥 맞게 되는 며느라기를 통해 결혼이 가져오는 특수한 기대들이 얼마나 어색하고 맞추기 어려운 것인지를 잘 표현하고 있다.

서로의 필요에 맞춰 다양한 수준, 방식, 기간으로 관계를 만들고 함께하는 시간들을 채워나갈 수 있도록 유연하게 가족을 만들 방법이 필요하다. 이를 위해서는 가족법의 구조조정이 필요하다. 보편적인 생애사를 전제하고 만들어진 가족법은 사회경제, 수명, 윤리, 정체성 등으로 달라진 다양한 삶들을 포괄하지 못하고 있다. 여기서 가족법은 좁은 의미의 민법뿐 아니라 가족과 관련된 모든 법들을 말한다.

우리 사회는 '함께 사는 즐거움'의 값이 너무 비싸다. 함께 살기 위한 방법은 협소하고 책임은 크다. 우리 사회는 빠른 속도로 함께 사는 즐거움에 대한 기억들을 잃어가고 있다. 특히 경제적 이유, 법률적 한계로 결혼을 선택할 수 없는 사람들은 함께 사는 즐거움을 억지로 포기해야 한다. 한국에서 함께 사는 즐거움은 시대에 맞춰 다시 만들어지지 못하고 있다.

'집밥'에 머물러 있는 함께 사는 즐거움

한국에서 함께 사는 즐거움은 여전히 '여우 같은 마누라, 토끼 같은 자식'으로 대표되는 한국적 핵가족의 환상에 머물러 있다. 이러한 환상은 경제적 능력을 가진 아버지, 가사노동을 통해 가족들에게 사랑을 베푸는 어머니, 그런 부모들의 노력에 화답하는 건강한 자녀들이 일생에 걸쳐 이루는 관계로 이뤄져 있다. 그들은 겉으론 서로를 조금 원망하지만, 속으로는 진심으로 서로를 사랑한다고 여긴다.

'집밥'이라는 유행어가 있다. 외롭고 지칠 때 습관처럼 '집밥 먹고 싶다'고 이야기한다. 집밥이란 말은 곰곰이 생각하면 이상한 조어다. 집에서 먹는 밥이라고 다 집밥이 아니다. 집에서 만든 밥도 다 집밥이 아니고 혼자 사는 사람이 지어먹거나 반찬 한두 개 꺼내놓은 조촐한 밥상을 집밥이라고 하지도 않는다. 집밥은 엄마가 해준 밥, 엄마가 가사노동을 전담하던 시절, 각종 김치와 장아찌 등 오랜 시간과 공을 들여 만든 반찬과 손이 많이 가는 요리들을 잔뜩 쌓아놓은 밥상을 말한다.

가수 김범수는 2014년 〈집밥〉이라는 노래를 8집 타이틀곡으로 내놓았다. 그는 '바닥 위에 떨어진 옷들, 흐트러진 이불 그대로 쓰러져, 적막하게 엎어진 공기, 내 방 어디도 아무 말 없어'라며 1인 가구의 외로움을 노래한 후, '집밥 너무 그리워, 가족의 마법, 본가 따뜻한 집으로, 내가 쉴 수 있는 곳, 엄마를 보는 그 순간 바닥 위에 떨어진 옷들 주워 담으며 내 조각을 채워'라며 집밥과 가족, 엄마를 동일시하며 외로운 나를 채워주는 존재로 삼는다.

가수 여행스케치도 2014년에 〈집밥〉이란 노래를 발표했다. 이 노래는 배우 엄앵란 씨가 "어이구 내 새끼들 그래 두 밥은 먹구 해야지. 밥 먹어!"라고 하는 멘트로 시작한다. 그 후 '소박하지만 구수했던 울 오마니의 깊은 손맛'이 그립다고 노래한다. 이어지는 '사람이 너무 그립다 사랑이 너무 그립다, 넉넉한 친구들 곁에 있지만, 밥 식구가 너무 그립다 가족이 너무 그립다' 가사는 다른 종류의 관계들로는 채울 수 없는 '같이 사는 수준'의 외로움에 대해 직설적으로 이야기한다.

이처럼 '집밥 먹고 싶다'는 유행어는 함께 사는 즐거움을 잃은 한국인들의 위기의식을 담고 있다. 동시에 한국인들의 함께 사는 즐거움에 대한 인식이 여전히 여성이 가사노동을 전담하던 시절의 기억에 머물러 있음을 보여준다. tvN의 히트작〈응답하라 1997〉〈응답하라 1994〉〈응답하라 1988〉시리즈에는 항상 음식을 잔뜩 만드는 손큰 엄마들이 나온다. '응답하라' 시리즈는 1988년에서 시작해 1997년에 끝난다. 민주화와 노동자 대투쟁 이후 노동자 처우가 점차 개선되던 시절부터 IMF 외환위기까지다. 한국 경제가 호황기이고 노동자·서민도 점차 잘 살 게 될 거라는 희망이 있던 시절, 남편은 돈을 벌고 아내는 살림하고 아이를 기른다는 한국적 핵가족의 낭만이 그래도 가능해 보일 것 같았던 짧은 시기다.

이후 가족을 둘러싼 사회 환경과 사람들의 가족관이 바뀌었다. 응답하라 시리즈가 그리는 한국적 핵가족의 로망은 드라마 속의 향수로만 남았다. 그런 가족을 꾸릴 능력도 의지도 없는 사람들은 혼자 편의점 도시락을 먹으며 응답하라 시리즈를 하염없이 보고 또 본다. 그러고서 인터넷 커뮤니티에 들어가 이 외로운 현실에 대해 화풀이를 한다. 높아진 가족구성의 장벽과 다양해진 사람들의 가치관을 고려하지 못한 채 예전처럼 쉽게 외로움을 해결할 수 없다고 말이다.

성 역할 구분이 분명한 한국적 핵가족의 아래에서 가족구성원이 모두 행복하진 않았다. '남편의 수입과 보호로 사랑을 베풀며 사는' 현모양처의 로망은 여성이 접어야 했던 꿈들과 여성에게 가해진 폭력들을 지웠다. 단적으로 한국형 핵가족 모델이 정점을 이루었던 1990년 출생성비는 116.5였다. 즉 딸 100명이 태어날 때, 아들은 116.5명이 태어난 것이다. 많은 딸들이 태어나지 못한 채 임신중절을 당했고, 엄마들은 아들을 낳아야 한다는 압박 속에 위험한 중절 수술을 견뎌야 했다.

한국형 핵가족의 낭만은 차별을 품고 있었기 때문에 우리 사회의 평등 의식이 커갈수록 점차 사라질 운명이었다. '정상 가족'의 붕괴의 원인을 노동 시장의 불안정에서만 찾는다면 우리는 한국적 핵가족 모형으로 돌아가야겠지만, 성평등과 다양성 증가로 생각한다면 우리는 어디로 가야 하는지, 어떻게 함께 살아야 하는지 새로운 길을 찾아야 한다.

평등한 개인끼리 어떻게 함께 살 것인가

문제는 핵가족의 낭만, 정상 가족의 낭만이 사라지자 '함께 사는 즐거움'에 대한 모델이 없어졌다는 것이다. 결혼을 하면 행복한가? 결혼을 안 하면 행복해질 수 있는가? 혼자 살면 행복한가? 부모님을 모시고 살면 행복한가? 평범하고 소박하게 즐겁게 사는 건, 대체 우리 사회에서 어떻게 사는 것인가? 우리는 어떻게 함께 살아야 행복한지에 대한 모델을 잃었고, 서로에 대한 원망만 앙상하게 남아 있다. 서로 돌봄을 나누며 함께 살 희망보다는 외로운 사람이 다른 외로운 사람을 공격하는 흉흉함만이 가득하다. 평등한 개인끼리, 불안정한 사회에서 어떻게 함께 즐겁게 살아갈 것인가? 결혼을 하든 하지 않든 우리 모두가 부딪히고 있는 문제다.

물론 우리의 현실은 '이렇게 살면 행복해진다'는 낭만을 때때로, 실은 꽤 자주 배신한다. 하지만 인생에서 행복의 모델을 갖는 것은 개인에게도, 사회에도 반드시 필요하다. 즐겁고 행복한 삶에 대한 구체적인 지도는 사람들이 지루한 노동을 버티고 구차한 현실을 사랑할 수 있도록 해준다. 그로부터 서로에 대한 예의와 윤리가 나오고, 성실한 노동이 나오며 사회에 대한 애정이 나온다.

결혼도 여전히 '함께 사는 즐거움'을 찾기 위한 가장 보편적인 선택일 수 있다. 많은 부부들이 혼인관계 내에서 평등을 실천하면서 결혼이 가진 불평등한 요소를 없애 나가고 있다. 불안정한 현대 사회에서 우리는 시도 때도 없이 직장을, 직업을, 정체성을 갱신해나간다. 이에 따라 긴 부부 생활도 서로의 역할을 쉴 새 없이 바꿔 나가는 과정이 된다. 이상적인 부부는 함께 불안정함을 이겨나가는 협력자 관계로 변했다. 남녀 모두 부양자였다가 피부양자가 되고, 가사와 육아의 책임자도 수시로 바뀌어야만 한다. 상대가 더 나은 직업을 갖도록 하는 투자자와 매니저 역할도 해야 한다.

환경이 바뀌면 우리는 상황을 새로 평가하고 계속 해나가야할지 질문한다. 부부의 역할이 바뀔 때마다 둘의 관계를 평가하고, 이 사람과 계속 함께해도 좋을지 스스로에게 질문하게 된다. 특히 잦은 역할 변화는 전통적인 남녀의 성 역할과 충돌하는 경우도 많다. 전통적인 부부 생활이 서로 주어진 배우자와 성 역할을 체념한듯 받아들이고 긴 세월을

참아내는 것이었다면, 현재의 부부 생활은 끝없는 변신 속에서 계속 관계에 대해 질문하는 것이다. 그런 면에서 현재의 부부생활에서는 배우자로서 갖춰야 할 인내와 신뢰를 끊임없이 새 버전으로 업데이트해야 한다. 과거와는 다른 종류의 인내심과 신뢰가 필요한 일이다.

결혼을 하면 아내, 며느리, 남편, 사위, 아빠 역할이 어느 정도 정해져 있던 때가 있었다. 물론 이 역할은 성차별적이고, 억압적이고, 누구에게나 쉽게 완수할 수 없는 것들이었다. 이 고정된 역할 자체가 결혼이란 제도의 단점이자 장점이었다. 지금은 결혼을 하더라도 각자의 역할과 관계는 끊임없이 바꾸어 나가야 한다. 낡고 고정된 성 역할로는 '함께 사는 즐거움'을 지켜갈 수 없다. 관계를 바꿀 때마다 갈등을 합리적으로 해결하지 못하고 다시 때늦은 성 역할을 끄집어내며 서로를 탓하는 것, 그것이 바로 현대인의 부부싸움이다.

생활동반자법이 생기면 '결혼'의 의미도 달라질 것이다. 부부관계도 전통적 성 역할에 따르는 역할극이 아닌 평등한 개인끼리의 주체적인 약속이라는 점이 더욱 강조될 것이다. 이상적인 부부관계는 남녀가 평등한 모습이다. 하지만 우리 시대의 결혼은 현대적 이상과 전통적 관습 사이에 끼어 있다. 결혼과 경쟁할 만한 다른 제도가 있을 때 '결혼'의 가치에 대해 본격적인 질문이 가능하다. 그래야 더욱 경쟁력 있는 제도가 되기 위해 결혼이 어떻게 바뀌어야 할지를 두고 결혼제도의 적폐청산이 진행될 것이다.

생활동반자법이 있는데도 결혼을 한다면 그 사랑은 정말 강고한 것이고, 그 결혼은 더욱 튼튼할 것이다. 더 이상 나이가 차서, 혼자 살 수는 없으니, 남들이 다 하니까, 안 할 이유가 딱히 없어서 하는 것이 되진 않을 것이다. 즉 결혼은 여러 가지 선택지 중에서 내가 적극적으로 선택한 행복의 방식이 된다. 생활동반자법은 결혼을 향한 디딤돌이 될 수도 있다. 동거에 대한 장벽을 낮추고 함께 사는 즐거움을 느낄 수 있는 기회를 늘리면 결혼을 통해 좀 더 긴 미래를 바라볼 사람들도 늘어날 것이다.

결국 결혼을 하든 하지 않든, 혹은 생활동반자 관계를 등록하든 하지 않든 우리는 찾아야 한다. 낡은 성 역할에 기대지 않고 평등한 개인끼리 함께 사는 방법, 윤리, 제도를 말이다. 생활동반자법은 우리 각자가 자신의 행복을 결정할 수 있다는 전제에서 출발한다. 모두를 평등하고 유연하게 협력할 수 있는 성숙한 사람이라고 가정한다. 생활동반자법은 결혼제도가 허락하는 낡은 성 역할을 벗어나도 함께할 방법을 찾을 수 있고, 실패할 때에도 또 행복을 찾아 새로운 여정을 할 수 있다고 믿는다.

생활동반자법은 단순히 결혼을 못 하는 사람들만을 위한 제도가 아니다. 생활동반자법 입법 과정은 우리가 어떤 사람들이며, 어떻게 관계 맺을 수 있는지를 한국 사회 전체에 묻는 과정이다. 또 많은 사람들이 가부장적 사회를 벗어나려는 지금 우리가 어떻게 함께 살 수 있을지를 묻는 과정이다. 가족을 구성하는 방법을 남녀 간 결혼으로만 한정한 건 법이 비슷한 생애사의 시나리오를 미리 정해 놓은 것이다. 생활동반자법의 입법 과정은 법이 정해 놓은 지도가 없더라도 우리가 각자의 행복을 주체적으로 찾아갈 수 있는 존재인지 우리 사회에 묻는 것이다. 그리고 우리 법이 국민을 어떤 존재로 가정해야 하는지를 묻는 것이다.

생활동반자법은 '함께 사는 즐거움'을 찾아가는 싸움

어떤 가족에 소속되어 있는지에 따라 많은 것들이 결정된다. 그런 가족을 유지하기 위해 각자 희생하는 사회에서는 평등한 개인으로서 가족을 만들기 어렵다. 생활동반자법은 '함께 살기'에서 부담을 줄이고, 즐거움만 남기는 큰 정책 변화의 한 줄기다.

핀란드에서 기자로 일했던 아누 파르타넨은 핀란드를 포함한 북유럽 노르딕 사회의 행복 비결을 '사랑에 관한 노르딕 이론'이라고 설명한다(아누 파르타넨, 『우리는 미래에 조금 먼저 도착했습니다』, 원더박스). 사랑에 관한 노르딕 이론은 '진정한 사랑과 우정은 독립적이고 동등한 개인들 사이에서만 가능하다'고 설명한다. 노르딕 사회는 20세기부터 현재까지 이러한 사랑관을 바탕으로 개인이 가족 및 시민사회에서 어떤 형태로도 의존하지 않고 살 수 있도록 제도를 만들었다. 국가는 개인이 누구에게도 의존하지 않도록 교육하고 복지

혜택을 제공한다. 그리고 가족은 아무 부담 없이 서로를 사랑하고 행복한 순간만 함께 해야 한다고 믿는다.

한국 사회는 노르딕 사회와 반대로 가족에 대한 의존도가 지독히 높다. 우리 사회의 가족 사랑은 희생과 동의어다. 우리 사회가 생활동반자법이 제대로 작동하기 위한 사회로 가려면 '가족 부담이 높은 사회'에서 '가족 부담이 낮은 사회'로 가야 한다. 가족 형태와 무관하게 일정한 삶의 질을 보장받아야 생활동반자든, 결혼이든, 독신이든 진정으로 내 행복을 위한 결단을 스스로 내릴 수 있다.

가족에 대한 너무 많은 기대, 가족을 이루는 데 너무 높은 장벽이 '함께 사는 즐거움'을 포기하게 한다. 지금은 강요된 외로움의 시대다. 누군가와 숨을 나누고, 서로 도우며 살아가는 것은 인간의 보편적인 욕망이다. 우리 사회에서 누군가와 함께 살고 싶다는 것이 너무나 이루기 어려운 꿈이다. 혼자 살고 싶어 혼자 사는 사람들도 있겠지만, 달리 방법이 없어 혼자 사는 사람들이 늘어나고 있다. 가족과 함께 살고 싶지만 감내해야 할 것이 많아서 혼자 사는 사람들이 많다. 1인 가구의 권리를 제대로 이야기하기 위해서는, 1인 가구가 아니더라도 달리 살 수 있는 방법들이 다양하게 제시되어야 한다.

세계에서 유례 없는 저출산도 결국 '함께 사는 즐거움'에 대한 문제다. 출산으로 이어질 가능성이 있는 관계인지와 상관없이 사람과 함께 사는 재미, 서로 책임을 갖고 돌보는 데서 오는 만족감을 느끼도록 하는 것이 우선이다. 이런 맛을 모른다면 자녀는 그저 십수 년 동안 수억 원의 돈과 수억 시간의 고생을 들여야 할 부담일 뿐이다.

프랑스는 동거 관계를 인정하는 팍스법을 만든 후 출산율 반등에 성공하여 경제협력개발기구(OECD)에서 드물게 2.0명 이상의 출산율을 보이고 있다. 동거 가구에 가정수당을 주고, 동거 관계에서 태어난 아이들에 대한 차별을 철저히 금지하였다. 함께 사는 연인이 많아지자 임신·출산도 늘어났다. 프랑스 정부는 동거 관계에서 태어난 아이들이 부모 중 한 쪽과 살든, 동거 가구에서 살든, 혼인으로 이어지든 상관없이 충분한 지원을 받으며 살도록 육아수당을 크게 높였다. 프랑스 혼외 출산율은 2017년 기준 60%이다. 한국의 혼외 출산율은 대략 1%이다. 다양한 가족에 대한 인정과 충분한 육아수당이 프랑스 출산율 상승의 주요한 원인으로 분석된다.

프랑스 파리의 인구·가족 전문가인 로랑 툴르몽 국립인구문제연구소(INED) 선임연구위원, 클로드 마르탱 국립과학연구원(CNRS) 연구위원은 "북유럽·프랑스 등 혼외 출산이 많은 선진국은 출산율도 높다"라고 말했다. "(출산율이 낮은) 이탈리아나 폴란드는 가정 모델이 전통적인 방식 하나 밖에 없다. 그 모델 자체를 여성이 수용하지 못하면 결혼도 출산도 하지 않는다. 반면 프랑스·스웨덴 등은 가정의 모델이 굉장히 다양하다. 내가 결혼할지 말지, 동거로 살지 말지 등 선택의 폭이 넓어서 여성이 자유롭게 택할 수 있고 출산도 좀 더 자유로운 편이다(중앙일보,「북유럽·프랑스 등 혼외 출산 많은 선진국, 출산율도 높다」, 2018.3.30)."

박근혜 정부는 2015년 '비혼 동거 가구 차별 해소'를 포함한 '제3차 저출산고령사회 기본계획 2016~2020'(이하 기본계획)을 발표했다. '비혼 동거 가구에 대한 사회적 편견 등으로 고용, 교육, 사회생활 등에 있어서 차별 사례가 발생'한다고 지적하며 이를 해결하기 위해 '차별금지법 제정을 통해 비혼 동거 가구에 대한 사회적 차별금지 및 구제방안을 연구 검토'하고 '비혼 동거 가구에 대한 사회적 차별금지 방안 연구'를 추진하겠다고 밝혔다.

기본계획에서 비혼 동거 가구 차별해소가 핵심은 아니었지만 모든 면에서 보수적인 정부가 비혼 동거 가구에 대한 차별해소를 정부 공식입장에 처음으로 포함시켰다는 점이 놀라웠다. 문재인 정부는 취임 이후 기본계획을 다소 수정하였지만 해당 내용을 계속 유지했다. 문재인 정부의 여성가족부나 저출산고령사회위원회는 동거 가구 차별해소를 위한 대책 방안을 본격적으로 마련하기 시작했다.

동거 가구의 법적 권리를 보호하면 왜 출산이 늘어난다는 걸까? 일단 같이 살기만 하면 정자와 난자가 만나 수정될 기회가 많아지니까? 그렇다면 국가는 같이 살다가 피임이 실패할 때를 기다리는 것일까? 아이를 낳아 기를 준비가 안 되어 출산을 기피하는데, 동거를 하면 출산율이 늘어날

까? 함께 살다보면 출산을 포함해 조금 더 긴 미래를 꿈꾸기도 하고 어쩌면 예상치 못한 자녀가 생길 수도 있다. 하지만 동거 관계의 법적 보호가 저출산 대책이라는 말을 들으면 어쩐지 내가 임신을 위해 합사된 동물이 된 듯한 기분이 든다.

　동거 가구 차별해소 논의의 초점이 저출산에 맞춰지면 출산할 의사나 능력이 없는 가구는 다시 차별의 대상이 된다. 성적인 친밀함이 없지만 서로 돌보기 위해 함께 사는 사람들이 있다. 특히 상호 돌봄이 필요한 노인, 장애인 등은 이런 경우가 많다. 성적인 친밀함이 있더라도 아이를 낳을 수 없거나 낳을 생각이 없을 수도 있다. 출산율을 높일 목적으로 동거 가구 차별해소를 논의한다면 출산을 했거나 시도하는 가구에만 지원을 하게 될 수도 있다. 저출산 해결이 아닌 '함께 사는 즐거움'이 우리의 목적이어야 한다.

스스로 행복을 찾을 수 있는 사람들

100년이 넘는 인생, 단박에 모든 면에서 좋은 사람을 만나 결혼을 하고 평생 행복하게 살 수 있으면 얼마나 좋을까. 불행히도 나는 그럴 자신이 없다. 그리고 나 스스로도 그렇게 완벽한 짝이 되지는 못할 것이다. 행복은 실패를 성숙하게 받아들이고 합리적으로 헤어지는 것을 포함한다. 나의 의지가 아니라 사별 등으로 예상치 못하게 끝을 맺을 수도 있다. 하지만 우리는 계속 행복을 추구하며 새로운 인연들을 이어나가야 한다. 행복하겠다는 마음, 사람과 함께 살겠다는 마음은 사람을 사람답게 하는 소중한 마음이다. 이러한 마음이 한국 사회에서 얼마나 귀해지고 있는지를 떠올려 보면 우리의 제도는 이런 마음들을 조금 더 아끼고 소중히 다뤄야 한다.

우리는 국가가 결혼만이 답이라고 정해주지 않더라도 스스로 행복을 찾을 수 있다. 평등한 개인으로서 서로를 만나 함께 삶을 누릴 수 있는 사람들이다. 법과 제도가 국민의 다양한 행복을 보장하고, 국민 각자의 행복 찾기를 장려해야 한다고 믿는 사람들이다. 그리고 나는 우리가 이런 사람들이라고 믿는 사람들과 생활동반자법을 함께 만들어가고 싶다.

특별한 한 사람을 가질 헌법적 권리

2013년 10월 20일 부산의 한 아파트 옥상에서 여성이 투신했다. 이 아파트에서 여고 동창생과 함께 살던 60대 여성이었다.

스스로 목숨을 끊은 A씨와 동창 B씨는 고등학교 졸업 후 40년간 동거생활을 해왔다. 그 아파트에서만 거의 20년을 함께 살았다. 주로 B씨가 돈을 벌고 A씨가 살림을 했다. 아파트를 비롯해 모든 재산의 명의가 B씨 앞으로 되어 있었다. 이제 60대 초반, 100세시대라는 말이 아무렇지도 않은 요즘 시대에 상속이니 재산 분할은 아직 먼 일이라고 생각했다. 둘의 동거생활은 B씨가 말기 암 판정을 받으면서 위기에 빠진다.

A씨는 아파트 명의와 사망 보험금 수령인을 본인으로 바꾸려 했지만, B씨의 조카가 나타났다. 조카는 A씨가 B씨

를 간병하는 것도 막았다. A씨는 홧김에 집에 있는 패물과 B씨 통장의 현금을 챙겨 집을 나왔다. B씨의 조카는 A씨를 절도죄로 고소하고 아파트 열쇠를 바꿔버렸다. 세간도 챙기지 못한 채 쫓겨난 A씨는 거리를 전전해야만 했다. B씨의 병원에도 가보지 못했다. B씨는 진단 후 한 달도 버티지 못하고 숨졌다. B씨의 가족들은 A씨에게 B씨의 사망 사실조차 알리지 않았다. A씨는 장례식에도 참석하지 못했다. 뒤늦게 B씨의 죽음을 알게 된 A씨는 함께 살던 아파트에 올라 몸을 던졌다. 여전히 집에는 들어가지 못하고 아파트 복도 계단의 창에서 마지막 순간을 맞이했다.

내 운명을 내 마음대로 결정할 권리

40년을 함께 살아온 두 사람의 비극적인 죽음은 우리에게 '특별한 한 사람을 가질 권리'에 대해 고민하게 한다. 가족을 이루고 누군가를 보살피고, 보살핌을 받으며 사는 것이 인간의 보편적 욕구다. 내가 소중하게 생각하는 사람과 살 수 없다면 우리는 행복할 수 없다. 그런 의미로 '특별한 한 사람을 가질 권리'는 헌법이 정한 행복추구권에 해당한다. 우리나라 헌법 제10조는 '모든 국민은 인간으로서의 존엄과 가치를 가지며, 행복을 추구할 권리를 가진다'라고 규정하고 있다.

혼인은 특별한 한 사람을 가질 권리를 보장하는 가장 중요한 방식이다. 헌법재판소는 '개인의 인격권 및 행복추구권은 개인의 자기운명결정권을 전제하고 있으며, 이 자기운명결정권에는 성적자기결정, 혼인의 자유와 혼인에 있어서 상대방을 결정할 수 있는 자유가 포함되어 있다(89헌마92 등)'고 명시하고 있다. 원하는 사람과 결혼해서 내가 원하는 삶을 꾸릴 자유가 행복추구권의 중요한 부분임을 확인하고 있는 것이다. 혼인의 자유와 선택권은 자신의 삶과 행복을 스스로 선택할 자기운명결정권의 주요한 방식이다. 혼인의 자유와 권리가 자기운명결정권, 행복추구권이라는 더 큰 권리가 실현되는 방식의 하나라면 혼인 외의 방식으로 가족을 구성하는 방식도 마찬가지로 보장받아야 한다.

원하는 사람과 같이 삶을 꾸릴 자유가 헌법적 권리라면 그 틀이 꼭 혼인이어야만 할까? 혼인으로만 제한하는 것이 어떤 정당성이 있을까? 지금까지 살펴본 것처럼 혼인이라는 제도는 갈수록 하나의 선택에 불과해지고 있다. 개인의 가치관, 경제적 상황, 삶의 단계 등에 따라 결혼을 안 할 수도, 못 할 수도 있다. 행복추구권이 내 운명을 스스로 결정할 권리, 자기운명결정권을 포함하고 있다는데 혼인만 유독 자신의 의지로 바꿀 수 없는 상수일 수는 없다. 결혼하지 않는 것이 다른 사람의 권리나 우리 사회의 공익을 훼손하는 것이 아니라면 혼인만이 '특별한 한 사람을 가질 권리'를 보장하는 길은 아니다. 혼인할 권리, 혼인할 사람을 결정할 권리를 내가 살고 싶은 사람을 결정해 함께 살 수 있는 권리 자체로 확대하는 법을 고민해야 한다.

행복추구권에서 나의 의지대로 살 자유와 내 행복을 추구할 권리는 매우 중요하다. 법적 용어로 자기운명결정권과 인격의 자기발현권이라고 부르는 부분이다. 생명권, 주거권 등 다른 헌법적 권리에 비해 '행복추구권'이라는 말은 다소 애매하다. 행복추구권에서 '행복'은 국가나 누군가가 대신 정해줄 수 있는 것이 아니기 때문이다. 행복추구권은 스스로, 내 인격에 따라 내가 행복하다고 생각하는 것들을 찾아나갈 수 있어야 한다는 권리이기 때문이다.

행복추구권은 다양성을 내포하는 개념이다. 우리는 모두 행복에 다다르는 길이 다르다. 행복추구권은 애초에 국가가 개인의 필요를 마음대로 판단하여 전체주의에 빠지지 않도록 만들어진 개념이다. 행복추구권 개념을 만든 존 로크(John Locke)는 사람은 모두 타고난 지적인 본성을 따라 참되고 굳건한 행복을 한발한발 꾸준히 추구할 수 있다고 생각했다. 우리의 일생은 스스로의 판단에 따라 행복을 계속 찾아나가는 것이고, 행복추구권은 국가가 이를 방해해서는 안 된다는 개념이다.

국민 각자가 추구하는 행복이 점점 다양해지고 있다. 타인과 사회에 해를 끼치지 않는 이상 특정한 삶의 방식만이 옳은 행복이라고 정부가 판단할 수는 없는 노릇이다. 혼인하지 않는 사람들도 진심을 다해 자신의 행복을 찾아나가고 있다. 그리고 우리는 모두 행복 여정을 보장받을 헌법적 권리가 있다. '소중한 한 사람을 가질 헌법적 권리'를 실질적으로 보장하기 위해서는 혼인 외에도 더 많은 사람들, 그만큼 다양한 행복 여정을 포용할 수 있는 유연한 제도가 필요하다.

가족이라는 '제도'의 함정

가족은 사랑만으로 살 수 없다. 성관계, 임신·출산의 생물학적 관계만으로 가족이 완성되는 것도 아니다. 현대의 가족생활은 수없이 많은 법과 정책, 사회적 관례로 떠받들어져 있다. 우리가 결혼을 '제도'라고 부르는 것도 단순히 둘만의 언약이 아니라 사회적으로 보장한 수백 가지 권리와 의무의 뭉텅이기 때문이다. 누군가를 애틋하고 편하게 여기는 마음은 각자의 가슴 속에서 나오지만, 헌법이 보장한 '특별한 한 사람을 가질 권리'는 법과 제도를 통해 보장된다. 또 법과 제도를 통해 배제되고 빼앗기기도 한다. 이러한 법과 권리들을 합쳐서 '가족제도'라고 일단 이야기해보자.

가족을 지탱해주는 법과 정책은 매우 다양하다. 가족제도는 법적 인정, 차별 금지, 사회복지정책, 각종 의사 결정 대리권 부여, 가정폭력으로부터 보호 등 굉장히 다양한 법과 정책들로 이뤄져 있다. 어떤 가족들은 이러한 제도에서 통째로 배제되기도 하고, 또 특정한 부분에서만 배제되기도 한다.

가족제도의 시작은 법적으로 인정받는 것이다. 같이 살면 다 가족이라지만 법적으로 인정되는 가족과 아닌 가족이 구분된다. 우리나라에서 법적 인정이 문제가 됐던 대표적 사례는 '동성동본 혼인금지'다. 성과 본관이 같은 이들의 결혼을 금지했던 동성동본 혼인금지는 우리 민법이 만들어진 1958년부터 1997년 헌법재판소의 헌법 불합치 결정 전까지 이어졌다. 민법 개정은 2005년에나 이루어졌다. 동성동본 불혼은 사회적으로 극소수에 불과했던 조선시대 양반 사회의 관례였으나 21세기 초입까지 이어진 것이다. 그 사이 계급제 붕괴, 피식민과 전쟁, 근대 민법 도입 등으로 성씨와 본관의 개념이 완전히 달라졌지만 양반 사회의 허울만은 그대로 남았다.

동성동본 금혼으로 많은 연인들이 결혼을 금지당했다. 김해 김씨·밀양 박씨·전주 이씨가 인구의 20%를 차지하는 상황이었기 때문이다. 결혼하지 못하는 동성동본 연인들의 자살이 이어졌다. 동성동본은 연애조차 마음대로 하지 못했다. 당시 인기가수 DJ DOC의 히트곡 〈머피의 법칙〉에 '내가 맘에 들어하는 여자들은 꼭 동성동본'이라는 가사가 나올 정도였다. 밴드 N.EX.T의 〈힘겨워하는 연인들을 위하여〉도 동성동본으로 결혼할 수 없는 연인들에 대한 노래라고 故신해철 씨가 밝힌 바 있다.

동성동본 금혼은 국가가 얼마나 자의적으로 가족구성권을 재단하는지를 보여준다. 동성동본 금혼이 그다지 일관되게 유지된 것도 아니다. 정부는 1978년, 1986년, 1996년 세 차례에 걸쳐 '혼인에 관한 특례법'을 만들어 가까운 친척 관계가 아닌 동성동본 부부의 혼인을 허가하였다. 정부로서도 굳이 이유가 없는데 금지하고 있다고 스스로 인정한 꼴이었다. 1997년 헌법재판소의 헌법 불합치 결정 이후 정부는 2000년 민법 개정안을 국회에 제출했다. 하지만 결혼 금지의 범위를 어디까지로 할 것인가를 두고 무려 5년이나 국회에서 다툰 후 2005년에서야 현행 규정이 국회를 통과하였다. 2020년 2월 현재, 8촌 이내의 혼인을 금지한 현행 민법도 혼인할 권리를 지나치게 제약한다는 위헌소송이 헌법재판소에 제기되어 있다.

동성동본 금혼제가 유지되고 폐지된 역사는 가족구성권이 특별한 이유 없이 배제될 수 있음을 말하고 있다. 그리고 법으로 금지해도 소중한 사람과 함께하고픈 마음을 꺾을 수는 없다는 것을 보여준다. 이외에도 우리나라에서 이혼한 여성은 6개월 간 재혼할 수 없었던 규정, 미국의 타 인종간 혼인금지 규정, 세계적으로 논쟁 중인 동성 결혼, 그리고 우리가 함께 고민하고 있는 생활동반자법 등은 '특별한 한 사람을 가질 권리'가 법과 제도에 따라 보장되기도 하고 배제되기도 한다는 것을 보여준다. '특별한 한 사람을 가질 권리'를 확보하기 위한 투쟁은 지금도 세계 곳곳에서 진행되고 있다. 선진 민주주의 국가로 갈수록 인격과 다양성을 존중하는 차원에서 유연하고 폭넓게 관계의 권리를 보장하는 경향이 있다.

가족제도에는 특정한 가족 형태를 차별하지 못하도록

하는 법과 정책을 포함한다. 국가인권위원회법은 가족 형태에 따른 차별을 가장 포괄적으로 금지하고 있다. 또 아동복지법은 모든 아동이 부모의 성별 등에 의해 차별받지 않도록 규정해 한부모 가정 등에 대한 차별을 막는다. 국가시책 전반에서 더 폭넓게 차별을 금지하기 위해서는 차별금지법이 필요하지만 동성애 혐오 등으로 진행되지 못하고 있다.

이외에도 사회적으로 차별받기 쉬운 가족에 대해 별도로 차별금지를 규정하는 법들이 있다. 우리 법에서는 한부모가족지원법, 다문화가족지원법은 한부모 가정, 다문화 가족에 대한 차별을 금지한다. 또 '남녀고용평등과 일·가정 양립 지원에 관한 법률'에서 여성이 결혼하거나 자녀가 있다는 이유로 차별할 수 없도록 규정하고, 맞벌이 부모의 아이들이 실질적으로 차별 없이 양육과 교육혜택을 받을 수 있도록 하고 있다. 가족 형태에 따른 차별금지를 조금 넓게 생각하면 '가정폭력 방지 및 피해자보호 등에 관한 법률'에서 가정폭력 피해자에 대한 차별금지도 포함될 수 있다.

가족 형태에 따른 차별금지를 위하여

법에 의한 차별금지를 위해선 가족 형태에 대한 법적 인정이 일단 필요하다. 원칙적으로는 법적 테두리 바깥의 가족들도 국가인권위원회에 차별 시정을 요구할 수 있다. 국가인권위원회는 법적으로 인정되는 가족 형태 외에도 동성 부부, 동거 가구 등 법적으로 인정되지 않는 가족까지도 포괄하여 차별해서는 안 된다고 말하고 있다. 그러나 법적으로 인정되지 않는데 특정한 권리를 가져야 한다고 주장하기는 쉽지 않고, 따라서 무엇이 차별인지도 이야기하기 어렵다.

가령 회사에서 동성 부부에게만 가족수당을 주지 않았다고 해보자. 그러나 회사 입장에서 둘이 동성 부부인지, 그냥 친구 사이인지 알 수 없는 상황에서 무작정 신청이 들어왔다고 가족수당을 주기는 어렵다. 둘 사이가 사실혼인지 아닌지 판단할 근거도 권리도 마땅치 않다. 특정한 권리가 부여되기 위해서는 그 권리를 정당하게 가질 만한 사람들이 구분되어야 한다. 생활동반자법이 없고, 누가 생활동반자인지 모르는 상황에서 생활동반자를 차별하지 말라는 주장은 공허하다. 차별금지를 위한 가장 우선적인 조치는 법적인 테두리를 만드는 것이다.

사회복지정책은 가족 생활을 안정적으로 유지할 수 있도록 하는 가족제도의 중요한 부분이다. 국가가 제공하는 사회 서비스가 점차 다양해질수록 사회복지정책이 가족구성권에서 차지하는 비중은 커진다. 특히 사회복지혜택이 긴요하게 필요한 저소득층, 노인, 장애인, 아동 등이 가족을 구성할 권리는 사회복지정책에 많이 좌우된다.

사회복지를 개인 중심으로 할지, 국가 중심으로 할지도 나라마다 다르다. 가령 복지국가의 전형으로 꼽히는 북유럽 국가들은 개인 중심의 사회복지를 통해 개인이 가족 형태와 무관하게 일정한 수준의 삶을 유지할 수 있도록 한다. 반면 우리나라는 비교적 가족 중심의 사회복지제도를 가지고 있다. 기초생활수급자에 대한 가족부양의무제, 주택분양 및 공공임대 등에서 부양가족 가점제, 국민건강보험에서 피부양자 등록, 부양가족 소득세 공제 등 기초생활보장, 주택, 건강보험, 세금 등 모든 사회복지 분야가 가족과 깊이 연관되어 있다.

이렇다보니 소득, 연령, 건강상태 등이 비슷한 개인들도 가족 형태에 따라 지원받는 사회복지혜택의 차이가 크다. 가족 중심의 사회복지가 가족 형태에 따른 차별로 이어지는 것이다. 특히 정부는 사회복지정책을 통해 특정한 가족 형태를 늘려 나가려 노력했다. 과거 정권은 산아제한을 위해 정관수술을 한 가족에게 아파트 분양과 세금 혜택을 주고 심지어 예비군도 면제해주었다. 지금도 저출산 시대를 맞아 신혼부부와 다둥이 가족에게 아파트 분양, 공공주택 입주, 세금 혜택 등을 주고 세 자녀 이상을 낳으면 현금을 주기도 한다. 사회복지정책 속에 정부가 바라는 가족 형태가 깊게 박혀 있는 것이다.

한국의 가족 중심 사회복지제도하에서 생활동반자법이 더 절실히 필요한 이유다. 한국은 법적으로 인정되는 가족 밖에서 살기 어려운 사회다. 한국의 사회복지제도는 누구나 특정한 가족 안에서 살고 있다고 가정한다. 이런 사회에서 법적으로 인정받지 못하는 가족들은 더 큰 차별을 받게 되는 것이다. 사회복지의 단계마다 예외적인 존재가 되고, 쉽게 사각지대에 빠진다. 지나치게 가족 중심적인 사회복지 체계를 개인 중심의 보편적 복지 체계로 바꾸는 동시에 사회복지가 포용하는 가족의 범위를 확대해나가야 한다.

의사 결정이나 법적 행위를 대신할 수 있는 권리를 어떻게 부여할 것인가도 가족제도의 주요한 부분이다. 익숙해서 모를 뿐 우리의 일상은 매 순간 법적인 행동으로 구성되어 있다. 신용카드나 모바일 결제로 물건을 사는 일, 주민등록등초본이나 각종 증명서를 발급받는 일, 은행에서 계좌를 만들거나 대신 돈을 찾는 일, 부동산 계약을 하는 일, 병원에서 입원수속을 하고 수술 동의를 하는 일, 심지어 죽어서 화장되거나 묻히는 일까지 우리의 생활은 법적 절차에 따라 진행된다. 그리고 가족에게는 이러한 법적 절차들을 대신할 일정한 권리가 부여된다.

가족은 감정적인 위로만 하는 존재가 아니라 우리가 사회인으로서 겪어야 할 귀찮은 일들을 함께 짊어지는 인생의 동료이기도 하다. 혈연가족은 별다른 증명 없이도 의사 결정을 대리할 권리가 부여된다. 심지어 가정폭력 가해자가 피해자의 등초본을 발급받아 보복범죄를 하기도 하는데 말이다. 함께 사는 사람을 가족으로 인정받지 못하는 사람들은 많은 일상 업무를 홀로 다 해내야만 한다. 이것은 매우 귀찮은 일이기도 하지만, 그보다 나를 가장 아끼고 잘 이해하는 사람이 나를 대신해 행동하고 결정할 수 있는 권리를 빼앗기는 것이기도 하다. 서두에 나온 여고 동창생의 사례처럼 내가 의사 결정을 할 수 없는 결정적인 순간, 내 의사에 반하는 엉뚱한 결정이 날 수도 있는 것이다.

다양한 가족들의 정규직화

'특별한 한 사람을 가질 권리'는 이렇게 많은 제도를 통해 실현된다. 이러한 가족제도의 전체 또는 일부에서 배제되는 것은 그만큼 행복추구권을 온전히 보장받지 못한다는 뜻이다. 가족을 통해 행복할 권리를 우리는 평등하게 누리고 있을까?

우리 법은 성인이 자신의 뜻으로 가족을 구성하는 방식을 혼인으로 한정한다. 가족이라면 원칙적으로는 죽을 때까지, 아니 죽은 후까지 바꿀 수 없는 것이라고 가정한다. 사실 결혼할 수 있는 관계, 결혼하고 싶은 관계라는 건 우리가 맺는 친밀한 관계 중 아주 작은 부분에 불과하다. 일단 이성 사이고, 성적인 끌림이 있고, 평생 이 관계가 서로에게 도움이 될 것이란 확신이 있어야 한다. 동성 커플도, 친구도, 지금 혹은 몇 년 살다보면 평생 도움이 될 지도 모르는 관계도 우리 법상 가족으로 등록할 수 없다. 이들은 법적으로 등록하지 못하고, 가족으로서 누리는 권리에서 배제된다.

결혼을 해도 좋고 안 해도 좋다는 사람이 점차 늘어나고 있다. 결혼은 개인의 선택이며 이를 존중해야 한다는 건 사회적 에티켓이 되었다. 그러나 이러한 개인적 선택과는 별개로 결혼에 대한 접근은 불평등하다. 소위 적령기에 별

걱정 없이 결혼을 하고, 서로에게 성실하기만 하면 평생 안정적인 결혼생활을 누리는 건 한국 사회에서 특권이자 행운이다. 누군가에게 결혼은 간절히 하고 싶지만 도저히 할 수 없는 어려운 선택이고, 그래서 꿈꾸지 않고 지레 포기하기도 한다. 돈이 없어서, 법적으로 결혼이 허용되지 않아서 결혼에 접근할 수 없는 사람들이 많다. 결혼을 개인의 취향으로 여기는 태도는 존중받아야 하지만, 결혼제도에 대한 불평등한 접근성을 가려서는 안 된다. 가족을 구성할 권리를 혼인만으로 제한하는 건 평등과 차별의 문제다. 결혼이 싫으면 안 하면 된다고 쉽게 말할 수 없는 문제다.

늘어나고 있는 혼인 외 가족들은 우리 사회의 다양한 욕망들이 표출된 것이기도 하지만 그만큼 혼인의 장벽이 높아지고 혼인에 대한 접근이 불평등해지고 있다는 뜻이기도 하다. 이를 두고 사회복지학자 박승희 성균관대학교 교수는 현재 우리 사회에서 나타나는 가족다양성 증가는 가족 불안정화라고 지적한다. 그는 다양한 가족 형태가 늘어나는 것이 개인 선택의 기회가 증가하는 것처럼 보이지만 실상은 불안정한 노동자들이 저급한 여러 일자리를 떠도는 것처럼, 불안정한 가족제도를 경험하는 사람들이 취약한 여러 가족의 형태를 경험하는 것에 불과하다고 말한다(「박승희, 가족다양성론에 대한 성찰적 검토」, 『경제와 사회 통권 70』, 2006, 229~230쪽).

생활동반자법은 다양한 가족들의 정규직화다. 박승희 교수의 비유대로 가족의 다양화가 취약한 여러 가족 형태를 전전하는 것이라면 말이다. 혼인 밖의 가족들이 불안정한 가족 형태를 반복하며 떠돌지 않도록, 그들도 권리를 가지고 사회적으로 인정받으며 안정된 삶을 살 수 있도록 정규적인 틀을 주는 것이다. 점점 줄어드는 정규직 일자리처럼 우리 사회에서 혼인의 틀은 점차 좁아져 간다. 한번 비정규직으로 시작한 노동자들이 계속 불안정한 일자리를 떠도는 것처럼, 소위 적령기에 결혼을 하지 못했거나 이혼, 사별 등으로 결혼 밖으로 튕겨 나온 국민들은 좀처럼 다시 '정상 가족'의 틀에 들어가지 못한 채 외롭고 불안정한 가족생활을 보낸다.

생활동반자법은 더욱 많은 국민들이 가족의 틀 안에서 자신의 삶을 안정적으로 계획하도록 한다. 내년 휴가는 어디로 갈지 고민하고, 돈을 모아 몇 년 후에 전세집으로 옮길지 판단하고, 강아지를 입양하고, 노후를 구상하게 할 것이다. 또 같이 살고 있는 사람과 결혼해 출산하는 것도 고민하게 할 것이다. 삶의 불안함을 버티고 미래를 걱정하느라 쓰는 에너지가 줄어든다면, 우리가 하고 싶었던 일, 더 행복한 미래를 위한 일에 더욱 몰두하게 될 것이다.

'사실혼' 개념을 통해 권리를 확대할 수 있을까

최근에는 '사실혼' 개념을 적극적으로 해석하고 활용해서 혼인 밖 가족들의 권리를 인정하려는 시도들도 있다. 현행법에서 혼인 외 가족을 인정하는 법 체계가 사실혼뿐이기 때문이다. 두 사람이 혼인신고를 하지 않았어도 결혼을 했다고 생각하고, 실제로 결혼생활을 한 관계를 사실혼 관계라고 한다. 우리 법은 예외적으로 사실혼 관계의 권리를 인정한다. 그러나 사실혼이 무엇인지 명확한 기준이 있거나 등록하는 절차가 있는 건 아니다. 어디에 신고를 한 관계가 아니기 때문에 법원에서 사후적으로 둘 사이가 사실혼이었다고 판단을 해주어야 한다. 법원에서는 결혼식 여부, 다른 가족들에게 부부로 인정을 받았는지, 며느리나 사위 역할을 하였는지, 주변에 서로를 배우자로 소개하였는지 등을 종합적으로 살핀다.

법원에서 사실혼을 판단하는 중요한 목적은 둘의 관계가 종료되었을 때 재산 관계를 정리하기 위해서다. 두 사람은 헤어질 때 재산 분할을 하고 같이 사느라 쓴 채무에 대해 함께 부담을 진다. 또 정당한 사유 없이 일방적으로 헤어짐을 고했을 때 손해배상을 하게 된다. 무엇보다 각종 연금이나 보험법에서 유족으로 인정받아, 연금수급자가 사망한 후 이어서 연금을 받거나 사망보상금을 수령할 수 있는 자격이 생긴다. 어린 자녀에 대한 양육책임 부여 및 친권자 지정, 면접교섭권 청구 등도 할 수 있다.

사실혼 개념을 활용해서 가족구성권을 넓히려는 시도는 생활동반자 등 새로운 법적 개념을 도입하기보다는 기존의 법적 체계를 활용해서 가족구성권을 확대하려는 것이다. 가령 여성가족부는 건강가정기본법에 가족의 범위를 사실혼까지 포함하는 개정안을 국회에 제출했다. 또 보건복지부는 난임시술 지원 대상을 사실혼 부부까지 확대하겠다는 계획을 밝힌 바 있다. 우리 사회에서 다양한 가족들, 특히 혼인신고를 거부하는 사람들이 점차 늘어나고 있는데 생활동반자법 등의 입법은 멀어보이기만 하니 나름의 고육지책인 것이다. 그러나 사실혼 개념을 활용하여 다양한 가족에 대한 포용하는 건 여러 한계가 있다.

일단 개념적으로 명확하지가 않다. 우리 법은 '법률혼주의'라고 하여 혼인은 법적인 혼인신고를 해야만 이뤄진 것이라고 본다. 사실혼은 혼인신고를 못할 만한 타당한 이유가 인정되는 예외적인 경우다. 사실혼은 결혼을 했다고 생각되지만 어떤 이유로 혼인신고를 하지 못한, 호적에 오르지 못한 여성을 보호하기 위한 것이었다. 대부분의 재산이 남편 이름으로 되어 있던 시절, 혼인신고를 못한 여성들은 남편이 죽거나 떠날 경우 아무런 권리도 보장받지 못하고 거리에 나앉기 십상이었다. 이런 억울한 사정을 막기 위해서 혼인신고를 안 했더라도 사실상 부부라면 일정한 권리를 요구할 수 있도록 해줘야 했다. 때문에 법원은 사실혼이라는 개념을 판례로 도입해 정착시킨 것이다.

피식민, 전쟁, 분단을 겪으며 가족관계가 붕괴되고, 현대 민법이 아직 자리 잡지 못한 상태에서 이런 사연은 드물지 않았다. 우선 1958년 현대 민법이 만들어지기 전에 결혼한 경우가 있을 수 있다. 민법에 따라 호적을 등록하는 과정에서 누락되거나 새로 만들어진 민법에 따라 혼인신고를 해야 했지만 혼인신고라는 절차를 이해하지 못한 경우에 사실혼으로 인정받았다. 또 호주제 아래에서 시아버지나 시할아버지 등 호주의 반대로 며느리를 호적에 올리지 않거나, 혼인신고를 했다는 남편의 거짓말을 의심치 않았던 여성들도 있었다. 드물지만 서류상 배우자가 있어서 혼인신고를 못하는 경우도 있었다. 원칙적으로는 배우자를 두고 딴살림을 차리는 경우, 아무리 관계가 오래 되어도 사실혼으로 인정해주지 않는다. 하지만 수십 년간 생사도 몰라서 호적정리를 할 수 없었던 경우는 인정해주었다. 강제동원이나 강제이주, 전쟁, 분단을 겪으면서 그런 사례가 적지 않았다. 이런 전통적 개념의 사실혼, 즉 어쩔 수 없이 혼인신고를 하지 못한 사실혼은 갈수록 줄어들 수밖에 없다. 혼인신고를 모르거나 호적이 꼬여서 혼인신고를 못하는 사람은 요즘 거의 없다. 혼인신고를 하지 않기로 선택했거나 혼인신고를 할 수 없는 관계일 뿐이다.

    법원에서 사실혼에 해당하는지 여부는 혼인에 대한 의지, 또는 스스로 그 관계를 부부라고 생각하는지 여부다. 법원에서 사실혼으로 인정하면 재산 분할, 연금, 친권 등 중요한 권리가 변하고, 두 당사자뿐만 아니라 다른 가족들의 권리마저 달라진다. 그렇기 때문에 법원으로서는 아주 보수적으로 판단할 수밖에 없다. 법원의 사실혼 판단 여부는 대부분 이별이나 사망으로 관계가 끝났을 때 이뤄진다. 혼인신고를 하지 않은 사람들에게도 혼인과 같은 권리를 준다면 혼란스러울 것이다.

결혼 외의 다양한 결합은 사실혼과는 다르다. 우리 법의 사실혼 개념을 아무리 유연하게 해석한다고 해도 한계가 너무 뚜렷하다. 사실혼은 결혼의 대안이 아니라 혼인신고 제도의 한계를 보완하기 위한 하나의 방책에 불과하다. 사실혼은 혼인이라는 큰 제도에서 하나의 부품인 것이다. 혼인신고를 안 했는데 어떤 혜택을 받기 위해 법원에 가서 재판을 통해 사실혼으로 인정받는 사례는 거의 없다. 가령 정부의 계획대로 사실혼 부부에게 난임시술 지원한다고 해보자. 어떤 이유에서건 혼인신고를 하지 않은 동거 커플이 난임시술 지원을 받아 아이를 가지기 위해 사실혼 인정 재판을 청구하는 사례는 상상하기 어렵다. 차라리 혼인 여부와 무관하게 난임시술을 지원한다고 하는 것이 현실적이다.

우리 사회에서 사실혼이란 표현은 애매모호하게 사용되고 있다. 지금까지 살핀 것처럼 법률적으로 법원의 판단이 필요한 엄격한 개념이지만, 사회적 논의나 일상생활에서는 결혼을 전제로 한 남녀 간의 동거, 혹은 좀 더 책임감 있는 동거쯤으로 이해된다. 어차피 법률 용어와 일상 언어가 맥락이 다른 경우야 많으니 애매모호한 표현 자체가 큰 문제는 아니다. 하지만 일상적 맥락에서 사실혼이 은근슬쩍 정책적·법적 맥락과 섞여서 정책적 대안이 될 수 있을 것처럼 이야기 되어서는 안 된다. 대안에 대한 논의는 개념을 명확히 정리하는 것부터 시작해야 한다. 법적으로 사실혼은 확장하기 어려운 개념이다.

게다가 대안적 가족제도의 시작점으로 사실혼을 사용하면 많은 관계들이 배제된다. 사실혼은 기본적으로 혼인이다. 친구 관계를 비롯한 동성의 관계는 모두 배제된다. 또 2부에서 살핀 것처럼 여러 가지 이유로 혼인신고를 꺼리는 동거 커플들도 포함될 수 없다. 하나의 관계에서 사실혼임을 인정하면 혼인에 따른 모든 책임과 권리가 따라 붙는다. 사실혼은 가벼운 혼인이 아니라 더 귀찮고 복잡한 혼인일 뿐이다. 이 개념이 혼란스럽게 사용되는 이유는 '단순히 집을 나눠 쓰는 것이 아닌 서로에게 좀 더 책임감을 가진 동거'라는 뜻의 개념이 없기 때문이다.

가족제도는 법적 제도일 뿐만 아니라 우리의 문화와 역사, 그리고 각자의 감정들까지 얽혀 있는 문제이다. 가족제도를 바꾸기 위해선 생활동반자법의 필요성을 합리적으로 설명하면서 가족제도의 비합리적인 뭉치들을 덜어내야 한다. 누구보다도 입법 과정의 어려움을 잘 알기에, 입법 외의 방식으로 동거 가구의 권리를 보장할 방법을 깊게 고민했다. 하지만 현실적으로 생활동반자법의 입법 외에는 적절한 방법이 없다는 게 나의 결론이다.

우리에게 필요한 것은 법적 개념이다. '책임 있는 동거 관계'가 무엇이고 어떻게 부를지, 그 관계는 어떤 조건으로 만들어지고 해소되는지에 대한 정의가 필요하다. 생활동반자법은 바로 책임 있는 동거 관계라는 개념을 만드는 것이다. '생활동반자'라는 법적 개념을 만들고 나면 새로운 상상력이 깃든다. 기초생활보장도, 국민연금도, 국민건강보험도 고대에서 내려온 개념이 아니다. 국민의 행복한 삶을 위해 만든 법률상의 발명품일 뿐이다. 민주주의의 역사는 국민 행복을 위해 새로운 법률을 만들어온 역사의 연속이다. 그리고 행복을 찾기 위해 싸워온 우리들의 시간이다. 우리는 스스로의 행복을 위해 새로운 법률적 개념을 만들고, 그 개념의 내용을 채워나가면 된다.

법적 개념을 만들면 상상력이 깃든다

법적 개념을 만들면 정치가 시작된다. 생활동반자법 제정을 통해 책임 있는 동거 관계에 어떤 권리와 의무를 부여할지 논의할 수 있다. 임대주택 입주권을 보장할지, 기초생활보장법에서는 어떻게 반영해야 할지, 건강보험 혜택을 어떻게 할지 사회적 논의를 시작할 수 있다. 동거 가구들이 안정적으로 행복한 삶을 이어가면서 우리 사회의 안정적인 발전을 위해 어떤 권리를 얼마만큼 부여할지 제대로 논의해볼 수 있다. 지금 동거 가구들은 이러한 정치적 논의의 대상조차 되지 못한다. 이들을 표현할 법적 개념이 없기 때문이다.

정치는 모든 시민들이 함께 헌법의 목적을 구현해가는 과정이다. 헌법이 보장하는 행복추구권인 '특별한 한 사람을 가질 권리'를 더 많은 국민이 누릴 수 있도록 우리는 만들어갈 수 있다. 생활동반자법에 대해 함께 이야기하고 새로운 상상력을 불어넣으면서 말이다.

함께 살며 돌보자는 특별한 계약관계

이번 장에서는 생활동반자 관계의 법적 성격에 대해 이야기하려 한다. 생활동반자법은 '함께 살며 돌보자는 특별한 계약관계'이다. 함께 살고, 서로를 부양하면서 필요한 법적 권리와 의무들을 패키지로 묶어서 한꺼번에 계약하는 게 생활동반자 관계다.

평등한 동거를 위한 민사적 계약

물론 생활동반자법이 없더라도 둘이 동거 계약을 맺을 수 있다. 두 사람이 합의해서 생활비를 분담하고, 아플 때는 서로 돌보고, 일시적으로 소득이 없을 때 어느 기간까지는 생활비를 대신 내주기로 하고, 동거 관계가 끝날 때 같이 모은 재산은 어떤 방식으로 나눌지 등의 내용을 포함할 수 있을 것이다. 이런 동거 계약이 일반적이진 않지만 다른 법령이나 사회풍속에 어긋나지만 않으면 계약의 내용은 각자의 자유다. 혼인한 사람이 다른 사람과 동거 계약을 맺거나 강압에 의해 한쪽이 불리하게 맺은 계약이 아니라면 말이다. 계약에 따라 법원에 손해배상청구 등을 통해 자신의 권리를 주장할 수도 있다.

네이버 지식인을 보면 동거 계약에 대한 질문을 적잖이 찾아볼 수 있다. 생활동반자법을 고민하면서 네이버 지식인의 도움을 많이 받았다. 도움을 받은 건 답변이 아니라 질문의 내용이었다. 거기야말로 우리 사회의 다양한 사연들이 쏟아져 나오는 곳이다. 돈을 내고 전문가의 맞춤 지원을 받을 만한 상황이 못 되는 평범한 사람들이 얼마나 기상천외한 사연들을 안고 사는지를 보여준다. 지식인은 네이트판과 더불어 21세기 대한민국 서민의 천일야화다.

지식인에 '동거'라고 검색해보면, 우리 사회에서 어떤 형태의 동거가 진행되고 있는지, 자신을 보호하고픈 사람들이 얼마나 많은지, 하지만 뜻대로 권리 보호를 받지 못하는 사람들이 얼마나 많은지를 생생히 알 수 있다. 동거 계약서를 쓰는 사람들 자체가 드물지만 동거 계약의 방법, 내용, 양식 등의 틀 없이 그냥 되는 대로 적은 경우가 대부분이다. 일단 계약서까지 쓸 정도면 미래에 대해 걱정하고 대비한 경우라고 할 수 있겠지만, 그래도 많은 경우 제대로 된 내용을 갖추지 않아서 휴짓조각에 불과해지는 경우가 많다. 법적 효력이 있더라도 실제 이 계약서를 가지고 상대방에게 손해배상청구 등 법적 조치를 하는 경우는 정말 드물다.

드라마에서 특히 부잣집 자녀가 결혼할 때 혼전계약서를 작성하는 장면이 종종 나온다. 혼전계약서는 민법이 규정한 배우자의 권리와 의무와는 별개의 사안을 정하기 위해서 작성한다. 때로는 민법이 규정한 내용을 벗어난 내용이 담기기도 한다. 하지만 드라마와 달리 평범한 사람들 입장에선 볼 일이 없다. 굳이 변호사를 찾아가 혼전계약서를 맺을 이유도 없거니와 전문적인 도움을 받는다는 것이 어려운 일이기 때문이다.

민법에서는 혼인의 책임과 의무, 성립과 해소를 규정해서 평범한 부부들도 크게 억울한 일 없이 살 수 있도록 하고 있다. 민법 제800조에서 제843조까지 이르는 44개의 조항이 혼인의 세부적인 문제들을 규정하고 있다. 혼인은 사랑의 완성이고 문화이고 종교적 성사이면서 관례이기도 하지만 무엇보다 수많은 법적 권리와 의무들을 묶어놓은 총체적인 계약이다. 서로 사랑에 빠져 결혼할 때는 혼인이 계약이란 걸 모르고 지나가지만, 둘이 갈라설 때 변호사를 동반해 마주 앉으면 정말로 복잡한 계약이란 걸 체감한다. 혼인신고서에 서명을 하는 건 사실 수백 조항의 계약서에 서명하는 것과 같다. 계약서 대신 법령, 조례, 판례의 틀을 취하고 있을 뿐이다.

여기에 생활동반자법이 필요한 첫째 이유가 있다. 생활동반자법은 두 사람이 함께 살면서 일어날 수 있는 책임과 권리에 관한 여러 문제, '민사적 문제'를 합리적이고 공정하게 해결하기 위해 필요하다. 동거생활은 돈을 빌리는 계약이나 전세 계약처럼 단순하지가 않다. 돈과 행동이 오고가며, 미래에 벌어질 상황도 예상하기 힘들다. 개개인이 약속을 해놓는다 해도 대비할 수 없는 일들이 벌어진다. 개인들이 미처 준비할 수 없는 상황도 합리적으로 해결하도록 법을 만들고, 그 법을 토대로 한 판례들을 쌓아가야 한다.

생활동반자 관계는 둘 사이의 계약이지만 국가가 이를 보장한다는 점에서 둘이 알아서 맺는 동거 계약과는 다르다. 국가가 보장하는 '특별한 계약관계'이기 때문에 특별한 권리들을 보장받는다. 우선 법이 '가족'에게만 부여하고 있는 여러 특권 중 함께 사는 데 필요한 권리들을 생활동반자 관계에 부여할 수 있다. 가령 생활동반자가 아플 때 돌볼 수 있도록 출산 휴가, 돌봄 휴가 등을 준다거나 감옥에 갇혔을 때 도와줄 권리를 준다거나 하는 식이다. 사회복지, 조세 혜택 등도 국가가 관계를 보장하는 특별한 관계에서만 가능하다. 이러한 권리들은 국가가 정책적으로 부여하는 권리이기 때문에 단순히 둘 사이에 약속을 한다고 해서 만들어지지는 않는다.

친족 신분관계가 바뀌지 않는 생활동반자법

계약으로서 생활동반자 관계와 혼인을 비교할 때 가장 두드러진 차이점은 생활동반자법은 법적인 가족관계가 바뀌진 않는다는 것이다. 우리 법에서는 혼인, 출생, 입양 등 친족 관계를 민법에서 규정하고, 가족관계의 등록 등에 관한 법률에 따라서 관리한다. 민법이 친족으로서의 권리와 의무를 큰 틀에서 규정하고, 이 틀을 바탕으로 각각의 법률에서 가족의 역할을 규정한다. 혼인을 하면 민법에 따라 배우자의 가족과도 친족 관계가 만들어진다. 그래서 이에 따라 아내, 남편으로서 뿐만 아니라 사위, 며느리로서 상속권, 대리권 등의 권리도 생기고 부양의무 등 의무도 발생한다.

생활동반자법은 별도의 법을 만드는 것으로, 민법의 가족 규정을 고치는 것이 아니다. 비교하자면 동성 결혼은 민법을 개정하거나 민법을 준용하는 특별법을 만들어야 한다(일부에서는 현행 민법으로도 동성 결혼이 가능하다고 해석하는 의견도 있다). 민법상 친족 관계를 바꾸는 것이기 때문이다. 생활동반자의 권리와 의무는 많은 부분 민법을 참조해야겠지만, 민법의 가족법과는 완전히 별도로 규정되는 관계다. 생활동반자는 친족과는 다른 별도의 법적 관계를 새로 정의한다. 생활동반자를 맺어도 나는 나일 뿐, 누구의 아내도 남편도 며느리도 사위도 아니다.

친족 신분관계가 변동되지 않는다는 건 생활동반자 관계의 한계이기도 하다. 일단 상속의 제한이 있다. 현행 민법은 유류분 제도 등으로 민법상 친족에게 상속의 우선권을 부여한다. 생활동반자에게 전부 상속하겠다고 유언을 남겨도, 부모나 형제자매 등 법정 상속인이 있다면 일정 부분은 그들에게 상속해야 한다. 유언 없이 사망하면 당연히 생활동반자에게는 상속되는 부분이 없다. 이 지점에 대해 의문이 들겠지만, 상속 등 생활동반자 한 쪽이 사망할 때 생기는 문제에 대해서는 4부에서 더욱 자세히 고민해볼 것이다.

    동거인의 자녀를 친양자로 입양하는 것도 안 된다. 현행법은 재혼부부와 재혼 전 자녀로 이루어진 가족의 안정적인 생활을 위해 재혼하고 1년이 지나면 재혼 배우자가 상대의 자녀를 친양자로 입양할 수 있도록 특례를 주고 있다. 물론 이 경우에도 아이의 친부, 친모의 동의 등이 필요하다. 하지만 생활동반자 관계에서는 동거인의 자녀와 오랫동안 살더라도 이런 특례가 인정되기는 어려울 것이다. 이런 특례 자체가 이 가족이 앞으로 변하지 않고 오래도록 친족 관계를 이룰 것이라고 가정하는 것이기 때문이다.

    형법에서 친족 간의 돈과 관련된 일부 범죄에 대해서 형을 면제하거나 친고죄로 규정한 친족상도례, 범인 은닉죄의 면죄 등 형법이 규정한 친족 특례가 생활동반자 관계에서도 적용될 수 있는지에 대해서는 고민이 필요하다. 이외에도 법이 친족에게만 부여한 특례들은 대부분 생활동반자 관계에 적용되기는 어렵다. 우리 사회, 우리 법에서 친족 관계는 단순히 믿고 같이 사는 사람이 아니라 하늘의 뜻인 '천륜'으로 윤리적 판단의 기본 전제가 되는 경우가 많기 때문이다. 친족 간의 권리와 의무 중에서 '같이 삶을 나누는 사람'의 문제와 '천륜'의 문제를 구분하여 전자만 취하는 것이 생활동반자법의 우선적인 과제다.

기왕 생활동반자법을 만드는 데 이런 저런 권리들을 뗄 필요가 있을까 생각하는 사람도 있을 것이다. 민법상 친족에게 부여된 권한을 다 받아야 평등한 것이라 생각할 수도 있다. 특히 동성 결혼이 허용되지 않는 상황에서 동성애자들은 실망이 클 것이다. 생활동반자법으로도 온전히 평등한 혼인의 권리를 갖지 못하기 때문이다. 민법상 신분관계가 바뀌지 않는다는 건 구체적인 권리의 문제이기도 하지만 법적, 사회적 인정과 상징의 문제이기도 하다. 생활동반자가 보장하는 권리가 혼인만큼 전인적이지 않아서 생활동반자 관계를 맺지 않을 것 같다는 지적도 받았다.

친족의 권리는 곧 의무이기도 하다. 혼인으로 맺어지는 민법상 친족 관계는 내 신분을 보호해주지만 그만큼 구속하기도 한다. 누군가와 같이 살고 싶은 마음이 꼭 백년해로의 맹약이지는 않다. 권리를 강하게 보장하면 그만큼 생활동반자법으로 포괄할 수 있는 관계들이 협소해진다. 2부에서 살펴본 것처럼 단지 친구와 서로 도우며 살고자 하는 사람들도 있고, 상속권 등의 법적 권리가 바뀌는 것을 걱정해서 재혼을 안 하는 사람들도 있다. 생활동반자법은 서로 돌보며 함께 사는 관계를 포괄적으로 보호하는 법이다. 신분관계의 변화보다는 같이 살면서 필요한 당장의 문제에 좀 더 집중하는 게 법의 포용력을 높일 수 있다.

대신 일정 기간 이상 생활동반자 관계를 유지한 사이에

는 증여세 감면을 주거나 생활동반자의 자녀를 돌보기 위한 휴가 및 휴직 등을 보장하는 방법으로 권리를 보완할 수 있다. 생활동반자 관계의 다양한 모습들이 사회적으로 등장해 가면서 이들에게 어떤 권리가 필요할지 논의할 수 있다.

일방적으로 깰 수 있지만 책임은 져야

둘 중 한명만 원해도 깰 수 있다는 점도 혼인과 다른 생활동반자 관계의 주요한 특징이다. 한쪽만 싫어도 끝낼 수 있는 관계라니, 그런 걸 가족이라고 할 수 있을까. 생활동반자법에 대한 주요한 비판 중 하나다. 가족이라는 건 서로를 희생하는 관계인데 마음에 안 든다고 바로 해소할 수 있는 걸 가족이라고 할 수 있겠느냐는 지적이 있다. 또 상대가 언제 떠날지도 모르는 관계를 뭘 믿고 굳이 등록까지 하겠냐고도 한다.

생활동반자법은 결혼보다 해소하기가 쉽다. 우리 법은 이혼이 어려운 편이다. 서로 합의하지 않으면 이혼할 수 없도록 하고 있다. 예외적으로 상대가 결혼생활을 유지할 수 없는 중대한 잘못을 했을 때 재판을 통해 이혼할 수 있다. 바람을 피우거나 배우자 아닌 다른 사람과 가정을 꾸리거나 본인이나 자녀에게 폭력을 행사하는 등의 경우다. 잘못이 있는 배우자 측은 아무리 이혼이 하고 싶어도 할 수 없다. 상대에게 잘못이 있어도 자녀들이나 경제적 문제 때문에, 혹은 상대방이 원하는 대로 하기 싫어서 이혼을 거부하는 경우도 있다. 이런 관점을 법적 용어로 유책주의라고 한다.

부부 중 한 명이라도 절대 결혼생활로 돌아가지 않겠다고 하면 사실상 결혼생활은 끝난 것이다. 그럼에도 이혼을 하지 않으면 서류상 여전히 부부이다. 상속, 부양의무, 의료적 결정권, 재산권 대리 행사 등 법이 보장한 부부의 권리도 당연히 유지된다. 최근 유부남인 한 유명 영화감독이 공개적으로 연애관계를 밝히며, 아내에게 이혼 소송을 청구하였지만 법원이 이를 인정하지 않았다. 아내가 이혼을 원하지 않고 책임은 남편한테 있으니 이혼을 인정할 수 없다는 것이다. 그는 재판 후 '혼인생활이 완전히 종료됐다는 사실에는 변함이 없다'는 입장을 밝혔다. 그의 결혼생활이 끝난 사실을 온 세상이 알지만, 법적으로는 혼인이 유지된다.

이처럼 이혼을 어렵게 한 가장 큰 이유는 '축출이혼'을 방지하기 위해서다. 축출이혼은 외도를 한 배우자가 본래의 배우자와 자녀들을 버리고 떠나는 것을 말한다. 특히 과거 남자에게만 재산과 경제력이 있던 상황에서 남편이 이혼해서 갑자기 떠나버리면 아내는 어린 자녀와 함께 길거리에 나앉아야 했다. 그래서 몸과 마음은 떠나더라도 호적만큼은 두고 경제적 책임을 다 하라고 판결을 하게 되었다. 그리고 끝내 이혼을 요구할 경우, 아내의 동의가 필요하니 위자료를 주고 재산 분할을 할 수밖에 없도록 한 것이다. 한국에서 두 집 살림, 축첩 문화가 사라진 건 얼마 되지 않았다. 이혼, 특히 여성의 이혼에 대한 편견이 심했던 시기에 여성을 이혼으로부터 보호하기 위해 만들어진 판례였던 것이다.

　미국, 유럽, 일본 등 많은 국가에서는 우리나라와 달리 상대방의 잘못과 무관하게 이혼을 할 수 있도록 하고 있다. 원인과 무관하게 결혼생활이 파탄났다면 이혼할 수 있어야 한다는 것이다. 이런 입장을 소위 '파탄주의'라고 한다. 대신 결혼생활 파탄의 책임이 있는 배우자는 이혼시 많은 위자료를 지급해야 한다. 헐리우드 스타들이 불륜으로 막대한 위자료를 물고 이혼했다는 뉴스를 보았을 것이다. 파탄주의의 입장은 사실상 혼인이 끝났는데 이를 유지하는 것은 의미가 없고, 결혼을 깰 정도의 잘못을 했더라도 본인이 원하는 사람과 살 기본권을 침해받아서는 안 된다는 것이다. 한국에서도 파탄난 결혼생활을 붙잡고 있기보다는 위자료를 받고 이혼을 선택하는 사람들이 점차 늘어나고 있고, 이혼 조정이나 재판 과정에서도 혼인생활을 유지하는 걸 굳이 권하지는 않는다.

　사실 어떤 계약이든 원칙적으로 일방이 원하면 끝난다. 대신 서로의 잘잘못을 따져 손해배상이나 위자료 등으로 해결한다. 결혼을 일종의 계약이라고 본다면 잘못이 있는 측이라도 끝낼 수 있어야 한다. 유책주의는 결혼을 계약 그 이상으로 보는 것이다. 이는 결혼제도, '국민들이 결혼한 상태로 있는 것' 자체를 사회적으로 보호해야 할 것으로 본다. 또 이혼을 하면서 겪는 구체적인 재산상 피해, 감정적 피해와는 별도로 혼인 밖으로 밀려나는 것 자체를 극심한 피해로 본다.

 물론 이혼에 대한 사회적 편견이 여전한 만큼 아무 잘못 없이 이혼하는 게 반길 일은 아니다. 하지만 점차 다양한 가족들이 늘어나는 사회적 상황에서, 원치 않은 이혼이 위자료 등으로도 메꿀 수 없는 일인지에 대한 회의가 커지고 있다. 한국 법조계에서도 이혼 판결시 유책주의에서 파탄주의로 넘어가야 한다는 견해가 늘어나고 있다. 잘못이 있다고 해서 원치 않는 결혼을 계속 유지하며, 원하는 대로 살지 못하도록 하는 게 맞느냐는 주장이 힘을 얻고 있다.

 생활동반자법은 내가 원하는 사람과 함께 살 권리를 위한 법이다. 따라서 더 이상 함께 살고 싶지 않을 때 억지로 둘을 묶어놓을 수는 없다. 생활동반자법은 이성 간의 영원한 사랑과 한없는 희생을 전제하기보다는 각자의 사정과 욕구가 다양하기에 같이 살고 싶은 마음도 긴 기간에 걸쳐 바뀔 수 있다고 전제하는 법이다. 혹은 사이가 계속 좋더라도 같이 살기 어려운 사정이 생길 수도 있다. 관계를 시작할 때 끝날 것을 예상하는 것이 쉽지 않은 일이지만 생활동반자법은 이 관계가 언젠가 끝날 수도 있다는 걸 전제하고 시작한다. 회자정리(會者定離)의 철학을 담은 법이랄까. 그런 만큼 관계를 지속하기 위해서 서로에게 노력을 다해야 한다.

 그렇다고 상대가 관계를 끝내자고 해서 손 놓고만 있어야 하는 건 아니다. 관계를 끝낼 만한 잘못을 한 상대에게는 손해배상청구를 할 수 있다. 또 같이 이룬 재산에 대해서는 재산 분할을 요구할 수 있다. 구체적인 내용은 4부에서 살필 것이다. 이처럼 생활동반자 관계는 일방적 해소는 가능하지만, 관계가 끝나는 것이 양측 모두에게 억울한 일이 되지 않도록 합리적인 해소 방안을 마련해둔다. 믿고 의지한 사람과의 동거 관계가 끝나는 건 당연히 속상한 일이지만, 생활동반자법은 법이 할 수 있는 한 서로의 상처를 줄여주려고 노력한다.

혼인의 윤리, 생활동반자의 윤리

사실 우리가 이혼을 어려워 하는 건 법적 장벽보다 사회적 장벽 때문이다. 우리는 '검은 머리 파 뿌리 될 때까지'를 결혼의 이상으로 삼고 이혼을 실패로 여긴다. 평생 한 남자만 섬긴다는 가부장적 신념이 아니더라도, '평생 한 사람과 화목하게 살기'는 삶의 성공을 판가름하는 중요한 척도로 여겨진다. '요새 이혼은 흉도 아니다'라고들 말하지만, 정말 흉이 아니라면 '흉이 아니다'란 말도 하지 않는다.

이혼이 사회적으로 차별의 대상이 되는 이유는 결혼이 공적인 선언이기 때문이다. 내가 누구와 사는지는 사생활의 영역이지만 혼인 여부는 나의 신분을 결정한다. 일가친척과 지인을 다 불러놓고 '이 사람과 평생 행복하게 살겠습니다'라고 사회적 신분 변화를 공표한다. 사회적 관계를 맺고 있는 모든 사람은 결혼식에 초대된다. 그래서 결혼식에 초대를 받는 일, 참석하는 일은 부부를 둘러싼 사회적 멤버십을 확인하는 자리가 된다. 어떤 의미로 결혼은 둘 사이의 계약일 뿐 아니라, 내가 속한 사회와의 약속이기도 하다. 그러니까 이혼은 더더욱 곤란한 일이 된다. 결혼을 선언처럼 해버렸으니 이혼도 공공연한 관심사가 된다.

생활동반자법은 누군가와 같이 사는 문제를 좀 더 개인적인 영역으로 가져온다. 혼인이 배우자뿐 아니라 사회 전체와 맺는 계약이라면, 생활동반자는 둘의 동거에만 초점을 맞춘 계약이다. 그렇기에 생활동반자 관계의 해소는 이혼과 다르다. 생활동반자 해소는 어디까지나 사생활의 문제이며, 나의 사회적 신분관계는 변하지 않는다. 돈도 감정도 둘 사이에 잘 정리하면 된다. 또 민법상 가족관계가 아니기 때문에 서류상으로도 가족관계등록부가 아닌 별도의 기록으로 남는다.

더 근본적으로 물어야 할 것은 관계를 끝내기 어렵게 하는 법적 장벽이 과연 둘의 관계를 충실하게 하는가 하는 점이다. 법적으로 관계를 정리하기 어려워서 유지되는 관계가 둘의 행복을 보장할 수 있는가? 사회적·법적으로 이혼의 장벽이 훨씬 어려웠던 시기, 한국의 부부들은 지금보다 더 행복했을까. 이혼이 흔해지면서 부부관계는 팔자 소관에서 둘의 적극적인 노력으로 점차 변모되었다. 이런 변화는 특히 여성들의 삶을 변화시켰다. 법적으로 높은 장벽을 쌓아 관계를 억지로 유지시킨다고 해도 지켜지는 건 결혼제도이지 우리의 행복이 아니다.

상대가 언제든 떠날 수 있다고 가정할 때 서로에게 충실할 수 있다. 언제든 떠날 수 있지만 이 사람과 함께하기로 결정했을 때야말로 행복할 수 있다. 상대방이 관계에 충실하지 않다고, 혹은 나에게 다른 사정이 생겼다고 깰 수 있는 관계는 전통적인 가족윤리로 보면 매정하게 보일 수도 있다. 생활동반자법은 전통적인 가족윤리에 비하면 좀 더 이기적인, 다른 말로 계약적인 관계를 전제한다.

청약가점을 위해 생활동반자법을 남용할 수 있을까

혹자는 청약가점을 위해 생활동반자를 가짜로 맺으면 어쩌냐고 질문한다. 주택청약시 가족 구성원 수, 혼인 여부 등에 따라 달라지는 사회복지의 수혜를 받기 위해 생활동반자 관계를 맺을 것이라는 걱정이다. 주택청약 가점을 위해 허위로 임신했다고 서류를 조작하거나, 심지어 아이를 입양했다가 파양하는 비정한 사례까지 일어나고 있으니 이런 반문이 이해는 된다. 하지만 앞서 살펴본 것처럼 섣불리 생활동반자 관계를 맺었다가 의무를 다 하지 못하면 공연히 손해배상청구를 당할 수도 있다.

생활동반자 관계를 허위로 맺어 남용하는 것보다 우리 사회가 충분한 사회복지혜택을 제공할 수 있느냐를 걱정해야 한다. 부부에게 주던 사회복지, 회사복지의 혜택 중 일부를 생활동반자 관계에까지 제공한다면 막상 반발이 클 수 있다. 경쟁이 더 치열해지거나 각자에게 돌아가는 몫이 줄어들 수 있기 때문이다. 단순하게 말해, 청약가점이 평균적으로 올라가고 임대주택 경쟁률이 치열해진다. 혹은 회사에서 가족수당을 동결하거나 줄이겠다고 한다. 이런 상황에서 흔쾌한 마음으로 생활동반자법을 받아들일 수 있을까? 당장 신혼부부 분양이 더 어려워진다고 생각하면, 하늘이 내리고 전통이 보장하는 특별한 관계인 혼인을 '함량미달과 동급으로 취급한다'는 간사한 마음이 든다.

사회적으로 동등한 권리를 갖는 사람이 늘어나고 점차 평등해질 때, 정작 그들을 위한 사회적 자원이 부족하면 또 다른 악몽이 시작될 뿐이다. 마치 IMF 이후 현재까지 정규직 일자리가 줄어드는 와중에 여성의 사회적 진출은 더욱 활발해져 취업이 치열해지는 상황처럼 말이다. 남녀는 자신들이 취업에 더 불리하다고 서로를 비난한다. 기업들은 남성을 뽑기 위해 면접 점수를 조작한다. 여성들은 이런 어이없는 상황을 견디며 직업인으로서 성공해야 한다는 압박을 받는다. 이런 지옥도를 피하기 위해선 생활동반자법 제정만큼이나 보편적 복지의 확대가 중요하다. 국가가 국민의 안정된 삶을 적극적으로 책임지는 큰 변화 속에서 생활동반자법과 보편적 복지국가는 각기 든든한 축이 될 것이다.

예리한 독자들이라면 지금쯤 의문이 들 것이다. 원하는 사람과 함께 사는 것이 헌법적 권리이고 생활동반자법이 서로 책임감 있게 같이 살기로 한 사람들의 계약이라면 꼭 둘이서만 맺어야 할까? 가족이 꼭 두 명이 사는 건 아닌데 말이다. 세 명, 네 명이 서로 책임감 있게 살기로 한다면 권리를 보장해줘야 하는 것 아닌가?

실제로 대만에서 다양한 가족의 권리를 보장하기 위해 인권단체, 성소수자 단체, 페미니스트 단체, 이혼한 여성들의 모임, 청소년 조직들이 모여 대만 반려자 권익추진연맹(TAPCPR)을 만들었다. 이들은 2013년 친족 여부와 무관하게 각자의 자유 의지로 모인 모든 가족을 등록하도록 하는 법안을 제안했다(https://tapcpr.org/english/statement/2013/09/06/support-all-families). 가족 구성원 수에 제한이 없는 생활동반자법이라고 볼 수 있다.

세 명 이상의 생활동반자도 가능할까

이 법안은 '가정의 본질을 살펴보면 영구적인 공동생활을 목적으로 서로 보살피고 협력하는 구성원들이 구성한 단체에 지나지 않는다. 현대 사회에서 영구적인 공동생활을 목적으로 서로를 가족으로 여기는 단체가 꼭 친족일 필요는 없다. 비혈연관계인 친구와의 가정, 환자 단체, 종교 단체 등을 예로 들 수 있다'고 지적한다. 그러면서 '강제적인 가장 중심의 가족관계를 폐지하고, 평등하되 일대일 친밀관계를 기반으로 하지 않고, 친족 관계가 필수적이지 않은, 자주적으로 선택하는 2인 혹은 2인 이상의 가족관계로 대체한다'고 입법 취지를 설명한다.

이 법안에 따르면 친족이든 아니든 누구나 가족을 구성

할 수 있다. 출산한 자녀 등 혈연관계라도 자연스레 가족으로 여겨지는 것이 아니라 다른 사람과 마찬가지로 가족 가입을 신고해야 한다. 또 개인은 언제든 자신이 속한 가족을 탈퇴하여 혼자 가족을 이루거나 다른 가족에 가입 신고를 할 수도 있다. 가족을 하나의 협동조합처럼 여기고, 개인의 자유의사를 극단적으로 존중하는 내용이다.

시민사회에서 제안한 이 법안은 대만 국회에서 공식적으로 발의되지는 않았다. 실제로 입법이 된다면 많은 지점이 보완되어야 할 것이다. 그러나 기존의 친족 체계를 해소하고 가족을 개인 의사에 따른 조합으로 새로 만드는 것이 법적으로 가능하다는 상상력을 보여준다. 세 명 이상의 생활동반자 관계도 인정하자고 하면 시도해볼 수 있다. 둘이 아니라 셋, 넷이 모여 가구를 이룬다면 자립도 쉬울 것이다. 또 원칙적으로 가족 구성이 자신의 자유의지에 따른 것이라면 꼭 둘로 제한해야 할 절대적인 이유는 없다.

다만 이 부분에 대해서는 고민과 상상력이 부족함을 자인할 수밖에 없다. 둘이 아니라면 가족구성원은 몇 명으로 제한해야 하는가. 셋? 넷? 아니면 무한히? 수백 명이 한 가족이라고 등록을 요구하면 그 또한 자유라고 인정해야 할까, 그것을 '가족'이라고 부를 수 있을까. 그렇다면 사단법인이나 협동조합과는 어떻게 다를까. 인원수에 제한을 둔다면 그 필연적인 이유는 무엇일까. 셋 이상의 경우 성립과 해소는 어떻게 처리해야 할까. 아이돌 그룹처럼 멤버가 큰 틀에서 안 바뀌면 일단 이어지는 걸로 보는 걸까? 사람이 바뀌면서 권리 관계가 계속 달라질텐데 그때마다 어떻게 처리해야 할까? 그 모든 경우의 수를 입법과 판결 과정에서 다 헤아릴 수 있을까? 딱 한 명이 아니라 여러 명과 관계를 맺는다면 그건 새로운 친족을 만드는 것일까? 그럼 기존의 친족관계는 다 끊어지는 걸까? 그들을 위한 사회복지정책은 어때야 할까? 곤란한 질문이 끝없이 떠오른다.

생활동반자법은 '혼인하지 않은' '두 명'의 '성인'의 관계에 한정한다. 그런 의미에서 혼인 제도, 가족제도의 근간을 건드리지는 않고 기존의 가족제도를 보완하는 법이라고 볼 수 있다. 생활동반자법은 혼인의 많은 부분을 모방하면서 동시에 다양한 관계에 걸맞도록 변형시킨다. 프랑스 팍스(PACS), 스웨덴 삼보(SAMBO) 등 외국의 동거법도 참조할 수 있다. 하지만 인류 역사에서 혈연이 아닌 성인 셋 이상이 가족을 이룰 수 있는 가족제도는 발명되지 않았다. 이는 둘 사이의 생활동반자법을 구상하는 것보다 훨씬 근원적이고 어려운 작업이 될 것이다. 생활동반자법을 넘어 더 다양한 경우를 만들고자 한다면 앞으로도 함께 고민을 나누고 싶다.

진짜로 생활동반자법을 만들 거니까

법리적 쟁점에 별 관심 없는 독자라면 이번 장은 재미가 없었을지도 모르겠다. 말하고자 하는 바를 정확하고 쉽게 설명하기 위해 늘 노력하지만 쉽지 않다. 하지만 이러한 논의를 건너뛸 수는 없었다. 우리는 다양한 가족이 평등하고 행복하게 사는 삶을 상상에서 그치지 않고 진짜로 생활동반자법을 만들 것이기 때문이다. 상상을 현실로 만들기 위한 과정 중 지겨운 구간을 함께 건너고 있다고 이해해주기를 바란다.

4부에서는 드디어 생활동반자법의 구체적인 내용들을 실제로 만나게 된다. 앞으로도 많은 분들의 의견이 더해져야겠지만, 지난 7년간 고민하고 다듬어온 내용들을 소개할 것이다. 우리 사회가 생활동반자법을 만들어갈 때 하나의 기준이 되었으면 좋겠다.

4부

낡은 가족제도의 틀이 서로 돌보며 사랑하고 살 수 있는 사람을 더 외롭게 두어선 안 된다. 누군가를 돌보고 함께 살겠다는 마음을 귀하게 여기고, 그 마음을 계속 이어갈 수 있도록 장려하고 지원하는 것이 지금 우리가 할 일이다.

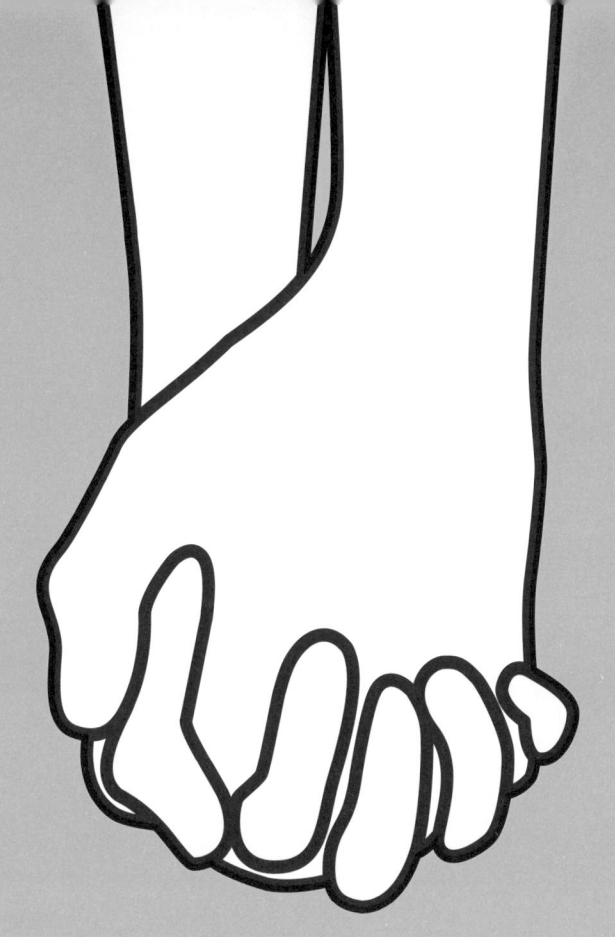

만들자,
생활동반자법

생활동반자 관계를 맺을 때

편리한 논의를 위해 생활동반자법안에 대해서는 그간 고민해 온 결론을 먼저 제시하고, 그 이유와 예상되는 쟁점에 대한 반론으로 구성하려 한다. 이 내용이 유일한 정답은 아니며 시민사회와 정치권에서 더 많은 논의를 거쳐 풍부해져야 한다.

　우선 관계의 성립, 재산약정, 분할, 행정적 관리 등을 포함한 기본법 '생활동반자 관계에 관한 법률안'이 필요하다. 그리고 생활동반자 관계의 구체적인 권리를 보장하는 개정안 여러 개가 함께 필요하다. 가령 임대주택에 대한 권리를 보장하기 위해 임대주택법을 개정하는 식이다. 생활동반자의 권리를 보장하려면 법이 아닌 조례, 시행령 및 규칙, 정책, 가이드라인 등을 개정해야 하는 경우도 많다. 이는 국회에서 결정할 입법적 사항이 아니지만 핵심적인 몇 가지를 언급하겠다.

이번 장에서는 우선 생활동반자 관계의 성립, 즉 생활동반자를 맺을 때의 문제를 다루려고 한다.

생활동반자를 맺을 수 있는 사람

• 합의한 성인이 함께 등록

생활동반자는 당연히 합의한 두 성인이 함께 등록한다. 혼인과 마찬가지로 속이거나 강압적으로 신청한 것으로 밝혀지면 등록은 취소된다. 부디 며칠씩 수다를 떨어도 지겹지 않은 사람을 찾을 수 있기를 바란다.

• 영주자격 외국인의 생활동반자 등록

영주자격이 있는 외국인도 생활동반자 관계를 맺을 수 있다. 영주자격이란 특별한 문제가 없으면 국내에서 별도의 심사 없이 계속 거주할 수 있는 자격이다. 국내에서 합법적으로 5년 이상 체류한 외국인, 대한민국 유공자, 거액 투자자, 2년 이상 체류한 재외동포, 4년 이상 체류한 방문취업자 등을 대상으로 심사를 거쳐 주어진다.

영주자격 외국인은 대한민국을 기반으로 생활하고 세금, 국민연금, 건강보험 등에서도 국민과 같은 권리와 의무를 지니며, 대한민국 정부가 제공하는 다양한 사회보장제도의 대상이 된다. 또 영주자격을 획득한 지 3년이 지나면 지방선거의 투표권을 행사한다. 생활동반자법은 다양한 사회보장제도를 폭넓게 보장하려는 것이기 때문에 영주자격을 얻은 외국인도 대상이 된다.

 대한민국 국민과 혼인한 외국인은 영주자격을 획득할 수 있다. 하지만 생활동반자 관계를 맺은 것으로 외국인의 체류자격(비자)을 바꾸는 일에는 신중해야 한다. 생활동반자법이 불법체류 등에 악용될 가능성을 완전히 배제할 수는 없다. 이미 영주자격을 가진 외국인에 한정하여 생활동반자 관계를 맺을 수 있도록 하되, 생활동반자법이 자리를 잡아가는 과정을 지켜보며 점차 대상 외국인을 확대해나갈지를 결정해야 한다. 프랑스 팍스의 경우 영주자격이 없는 외국인 파트너에게 체류자격 혜택을 일정 정도 주고 있다.

- 청소년은 맺을 수 없어

생활동반자 관계는 성인만 맺을 수 있다. 민법에서 규정한 성년인 19세가 되기 전에는 법정대리인의 동의 없이 법률행위를 할 수 없다. 생활동반자법은 책임과 의무가 동시에 따르는 민사계약의 성격을 가지기 때문에 성인만을 대상으로 한다. 돌봄을 받기 위한 법이기도 하지만 상대방을 돌볼 책임을 부여하는 법이기도 하다. 생활비를 공동 분담하고, 관계가 해소될 때 재산을 분할하거나 손해배상청구를 받을 수 있다. 법은 성인의 잘못된 선택은 스스로 책임지도록 하는데, 미성년자에게는 온전히 책임을 묻기 어렵다. 이 경우 생활동반자 상대방의 권리가 침해될 수 있기 때문에 의무와 권리가 동시에 부여되는 생활동반자법에 미성년자를 포함할 것인지에 대해 신중하게 고민해야 한다.

민법에서 미성년자가 재산 처분 등 법률행위를 할 때 법정대리인, 부모의 동의를 얻어야 한다고 규정한다. 그렇다면 법정대리인의 동의를 얻어 생활동반자 관계를 맺는 방법도 고민해볼 수 있다. 하지만 이 경우 혈연가족이 아닌 다른 가족을 만들 수 있는 권리를 혈연가족의 동의를 통해야 얻을 수 있다는 모순적인 상황이 발생한다.

혈연가족으로부터 적절한 돌봄을 받지 못하는 청소년이 심각할 정도로 많다. 청소년 쉼터, 공동생활가정, 아동양육시설 등 돌봄 공백 청소년을 위한 지원이 있지만 역부족이다. 청소년은 자기보호 능력이 부족하고 좋은 대우를 받는 일자리를 갖기 어려워서 독자적인 생활이 어렵다. 불안정한 주거 상황에서 겪는 폭행, 성폭력, 성매매, 착취 등 피해 사례가 적지 않다. 〈거인〉(2014, 김태용 감독), 〈꿈의 제인〉(2016, 조현훈 감독), 〈련희와 연희〉(2017, 최종구·손병조 감독), 〈박화영〉(2018, 이환 감독) 등 많은 한국영화에서 혈연가족으로부터 벗어난 청소년의 곤란한 현실을 다룬다.

생활동반자법의 대상에서 청소년을 제외하는 게 그들이 처한 돌봄 공백을 방치하는 일은 아니다. 청소년이 안전하면서도 자유롭게 생활할 수 있는 적극적 방안은 절실하게 필요하다.

개인적으로 현행 법 체계는 청소년 개개인의 권리를 지나치게 제약하고 있다고 생각한다. 청소년 스스로 결정할 수 있는 사안이 무엇인지에 대한 고민 없이 '보호'라는 명분으로 권리 행사를 포괄적으로 제약한다. 그러나 민사계약의 성격을 포함한 생활동반자법은 현행 민법의 테두리 안에 있을 수밖에 없다. 법 전체가 청소년 권리를 어떻게 보장할 것인지를 고민하며 점차 개선해나가야 한다.

- **혼인 중인 사람도 불가**

이미 결혼하여 배우자가 있는 사람은 생활동반자를 맺을 수 없다. 배우자에게 동거와 부양의 의무가 있는 사람이 또 다른 사람과 동거 및 부양의 의무를 맺을 수 없다. 동거와 부양의 의무는 단 한 사람과만 맺을 수 있는 배타적 계약이다. 우리 법은 중혼을 엄격하게 금지하고 있다. 당연히 복수의 사람과 혼인신고가 안 될 뿐더러 법적으로 배우자가 있는 사람은 아무리 동거한 기간이 길어도 사실혼 관계를 인정받지 못한다.

마찬가지로 이미 한 사람과 생활동반자를 맺은 사람은 또 생활동반자 관계를 맺을 수 없다. 하지만 혼인과 달리 일방적 해소가 가능하기 때문에 다른 사람과 생활동반자 관계를 새로 신고하면 이전 관계를 끝내는 것으로 볼 수도 있다.

생활동반자 등록

• **생활동반자법의 관할과 신고**

생활동반자 관계의 관리는 대법원이 맡는다. 근본적으로 둘 사이의 권리 문제를 다루기 때문에 법원이 관리하는 게 합리적이다. 생활동반자 관계는 채무 관계, 손해배상, 재산 분할 등 문제와 밀접하게 연관되어 있다. 대법원은 '가족관계의 등록 등에 관한 법률'에 따라 출산·혼인·입양 등의 친족 관계를 관리한다. 생활동반자 관계는 가족관계등록부와는 별개로 관리되지만, 혼인과 중복되지 않도록 하거나 사망시 해소 등 가족관계등록부와 연관해 처리할 문제가 많다.

대법원장은 생활동반자 관계의 관리를 가정법원에 위임한다. 법안을 만드는 과정에서 가정법원이 아니라 민사법원이 관리해야 한다는 지적도 많았다. 생활동반자 관계가 전통적인 가족관계가 아니고, 자유로운 개인 간 동거 계약이기 때문이다. 가정법원이 생활동반자법을 담당하면 기존 가족관계의 한계를 보완하는 정도로 의미가 축소될 것이라는 지적이다. 이는 일리가 있다.

하지만 지속적으로 함께 사는 사이에서 일어나는 문제는 민사법원이 기존 다루던 업무와 너무 큰 차이가 있다. 업무의 효율성과 안정성을 고려했을 때 가정법원이 맡아야 한다. 오히려 생활동반자법을 통해 가정법원의 역할이 커지고, 넓게 보았을 때 '가족법'의 의미가 확장될 수 있다.

혼인, 출생, 사망과 같은 가족관계의 변경 신고는 주민센터나 시군구청 등 지자체에서 처리한다. 지자체는 해당 서류를 법원으로 보낸다. 생활동반자 관계의 신고는 일단 가정법원 및 지원에서 처리하되 점차 제도가 안정되고 수요가 많아지면, 국민의 편의를 위해 신고 업무를 각 지자체에 맡길 수 있을 것이다.

- 돈: 재산과 생활비의 약정

재산에 대한 공정한 처리는 생활동반자법의 주된 목적 중 하나다. 결혼 전에 혼전계약서를 쓰는 것처럼 생활동반자를 맺을 때에도 돈 문제를 어떻게 할지 원칙을 정할 수 있다. 혼인과 마찬가지로 둘 사이에서 따로 정한 약속은 법 조항보다 우선한다. 가령 법에서 '생활비는 함께 분담한다'고 규정해도, '일방이 생활비를 부담한다'고 둘이 합의하면 이를 지켜야 한다. 물론 모든 민사계약과 마찬가지로 절대 지킬 수 없을 정도로 일방에게 불리하거나 속이고 강제해서 맺은 약정은 무효다.

생활동반자 사이의 약정은 관계 중에 바뀔 수 있다. 반면 혼인 시의 계약은 혼인신고를 한 후에 변경하거나 해지할 수 없고 이혼을 해야만 계약이 끝난다. 이는 혼인을 영원히 바꿀 수 없는 맹약으로 보고, 또 이혼으로 협박하여 일방에게 불리한 계약 변경을 강제하지 못하게 하는 것이다. 이혼한 여성이 편견에 시달리고 생계가 어렵던 과거에 불리한 합의를 하지 않도록 하기 위한 조치다.

하지만 생활동반자법은 각자 변하는 사정을 인정하고, 합리적이고 책임감 있는 개인이 뜻을 모아 생활을 이어갈 수 있다고 전제하기 때문에 합의하여 약정을 바꿀 수 있다. 어차피 계약사항이 마음에 안 들면 생활동반자 관계를 해소하거나 둘이 합의하여 해소했다가 다시 신고하면서 계약 내용을 바꿀 수 있다.

둘이 따로 약정하지 않고 생활동반자 관계를 맺겠다고 신고하면 법이 정한 내용을 따른다. 큰 틀은 혼인과 비슷하다. 그리고 상식에도 어긋나지 않는다. 각자 번 돈은 각자의 재산으로 한다. 같이 기여한 재산은 공동의 것으로 보고 헤어질 때 기여한 만큼 분할한다. 생활비는 함께 내고 집안일로 빚을 지면 같이 책임진다. 이런 원칙하에 만들어진 판례는 권리를 더욱 촘촘히 지켜주는 배경이 된다. 너무 당연한 말을 법전에 굳이 적어 놓은 이유다.

생활동반자법에 따른 약정을 맺으면 서로 생활비를 분담할 책임이 있다. 물론 쌍방이 정확히 5:5로 분담해야 한다는 뜻은 아니다. 각자의 사정에 맞춰 최선을 다해 생활비를 분담하고, 현금이 아닌 가사노동 등으로 책임을 나눌 수도 있다. 그러나 생활비를 낼 수 있는 상황에서도 고의로 부담하지 않으면 손해배상을 해야 한다. 재산 분할에서도 가사노동, 돌봄노동 등 기여가 반영된다.

생활동반자 관계는 상속이 되지 않고, 해소가 더 쉽기

때문에 관계를 지속하는 동안 재산 관계를 잘 정리할 필요가 있다. 물론 관계가 끝날 때 재산 분할을 요구할 수 있지만 부부처럼 영원한 관계를 전제하는 재산관리 문화는 생활동반자 관계에서 흔하지 않을 것이다.

차별금지: 생활동반자법을 위한 사회적 준비

생활동반자 관계를 시작할 때 가장 중요한 변수는 사회적 차별일지도 모른다. 함께 살고 싶고, 법으로 권리를 보장한다고 해도 사회에서 보는 시선이 곱지 못하면 생활동반자 관계를 선뜻 시작할 수 없다.

차별금지법이 있다면 차별금지 항목에 생활동반자 여부를 넣을 수 있다. 차별금지법은 노동, 사회복지, 교육, 행정 등 사회 각 분야에서 차별받지 않기 위한 가장 포괄적이고 기본적인 법이다. 차별 행위를 구체적으로 정해서 금지하고, 차별을 받았을 때 어떻게 구제받을 수 있는지를 정한다. 차별을 예방하기 위해 국가와 지자체, 기업 및 개인이 해야 할 일을 규정한다. 차별금지법을 통해 생활동반자 관계에 대한 차별을 포괄적으로 금지한 다음, 각종 법규와 정책으로 구체적인 평등을 이뤄 나가는 게 정석이다.

불행하게도 한국에는 차별금지법이 없다. 시민사회와 유엔 등 국제사회에서 한국의 차별금지법 제정을 적극적으로 요구하는데도 말이다. 정부는 2007년부터 차별금지법 제정을 고민하고 있으나 앞으로 나아가지 못하고 있다. 가장 큰 이유는 성적 지향, 성별 정체성에 대한 차별금지를 보수 기독교 세력에서 극렬하게 반대하고 있기 때문이다. 성소수자의 존재 자체를 부정하는 비합리적인 입장에 막혀 차별금지법 입법에 대한 제대로 된 논쟁조차 시작하지 못하는 상황이다.

차별금지법이 먼저 생길지, 생활동반자법이 먼저 생길지는 알 수 없다. 생활동반자법이 먼저 생긴다면 차별금지법에 생활동반자 관계 여부가 차별금지 항목으로 포함되어야 한다. 차별금지법이 먼저 생기면 동거 여부가 차별금지 항목으로 들어가거나 가족 형태에 대한 차별금지가 민법상 친족 관계 외에도 폭넓게 적용될 수 있도록 해야 한다.

현행법 중에서 국가인권위원회법이 차별을 가장 포괄적으로 금지하고 있다. 국가인권위원회법에서 차별금지 항목에 '생활동반자 관계 여부'를 포함하도록 개정이 필요하다. 이를 통해 행정, 고용 등 분야에서 생활동반자 관계를 맺었다는 이유로 차별을 받았을 경우, 국가인권위원회에 구제신청을 할 수 있도록 해야 한다. 나아가 국가인권위원회가 생활동반자 관계 여부에 따른 차별을 예방하기 위한 사회적 교육을 실시할 수 있다.

아동복지법은 모든 아동이 자신 또는 부모의 성별, 연령, 종교, 사회적 신분, 재산, 장애 유무, 출생지역, 인종 등에 따라 차별받지 않도록 한다. 여기에 '가족 형태'를 포함하여 생활동반자 사이에서 자라는 아이에 대한 차별을 금지할 필요가 있다. 아동복지법상 차별금지 항목에도 불구하고 우리 아이들이 여러 차별 속에서 자라고 있기는 하지만 말이다. 또 '남녀고용평등과 일·가정 양립 지원에 관한 법률'을 개정해 생활동반자 관계를 맺었다는 이유로 채용 및 근로상 차별할 수 없도록 해야 한다.

생활동반자가 함께 살 때

생활동반자 관계가 안정적이고 행복한 삶을 누리기 위해 국가는 어떤 권리를 보장해야 할까? 같이 살 때 꼭 필요한 권리가 무엇인지 보자.

주거권

'주거'는 법적으로 인정받지 못한 가족들이 가장 뼈저리게 느끼는 차별이다. 누구도 집 없이 살 수 없고, 함께 살 수 있는 집 없이 동거를 시작할 수 없기 때문이다. 공공주택이 로또로 불릴 만큼 귀하고, 이미 오를 대로 오른 수도권의 주거비용이 계속 오르는 상황에서 주거 문제는 차별을 가장 두드러지게 느끼게 한다. 정부가 정책적으로 주거공급을 좌지우지하는 한국 주거정책의 특성상, 정부의 가족정책은 주택정책에도 깊이 반영된다.

법외 가족은 공공임대주택을 신청할 수 없고 분양시 청약가점을 인정받지 못한다. 한정된 복지 자원을 배분하기 위해서 특정한 자격 제한이 필요하다. 가족이라고 주장하는 모든 사람에게 같은 자격을 줄 수 없기 때문이다. 문제는 혼인과 혈연 외 가족은 아무리 관계가 깊고 책임감이 커도 둘의 관계를 증명할 방법이 없다는 것이다. 주거정책의 대상조차 되지 못한다. 생활동반자법은 혼인과 혈연 외 동거 가족을 주거정책의 대상으로 만드는 일이다.

막상 들여다보면 주거 관련법에서 법외 가족을 차별하는 조항은 딱히 없다. 혈연·혼인 가족을 우선시해야 한다거나 임대, 분양정책의 대상이 민법상 친족에 한정한다고 못 박지 않았다. 주거정책의 가장 기본이 되는 주거기본법에는 주거정책의 기본원칙으로 '주거복지 수요에 따른 임대주택의 우선공급 및 주거비의 우선지원을 통하여 장애인·고령자·저소득층·신혼부부·청년층·지원대상 아동 등 주거 지원이 필요한 계층의 주거 수준이 향상되도록 할 것'과 '저출산·고령화·생활양식 다양화 등 장기적인 사회적·경제적 변화에 선제적으로 대응할 것' 등을 제시하고 있다. 이러한 원칙이 법적 가족과 아닌 사람을 차별한다고 볼 수 있지만, 오히려 사회적으로 소외된 다양한 가족을 위해 주거 지원을 강화한다고 해석할 수도 있다.

실질적인 차별은 법 자체가 아니라 법을 해석하여 행정규칙과 정책계획을 수립하는 과정에서 발생한다. 공공임대주택과 주택분양을 실무적으로 결정하는 국토교통부 '주택공급에 관한 규칙'을 보자. 여기에는 '세대'를 주택공급의 기본 대상으로 하고 있다. 규칙 제2조 제2의 3호에서 '세대'의 정의를 세대주와 함께 살고 있는 배우자, 부모 등 직계비속, 자녀 등 직계존속, 배우자의 직계비속으로 한정한다. 친족 중에서도 매우 좁은 범위만 인정하는 셈이다. 또 주거기본법에 따라 국토교통부가 수립하는 주거종합계획과 각 광역지자체가 수립하는 시·도 주거종합계획 등 정부와 지자체의 행정계획에서도 혈연·혼인 가족에 한정하여 혜택을 주고 있다.

전세자금대출, 주택담보대출 등 주택금융에서의 차별도 금융위원회의 지침이나 각 은행의 내규와 같은 행정적인 수준에서 발생한다. 금리가 낮은 정책 전세대출을 받을 때 혼인 여부로 가부와 한도금액을 결정한다. 갚을 능력을 판단할 때 법적 부부만 소득을 더해 심사를 받는다. 하지만 법 밖의 동거 가족은 주거비용 등 생활비용으로 발생한 채무에 대해 같이 갚을 의무가 발생하지 않으니 금융기관으로서는 대출받을 권리를 무작정 넓힐 수 없다.

동거 가족에 대한 법적 틀이 없는 상황에서 공무원이 법을 적극적으로 해석하여 동거 가족에 대한 권리를 부여하리라 기대하기 어렵다. 게다가 주거권은 모든 사람과 깊은 연관을 맺고 있어 정책이 매우 복잡하다. 한두 줄 바꾼다고 단박에 문제를 해결하기는 쉽지 않다. 모든 생활동반자법을 만든 후 각 행정명령, 행정규칙, 계획, 조례 등 주거정책에 생활동반자를 포함하기 위한 싸움을 해야 한다.

그래도 국회의 입법 과정에서 할 수 있는 조치가 없는 것은 아니다. 앞서 언급한 주거기본법에서 주거 지원이 필요한 계층에 생활동반자 가구를 포함할 수 있다. 하지만 모든 생활동반자 가구가 저소득층이 아닌 만큼 생활동반자 가구 전체를 주거지원계층으로 하기 어렵다. '저소득층 생활동반자 가구' '노인 생활동반자 가구' 등 특별히 함께 살기를 권장해야 할 집단을 언급하도록 법을 개정할 수 있다. 또 주거기본법의 해당 조항을 그대로 따르고 있는 공공주택특별법의 주거지원계층 조항을 함께 개정할 수 있다.

또 노인복지주택에 생활동반자와 함께 입주할 수 있도록 노인복지법 개정도 필요하다. 노인복지주택은 60세 이상 노인이 입주할 수 있는 노인복지시설의 한 종류로, 공공에서 임대하거나 민간주택에서 만든 주택에 각종 지원을 한다. 민간이 운영하는 노인복지주택을 흔히 실버타운이라고 부른다. 현행법은 입주대상 노인의 배우자, 미성년 자녀, 손자녀 등 친족에 한해서 입주하도록 한다. 노인복지주택에 생활동반자와 함께 입주할 수 있으면 노인이 더 적극적으로 생활동반자 관계를 맺을 것이다.

피부양자 인정의 문제

우리 법은 가족 중 한 사람이 버는 돈으로 생활하는 가족을 피부양자로 인정하고 여러 혜택을 준다. 소득세 인적공제, 국민건강보험 통합 부과 등이 대표적이다. 피부양자 제도는 노동자가 가족을 부양할 때 드는 비용을 정부가 일부 부담하는 효과가 있다. 하지만 일각에서는 피부양자 혜택이 실질적인 도움이 되기보다 가족의 부양 책임을 강조하는 시늉에 불과하다고 비판한다. 이런 입장은 모든 국민이 고르게 소득에 따라 세금을 내고, 가족에 대한 부양 부담 없이 개인으로서 충분한 사회복지를 받아야 한다고 본다.

생활동반자법은 가족으로서 부담을 줄이고, 같이 사는 즐거움을 되찾기 위한 법률이다. 개인의 권리와 자유를 강조하며, 가족의 부양 책임보다 개인 중심의 보편복지를 강조하는 주장과 흐름을 같이 한다. 따라서 생활동반자법에서 피부양자 제도를 강화하면 논리적으로 맞지 않다는 비판이 있을 수 있다. 가족보다 개인을 강조하는 생활동반자법이 다시 가족의 부양 책임을 강화하는 것 아니냐는 지적이다. 일리 있는 말이다.

하지만 혈연·혼인 가족이 피부양자 혜택을 받는데, 마찬가지로 서로 부양 책임이 있는 생활동반자 관계에 피부양자 혜택을 주지 않으면 이는 차별이 된다. 또 피부양자 혜택은 국민에게 직접적으로 와 닿는 만큼 혜택을 확대할 필요가 있다. 생활동반자 관계에서 피부양자 혜택을 인정하는 것과는 따로 또 같이 개인 중심의 보편적 복지로 전환을 준비해야 한다.

- 소득세 인적공제 인정

우선 소득세의 문제부터 살펴보자. 봉급생활자는 연말정산, 자영업자라면 종합소득세 신고 때 소득세 확정신고를 한다. 소득세법에서 가족을 부양하는 노동자의 부양의무를 덜어주기 위해 다른 가족을 먹여 살리는 노동자의 소득세를 줄여준다. '인적공제'라는 제도다. 소득이 없는 가족의 부양을 위해 그만큼 돈을 더 썼다고 가정하고 세금의 기준이 되는 소득을 낮춰 세금을 덜 내게 해주는 것이다. 소득이 없는 배우자의 경우, 1년당 연 150만 원의 소득을 공제한다. 그리고 배우자가 만 70세 이상이면 연 100만 원, 장애인이면 연 200만 원을 추가로 공제한다.

생활동반자도 서로 함께 살며 돌보는 관계이기 때문에 부양관계로 인정해 같은 인적공제가 필요하다. 소득세법 제50조(기본공제)와 제51조(추가공제) 조항을 개정해 한 쪽이 소득이 없을 경우, 소득세를 낮춰 주어야 한다. 물론 현행법처럼 피부양 관계는 혈연·혼인 가족을 포함해 한 사람과만 인정받을 수 있다.

- 국민건강보험 직장가입자 피부양자 인정

국민건강보험료를 낼 때 피부양자 인정은 중요하다. 법 개정이 필요한 사항을 얘기하려면 현행 체계를 간단하게 설명해야 하는데, 국민건강보험 체계를 한 두 문단으로 쉽게 설명하는 일은 어렵다. 내가 왜 보험료를 이만큼 내야 하는지 모르고 그저 내라는 대로 내는 사람들이 태반일 것이다. 국민건강보험 납부 체계에는 가족, 부양, 소득 및 재산이 복잡하게 엉켜 있다.

국민건강보험은 사실상 전 국민이 혜택을 받는 보편적 복지가 되었지만, 도입 당시에는 공무원과 대기업 노동자, 그 가족에게만 주어졌다. 그러다 중소기업 사업주와 노동자의 가족까지 확대되고 현재 지역가입 제도를 통해 혼자 일하는 개인사업자와 소득이 없는 사람까지도 국민건강보험의 혜택을 받는다.

의료보험이 특혜였기 때문에 보험 가입자의 가족, 즉 피부양자로 인정받는 건 중요한 문제였다. 과거에는 같이 사는 친족뿐 아니라 따로 사는 부모, 배우자의 부모까지 어떻게든 피부양자로 포함시키려고 노력했다. 국민건강보험이 선별적 복지에서 보편적 복지로 확대되어온 역사적 맥락 때문에 피부양자 문제는 아주 복잡하게 얽혀 있다.

직장가입자와 지역가입자는 피부양자 인정 문제에서 차이가 난다. 직장가입자는 급여 생활자나 종업원을 둔 자영업자에 해당하고, 급여에서 일정 비율의 건강보험료를 미리 공제한다. 소득이 없고 재산이 적은 직장가입자의 가족은 직장가입자의 피부양자로 등록할 수 있다. 피부양자가 많아진다고 해서 보험료가 올라가지는 않는다. 피부양자의 범위는 함께 사는 배우자, 부모자식뿐 아니라 조건에 따라 함께 살지 않는 배우자, 부모자식, 조부모, 형제까지 광범위하다. 그 조건은 '국민건강보험법 시행규칙'에서 3쪽에 걸쳐 기술될 정도로 복잡하고 까다롭다. 좋은 직장에 다니는 사람의 특권이던 시절의 흔적이 여전히 남아 있는 것이다.

지역가입자는 근로소득이 따로 없는 사람과 종업원 없이 혼자 일하는 자영업자에 해당한다. 지역가입자는 세대별로 보험료가 부과되는데, 세대 구성원 전체의 금융·임대·일시근로 등 전체 소득과 재산을 고려하여 보험료가 책정된다. 따라서 세대원이 늘어나면 보험료도 같이 올라간다. 세대주 명의로 보험금을 낸다고 해도 피부양자가 아니라 모든 세대원이 힘을 합쳐 내는 것이라고 보면 된다.

똑같은 무직자인데도 누구는 비싼 지역보험료를 내고, 누구는 직장에 다니는 가족이 있어서 건강보험료를 안 내는 건 도통 불공평하게 느껴진다. 지역가입자가 직장가입자에 비해 보험료 부담이 많다는 비판이 계속 제기되고 있다. 특히 돈 버는 가족이 없다는 이유만으로 직장가입자 피부양자가 되지 못하고 보험료를 따로 더 내야 하는 건 차별이다.

고령화로 은퇴 생활자가 많아지고 노동 시장이 불안정해지는 상황은 문제를 더 복잡하게 한다. 특히 결혼을 안 하고 자녀가 없는 사람은 본인이 퇴직하면 바로 지역가입자가 될 가능성이 크다. 직장가입자와 지역가입자를 오가는 사례가 많아지면서 직장가입자를 큰 틀로 하고 이에 속하지 못하는 사람을 지역가입자로 보완하는 제도적 틀 자체가 흔들리고 있다. 직장가입자와 그 피부양자의 안정적인 신분이

하나의 특권이 되면서 지역가입자에 대한 차별 혹은 가족이 없는 사람에 대한 차별이 더 두드러진다.

이미 꼬일 대로 꼬인 국민건강보험 피부양자 제도에 생활동반자 관계까지 얹어지면 문제가 더 복잡해진다. 국민건강보험이 보편적 복지가 된 만큼 가족관계와 무관하게 소득과 재산이 있는 사람에게 보험료를 부과하고 전 국민이 혜택을 받도록 하자는 주장이 있다. 사회복지를 위한 세금으로서의 성격이 조금 더 강해지는 것이다. 개인적으로 이에 찬성한다. 가족 형태도, 노동 시장도 다양해지고 있는 만큼 직장가입자와 피부양자 중심의 제도는 한계가 분명하다. 이렇게 개선되면 생활동반자법에 굳이 국민건강보험법 개정을 포함할 필요가 없다. 하지만 많은 이해관계와 역사적 흔적을 가진 국민건강보험의 개혁이 간단하지는 않을 것이다.

현행 국민건강보험에는 가족 형태에 대한 차별과 고용 상황에 대한 차별이 겹쳐 있다. 모든 국민이 영향을 받는 데다가 보험료를 현금으로 내다 보니 체감도가 높은 차별이다. 그렇기 때문에 생활동반자가 직장가입자의 피부양자가 될 수 있도록 법 개정이 필요하다. 이는 혈연·혼인 가족에 한정된 제도적 틀을 더 확장하는 것이다. 하지만 한편으로는 생활동반자 관계도 맺을 수 없는 사람에 대한 차별은 여전하다. 평등의 틀은 더 넓어지지만 그 안으로 들어가기 위한 차별의 장벽이 여전히 남는다.

도와줄 권리

함께 사는 사람을 돕기 위해서는 정성뿐 아니라 제도적 규정이 필요하다. 가족을 돕는 행위가 타인의 권리를 침해할 때가 있기 때문이다. 쉽게 말해 회사에 피해를 주지 않기 위해 아픈 가족을 방치하는 일이 생긴다는 말이다. 그래서 가족을 도울 수 있는 권리와 한계가 법률로 규정된다. 생활동반자 관계에서도 실질적으로 서로를 도울 수 있도록 법률을 개정해야 한다.

- 돌봄휴직

'남녀고용평등과 일·가정 양립 지원에 관한 법률'은 질병, 노령, 사고로 가족에게 돌봄이 필요할 때 노동자는 1년에 최대 90일까지 휴직을 할 수 있도록 한다. 이는 3회까지 나누어 사용할 수 있다. 원칙적으로 무급휴직이지만 단체협약 등에 따라 급여를 일부 또는 전체 지급할 수 있다. 하지만 가족돌봄휴직제도 자체가 널리 쓰이지 않는다. 휴직 30일 이전까지 고용주에게 통보해야 해서 갑작스럽게 가족이 아플 경우 사용할 수 없고, 원칙적으로 고용주는 휴직 신청을 거절할 수 없지만 이런저런 이유로 빠져나갈 수 있다. 무엇보다 법적으로 보장된 휴가, 휴직도 온전히 쓸 수 없는 기업문화가 가장 큰 장벽이다.

그럼에도 생활동반자가 아프거나 사고가 났을 때 돌봄휴직을 사용할 수 있도록 법을 개정해야 한다. 더불어 생활동반자의 자녀와 함께 사는 경우 범위를 생활동반자의 자녀까지 확대해야 한다. 이미 법적으로 권리가 있는 혈연·혼인 가족조차 제대로 활용하지 못하는 제도를 생활동반자가 쓸 수 있도록 하자는 주장이 조금 부질없게 느껴지기도 한다. 하지만 생활동반자법을 통해 '함께 사는 사람을 돌볼 권리'에 대해 사회적으로 확인하는 계기가 된다면 혈연·혼인 가족 간 권리도 더욱 강화될 것이다.

- **출산 휴가와 육아휴직**

'남녀고용평등과 일·가정 양립 지원에 관한 법률'에서 배우자가 출산할 경우 3~5일 출산 휴가를 준다. 출산한 배우자와 아기를 돌볼 수 있도록 하는 것이다. 생활동반자 관계에서 산모와 아이를 돌보기 위해 산모의 생활동반자에게 출산 휴가를 보장해야 한다.

물론 생활동반자 관계는 이성 간 성애적 관계를 전제로 하지 않기 때문에 태어난 아기가 생물학적으로 본인의 아이일 수도 또는 아닐 수도 있다. 가령 생활동반자 관계인 친구의 혼외 출산일 수 있다. 생활동반자 관계에 보장하는 '동거인 출산 휴가'는 출산 휴가 제도의 초점을 생물학적 부모 여부보다 돌봄 필요 여부로 옮겨갈 수 있도록 하는 상상력을 부여한다.

생활동반자법의 범위를 벗어나는 이야기지만 정부가 혼외출산에 대한 차별을 없애고 싶다면 배우자나 생활동반자가 아니더라도 모든 출산과 유산에 대해 돌볼 권리를 부여할 수 있어야 한다. 좁게는 산모의 부모, 형제자매, 친척 등 친족이, 넓게는 법적인 관계와 무관하게 산모가 신뢰할 수 있는 사람 한 명을 지목해 유급휴가를 받을 수 있도록 해야 한다. 산모가 도움 받을 관계가 없다면 공공 산모보조사를 지원하는 등의 고민이 함께 진행되어야 한다.

자신의 자녀가 아닌 생활동반자의 자녀에 대한 육아휴직 역시 고민해야 할 과제다. 법적으로 친권과 양육권이 없는 아동을 기르기 위한 육아휴직은 논란의 소지가 있다. 친부와 친모도 육아휴직 권리를 보장받지 못하고, 육아휴직이 다른 노동자의 업무과다로 이어지는 현 상황에서는 더욱 그렇다. 하지만 모든 아동이 가족 형태와 무관하게 충분한 돌봄을 받고, 돌봄이 생물학적 부모 여부에 따른 의무나 특혜가 아니게 하려면 함께 사는 책임 있는 성인 누구에게나 아동을 돌볼 의무와 권리를 나누어야 한다고 생각한다. 일정 기간 이상 생활동반자 관계를 유지한 자에 대해 생활동반자 자녀를 위한 육아휴직 권한을 주거나 부모의 사회복귀 지원을 위해 단기간 생활동반자 육아휴직을 인정하는 등 타협점을 찾을 수 있다.

- **가족요양보호 제도**

노인장기요양보험은 돌봄이 필요한 노인이 집 또는 요양시설에서 요양보호사 등에게 적절한 돌봄을 받을 수 있도록 하고, 국가는 노인장기요양보험금을 통해 비용을 지원한다. 가족요양보호는 요양보호사 파견, 요양시설 등을 이용하지 않고 집에서 직접 노인을 돌보는 가족을 지원하는 제도다. 요양보호사 자격증을 딴 가족구성원이 노인을 돌보면 조건에 따라 한 달에 30~80만 원 정도 지원금이 나온다.

여기서 가족은 '민법상 가족'으로 배우자 또는 8촌 이내의 친족에 한정된다. 생활동반자 관계에서 일방을 돌볼 때도 지원을 받을 수 있도록 생활동반자도 가족요양보호 제도에 포함되도록 해야 한다. 노인장기요양보험법과 시행령 개정이 필요하다.

• 수형자의 돌봄 권리

가족이 수감 상태가 되어 일상적으로 서로를 돌볼 수 없는 상황에서 '돌볼 권리'에 대한 질문을 던지게 된다. 갇힌 쪽, 기다리는 쪽 양쪽에서 모두 말이다. 우리 법은 형벌을 받아 서로 떨어져 지내야 하는 상황에서도 최소한의 가족관계를 유지하고 인간다운 삶을 유지하도록 가족에 대한 권리를 정해 놓고 있다. '형의 집행 및 수용자의 처우에 관한 법률'에서 관련 내용을 규정한다.

수형자를 돌보면 접견이 가장 먼저 떠오를 것이다. 접견권에서는 접견 허용 횟수와 더불어 차단시설 없이 하는 접견, 통칭 '특별접견' 허용 여부가 중요하다. 법적으로 가족이라 하여 접견권이 특별히 더 보장되지 않는다. 미성년자

자녀가 수형자를 접견할 때 말고는 법적으로 보장된 예외는 없다.

단, 여러 사정을 고려해 접견 횟수를 늘려주거나 특별접견을 허용하는 경우가 종종 있는데 이는 교도소장의 재량에 달렸다. 교도소장은 위험한 행동이나 범죄 도모의 우려가 없고, 모범적으로 수형생활을 하는 경우 접견에 특혜를 준다. 이때 접견인이 가족인지 아닌지는 매우 중요하다. 특히 가족이 많이 아프거나 배우자가 임신을 했으면 특별접견을 허용하는 경우가 많다. 여기서 교도소장은 수형자의 '인간적 사정'을 판단할 권력을 가진다. 생활동반자의 법적인 틀이 생기면 그들도 가족처럼 인정을 받을 수 있지만, 교도소장이 생활동반자 관계에 대해 편견을 갖고 차별할 수도 있다.

가족이라고 무조건 접견 특혜를 받지는 않아서 생활동반자에게 접견 특혜를 부여하자고 할 수는 없지만, 생활동반자 관계도 소중한 관계로 여길 수 있도록 행정적인 지침이 필요하다. 수형자는 죄를 지어 자신의 기본권을 제약받는 처지지만 그의 '인간적 사정'이 무엇인지, 그가 어떤 상황에서라도 보고 싶고 신뢰하는 사람이 누구인지에 대해 스스로 결정할 수 있도록 존중하는 자세가 필요하다.

사회에서 기다리는 가족에게 큰 일이 닥쳤을 때 수형자가 최소한의 돌봄을 할 수 있게 만든 '귀휴'도 비슷하다. 귀휴는 가족이 위독하거나 재해를 입었을 때 짧은 기간 가족을 만나러 다녀오는 것이다. 가족이 사망했을 때 장례를 치르기 위한 특별귀휴도 있다. 귀휴 역시 남은 형기, 수감 태도의 모범성, 가족의 사정 등을 고려해 교도소장이 허락한다. 그런데 귀휴 동안 잠적하거나 자살하는 경우가 있어 교도소 입장에서는 굉장히 보수적으로 판단한다. 애초에 귀휴는 못 한다고 생각하는 수형자가 대부분이다. 대신 '작업면제'라는 제도가 있어 가족이 사망하면 이틀, 부모나 배우자의 기일 역시 하루 동안 작업을 면제해준다.

생활동반자가 사망하거나 위독할 때와 큰 재해를 입었을 때 귀휴, 특별귀휴가 가능하도록 법 개정이 필요하다. 또 생활동반자의 기일에는 작업을 면제하도록 해야 한다. 하지만 가족상에 대한 귀휴도 쉽지 않은 상황에서 생활동반자를 위한 귀휴 근거조항을 만든다 해도 현실적으로 집행될 가능성은 크지 않다. 생활동반자 관계에 대해 경중을 고려하여 인간적 도리를 지킬 수 있도록 편견 없는 집행이 법 개정과 함께 필요하다.

대신 결정할 권리

성인은 스스로 결정하고 또 책임지는 사람이지만 살다보면 스스로 결정할 수 없을 때가 생긴다. 질병이나 사고로 의식이 없을 때, 누군가 내 입장에서 최선의 이익을 고려하여 선택해주어야 한다. 우리 법은 통상 배우자, 부모자식, 형제자매 순으로 결정권을 부여한다. 법적인 가족이 나를 가장 사랑하는지, 그의 판단력이 가장 믿을 만한지, 내 사정을 잘 아는지 묻지 않는다. 다만 혈연과 혼인으로 묶여 있다는 이유로 결정권이 자동적으로 생긴다.

이런 사정은 친족의 민법상 권리와도 관련이 있다. 나에게 피해가 생겼을 때 혈연·혼인 가족은 손해배상을 청구할 수 있고 나의 경제활동으로 부양을 받을 수 있으며 사망 시 상속받을 수 있는 권리가 있다. 친족은 법률로 이해관계가 엮여 있기 때문에 나에 대한 조치가 친족의 이해관계에도 영향을 미친다. 그래서 본인의 동의 없는 조치로 향후 손해배상청구 등 문제가 생기지 않도록 가족의 동의를 구하기도 한다.

생활동반자 관계는 두 성인이 서로를 믿고 신뢰한다고 인정한 관계다. 또 서로에게 부양받을 권리가 있다. 따라서 생활동반자에게 나를 대신해 결정할 권리를 일부 부여해야 한다. 한편, 생활동반자에게 전적인 결정권을 주면 관계가 자칫 무거워질 수 있다. 혈연·혼인 가족이 없거나 사이가 안 좋은 사람은 생활동반자에게 전적인 권리를 주고 싶겠지만, 생활동반자법을 이용하는 모든 사람이 생활동반자에게 혈연·혼인 가족과 같은 권리를 부여하고 싶지는 않을 수 있다. 또 기존 혈연가족이 권리침해에 반발하면 생활동반자 등록이 어려워질 수 있다. 게다가 생활동반자는 일방적인 해소가 가능한데, 상대방의 운명을 얼마나 끝까지 함께 책임질 수 있는가 하는 문제도 있다.

생활동반자 관계를 맺는 당사자의 뜻을 가장 정확히 반영하면서 서로의 권리가 침해되지 않아야 한다는 원칙이 있어야 한다. 이러한 원칙 아래 생활동반자 관계에서 서로를 대신해 결정할 권리를 어디까지 부여할 것인지, 어떠한 세부 선택지를 만들 수 있는지 고민해보자.

• 수술 등 의료결정권

동거 커플을 만나보면 주거권과 더불어 의료결정권을 가장 크게 걱정한다. 같이 사는 사람에게 급한 수술이 필요할 때 보호자로 인정받지 못해 수술동의서에 서명할 수 없었다는 토로가 많았다. 지금까지 그런 일이 없었다고 하더라도 언젠가 그럴 수 있다고 우려하기도 한다. 아픈 상대를 두고 하릴없이 같이 살지 않는 다른 가족을 기다려야 했던 무력감은 법적으로 인정받지 못하는 자신의 처지를 실감하게 하고 큰 상처를 남긴다.

그런데 현행법으로 수술할 때 '가족'의 동의가 필요한지 자체가 좀 애매하다. 의료법 제24조의2에 따르면 '의사·치과의사 또는 한의사는 사람의 생명 또는 신체에 중대한 위해를 발생하게 할 우려가 있는 수술, 수혈, 전신마취를 하는 경우 진단명, 수술방법, 예상되는 후유증이나 부작용 등을 환자에게 설명하고 서면으로 그 동의를 받아야 한다'고 규정한다. 수술이나 내시경 진단 등을 앞두고 서명한 기억이 있을 것이다.

환자가 의사 결정 능력이 없는 경우, 법정대리인이 동의서를 적도록 되어 있다. 그런데 성인에게는 보통 법정대리인이 없다. 법정대리인은 말 그대로 법이 정해 놓은 대리인이라는 뜻이다. 미성년자의 법정대리인은 부모 혹은 부모가 없을 경우 법원이 정한 후견인이다. 성인은 장애, 질병, 노령 등 제약으로 의사 결정 능력이 지속적으로 없을 때에만 법정대리인을 선정한다. 그러니까 법원이 후견인을 지정하지 않은 성인은 본인이 직접 동의를 해야 한다. 갑작스러운 사고나 질병으로 본인이 동의를 할 수 없는 경우 누가 대신 결정을 할 수 있는지는 애매하다.

병원에서는 해당 조항을 적극적으로 해석해서 배우자, 부모자식 등 가까운 가족에게 동의를 받는다. 여기서 '가족'의 범위는 병원의 사정에 따른다. 유명 대형병원의 내부 규칙을 다른 병원들에서 별다른 고민 없이 따르는 경우가 많다. 여러 번 캐물어도 법적으로 '가족'이어야만 한다는 대답을 얻을 것이다. 매우 위급한 경우 가족의 동의 없이 수술하기도 하지만 웬만하면 가족동의서를 받을 때까지 수술을 미룬다.

어떤 병원은 환자가 의식이 있어서 수술에 동의해도 굳이 가족동의서를 추가로 요구한다. 특히 고령 환자는 의사 결정 능력에 문제가 없어도 가족의 동의를 추가로 확인하는 경우가 많다. 장애인의 경우에 의사 판단 능력에 문제가 없는데 보호자 동의를 자의적으로 요구하는 차별적인 사례가 있다. 또 수술 등 치료에 대한 동의뿐 아니라 입원비를 미납하는 사태를 막기 위해 지급보증인으로서 보호자의 입원동의를 구하는 경우도 있다.

병원이 가족에게 동의서를 받으려고 하는 이유는 환자와 가족에게 최대한 정보를 주고 신체에 대한 결정권을 보장하려는 목적이다. 한편으로는 의료사고나 수술 후의 후유증, 부작용 등에 대한 책임을 피하기 위해서이기도 하다. 가족이 수술에 대해 동의한다고 해서 의료사고 책임을 온전히 면제받지는 않지만, 위험요소에 대해 병원과 의사가 가능한 모든 방식으로 설명했다는 증거는 향후 법적 과정에서 매우 중요하다. 그렇기 때문에 병원 측은 법원에서 객관적으로 가깝다고 인정할 만한 관계가 아니면 의료결정권을 대신 행사하는 일을 허락하지 않는다.

가족만 수술입원 동의를 할 수 있도록 한 건 환자의 의학적 상태에 대한 정보를 누구에게 알릴 수 있는지와도 연관된다. 의료행위 동의서를 쓰려면 환자의 정확한 상태를 알려주어야 한다. 환자의 병적 정보는 매우 내밀한 개인정보이고 의료인은 비밀누설 금지의 의무가 있다. 환자와의 관계를 객관적으로 증명할 수 없는 상대에게 환자의 상태를 설명하면 그 자체가 범죄행위가 될 수 있다. 의료행위 동의서를 받기 위한 전제부터 동거인 관계에서는 성립할 수 없는 것이다.

환자의 병적 정보를 누구까지 공유할 수 있는지는 법적

으로 애매하다. 의료법에서는 친족이 환자의 동의서를 가져오면 의료 정보를 열람하고 사본을 발급받을 수 있도록 한다. 환자가 사망하거나 의식이 없으면 배우자, 부모, 자녀, 배우자의 부모가 진단서 등을 발급받을 수 있다. 이런 조항에서 추론할 때, 환자가 의사 결정을 할 수 없으면 배우자, 부모, 자녀, 배우자의 부모 정도가 환자의 의료정보를 알 수 있는 범위이다. 이런 법적 자격은 수술동의를 할 자격을 판단하는 하나의 기준이 된다.

이렇듯 본인이 의사를 결정할 수 없는 상황에서 의료결정권은 법적으로 여전히 모호한 부분이 많다. 생활동반자법과 무관하게 명확히 개선될 필요가 있다. 같이 살아 상황을 가장 잘 아는 동거인이 의료결정권을 대신 행사할 수 없는 것도 문제지만, 위급한 상황에서 가족에게 무조건 대신 결정할 권리를 부여하는 것도 문제다. 사람에 따라 가족 사정은 생각보다 복잡할 수가 있기 때문이다. 가족과 연락이 잘 되지 않을 수 있고, 가족을 신뢰할 수 없거나 상황을 알리고 싶지 않을 수도 있다.

여러 사정으로 가족과 연락을 끊고 사는 사람들이 많다. 장애인, 성소수자 등 사회적 편견이 있는 집단은 가족에게 버림 받기도 한다. 부양 책임을 피하고 수급자로 인정받으려고 아예 연락을 끊는 빈곤층도 많다. 그리고 인체면역결핍바이러스(HIV/AIDS)나 정신질환 등 환자의 상태에 사회적 편견이 있는 경우 가족에게 병을 알리기 꺼려하는 사람도 있다. 이런 상황에서 가족의 동의를 받아야만 수술을 받을 수 있다면 환자의 권리가 심각하게 침해된다.

　혈연·혼인 가족에게 무조건 대신 결정할 권리를 부여하고 동거인이라고 배제하는 이분법을 넘어서야 한다. 건강하거나 의사 결정을 할 능력이 있을 때 의료행위를 대신 결정할 권리를 누구에게 위임할지 미리 결정할 수 있어야 한다. 따로 위임할 사람을 정하지 않으면 민법과 의료법 등에 따라 가족이 대신 결정할 수 있겠지만, 생활동반자 등 친족이 아닌 사람을 더 신뢰하면 사전에 이러한 의사를 밝히고 지정할 수 있도록 근거조항을 만들어야 한다. 위임받을 사람의 범위를 친족과 생활동반자로 한정하거나 법적 관계와 아예 무방하게 신뢰하는 자를 정할 수 있다.

　물론 위임받은 사람이 환자가 의식이 없을 때 진단서 등을 발급받아 의료정보를 볼 수 있도록 해당 의료법 조항을 함께 개정해야 한다. 의식이 있을 때도 환자의 동의하에 의료정보를 열람, 사본발급 할 수 있도록 하여 생활동반자가 환자를 실질적으로 돌보고, 의료결정을 도울 수 있도록 해야 한다.

- **연명치료 거부 결정권**

최근 의료현장에서는 '연명치료' 결정권에 대한 논란이 뜨겁다. 연명치료는 의학적으로 회생가능성이 전혀 없는 환자의 생명을 유지하기 위해 진행하는 치료를 말한다. 존엄사는 연명치료를 거부하고 자연스러운 죽음을 맞이하는 일이다. 2018년 일명 존엄사법이라 불리는 '호스피스, 완화의료 및 임종과정에 있는 환자의 연명의료 결정에 관한 법률'이 시행되면서 존엄사 사례가 증가하고 있다.

연명치료 중단은 환자가 의식이 없을 때 진행되기 때문에 누가 환자를 대신해 중단 여부를 결정할지가 주요한 쟁점이다. 환자 본인이 의식이 있을 때 연명의료를 하지 않겠다고 명확한 의사를 서면 등으로 남겨두면 다툼의 소지가 적지만, 아직 제도가 시작하는 단계라 그러지 못한 경우가 많다. 현행법은 환자의 배우자, 부모, 자녀가 모두 동의하면 연명치료를 중단할 수 있다.

연명치료 중단을 위한 동의가 필요한 대상에 생활동반자를 포함해야 한다. 혈연가족과 생활동반자가 환자의 사망에 따른 이해관계가 다를 수 있어서 생활동반자에게도 자신의 권리에 대한 방어권이 필요하다. 생활동반자는 상속권이 없다. 따라서 때에 따라 어떤 냉혹한 혈연·혼인 가족이 상속 문제로 환자의 죽음을 당기거나 미루려 할 때 다른 결정을 할 수도 있다. 환자가 사망할 때 같이 살던 집에 대한 정리, 임차권 등을 조정해야 하기 때문에 생활동반자와 혈연·혼인 가족 간 갈등이 있을 수 있다.

- 인신구제

인신보호법은 재판 등 형사법적 절차 없이 감금되었을 때에

구제를 청구할 수 있는 법이다. 살면서 인신구제를 신청할 일은 많지 않다. 주로 정신병동이나 요양시설에 타의로 입원 또는 수용된 경우, 이를 구제하기 위한 방법으로 인신보호법이 이용된다. 하지만 2017년 정신보건법이 개정 시행되면서 타의에 의한 입원이 까다로워지고, 정신보건법에 퇴원을 원하는 환자를 구제하는 절차가 마련되면서 인신보호법을 활용할 경우는 더 적어졌다.

그러나 인신보호법은 '모든 국민은 신체의 자유를 가진다. 누구든지 법률에 의하지 아니하고는 체포·구속·압수·수색 또는 심문을 받지 아니한다'는 헌법상 신체의 자유를 가장 직접적으로 표현하는 법이다. '신체의 자유'는 현대 법치주의의 시작점이다. 모든 권력은 덫을 놓아 약한 사람을 가두고 자신이 원하는 바를 이루려고 할 소지가 있다. 일생에서 인신보호법을 적용할 일은 없어야 하겠지만 인간의 근본적인 자유를 명시하고 있는 매우 중요한 법이다.

현행 인신보호법에 따르면 불법적으로 갇혔을 때 피수용자 본인, 후견인, 배우자, 직계혈족, 형제자매, 동거인, 고용주 또는 수용시설 종사자 등은 법원에 이를 알리고 구제신청을 할 수 있다. 이때 생활동반자에게도 구제신청 자격을 부여하는 법 개정이 필요하다. 특히 시설, 병원 등에 의한 강제입원, 강제수용은 대체로 혈연가족에 의해 이루어진다. 가족은 이해관계가 복잡하게 얽힌 만큼 때로 가장 잔혹한 타인이 된다. 재산 처분이나 부양을 회피하려는 가족에 의해 억지로 갇혔을 때, 생활동반자는 피수용자가 유일하게 기댈 수 있는 사람이 될 수 있다.

비혼 독신자의 친양자 입양 허용

생활동반자법을 이야기하다 보면 생활동반자 관계에서 입양이 가능한지 종종 질문을 받는다. 반대하거나 기대하는 양측 모두에서 말이다. 생활동반자법에 반대하는 입장에서는 입양된 아이가 혼란스럽고 불안정한 가족 사이에서 자랄 것이라 걱정한다. 찬성하는 입장에서는 입양할 권리가 보장되지 않으면 법의 의미가 떨어진다고 말한다. 그만큼 아이를 기르는 일은 가정 생활의 궁극으로 여겨진다.

입양권은 생활동반자법과 밀접하게 연관된 주제이지만 단지 생활동반자 관계에 입양을 허용할 것이 아니라, 비혼 독신인도 입양할 수 있도록 해 차별을 해소해야 한다. 사실 부모로서 아이를 입양하려는 커플이 굳이 생활동반자법을 이용할 경우는 많지 않을 것이다. 입양에 소극적인 한국에서 아이를 양육하면서 안정적 관계를 유지하려는 커플이 혼인이 아니라 생활동반자를 선택해야 할 이유는 별로 없다. 예외가 있다면 동성 부부의 입양권인데, 2부 '생활동반자는 동성애자를 위한 법이다?'에서 강조한 것처럼 동성 부부와 이성 부부 사이의 차별에 대해서는 생활동반자법과는 조금 다른 논쟁을 거쳐 해결해야 한다.

혼인과 무관하게 독신자로서 아이를 입양하려는 사람

이 있을 수 있다. 생활동반자 관계의 입양권이 아니라 독신자의 입양권을 어떻게 할 것인가가 쟁점이 되어야 한다. 독신자의 입양권이 폭넓게 보장된다면 생활동반자 관계이든 아니든 더 다양한 가족의 입양권이 보장될 수 있다. 생활동반자 관계는 법적으로 언제든 헤어질 수 있는 관계를 가정하는 것이기 때문에 독신으로서 입양된 아이를 잘 기를 수 있는 환경을 갖추지 못하면 생활동반자로 맺어진 가정을 다른 비혼인에 비해 우대하기 어렵다.

우리 민법은 입양을 '일반 입양'과 '친양자 입양'으로 나눈다. 일반 입양은 친부모와의 법적 관계를 유지하면서 양부모가 생기는 것이다. 반면 친양자 입양은 생물학적 부모와의 법적 관계를 끊고 새로운 부모 사이에서 출생한 것과 같은 법적 관계를 만든다. 둘 다 부모 자식으로서 부양과 상속의 의무가 발생한다. 하지만 일반 입양의 경우 양부모의 성과 본으로 바꾸려면 별도의 재판을 거쳐야 하고, 친부모 관계가 가족관계등록부에 여전히 기록된다. 입양 후에도 친부모와의 부모 자식 간 관계가 우선한다.

성인이라면 혼인 여부와 무관하게 일반 입양을 통해 양부모가 될 수 있다. 입양되는 사람이 미성년자인 경우 가정법원의 허가가 필요하다. 비혼인 배우 홍석천 씨의 조카 입양이 이와 같은 사례다. 독신자의 일반 입양은 홍석천 씨처럼 지인의 자녀를 부양하기 위해 이뤄지는 경우가 많다. 주로 친부모가 동의했거나 사망한 경우다.

독신자가 입양기관 등을 통해 연고가 없는 아동을 일반 입양하는 일은 아직 드물다. 독신자가 입양을 시도하는 사례 자체가 별로 없기도 하거니와 입양기관의 입양 심사를 통과하기가 어렵기 때문이다. 입양기관은 아이가 안정된 좋은 가정에서 자라도록 제대로 심사해야만 한다. 한국에서 입양기관은 남편과 아내로 이루어진 정상 가족을 좋은 가정의 조건으로 보는 경우가 많다. 특히 많은 입양기관들이 종교적 배경이 있어 더 보수적인 경향이 있다. 일반 입양의 경우, 법 개정보다는 실질적인 입양 과정의 편견을 극복해야 한다.

친양자 입양의 경우, 민법상으로 혼인한 지 3년이 넘은 부부만 가능하다. 생활동반자법과 관련해 법 개정이 필요하다면 친양자 입양 관련 조항이다. 일정 기간이 지난 생활동반자 가구에게 친양자 입양을 허락하는 방법도 있고 생활동반자 여부와 무관하게 비혼인이 친양자 입양을 할 수 있도록 법을 바꿀 수도 있다. 후자가 더 합리적이라고 생각한다.

2010년 해당 조항이 독신자의 평등권과 가족 생활의 자유를 침해하기 때문에 위헌이라는 헌법소원이 제기되었다. 헌법재판소는 2011년 4:5로 합헌 판결을 하였다. 위헌이라는 입장이 5명으로 더 많았지만, 6명을 넘겨야 위헌 판결이 나기 때문에 합헌으로 결정되었다.

4명의 합헌 입장은 '독신자 가정은 기혼자 가정에 비하여 양자의 양육에 있어 불리할 가능성이 높다'고 보았다. 그

근거로 독신자 가정은 기혼자 가정과 달리 양부 또는 양모 혼자 양육을 담당해야 한다는 것을 들었다. 또 합헌 입장은 독신자를 친양자의 양친으로 하면 처음부터 한부모 가정을 이루게 하고 사실상 혼인 외의 자를 만드는 결과가 발생한다고 밝혀, 한부모 가정이나 혼외 출산을 부정적인 것으로 전제하였다.

반면 5명의 위헌 의견은 이 조항이 '독신자의 평등권 및 가족생활의 자유를 침해'한다고 보았다. '친양자 입양 당시 기혼이라는 점이 양자의 복리증진에 적합한 양육환경을 절대적으로 담보해주는 것은 아니'라면서 아이를 기르는 데 적합한 사람인지는 혼인 여부로 알 수 없다는 입장이다. 친양자 입양을 위한 법원의 허가과정을 통해 이 사람이 혼인 여부와 무관하게 부모로서 적합한지 판단하면 될 일이며 혼인 여부로 미리 판단할 필요는 없다는 것이다. 그리고 '편친 가정(한부모 가정)에 대한 사회적 편견은 타파되어야 할 대상인데, 이를 이유로 독신자의 친양자 입양을 봉쇄하면 오히려 사회적 편견을 강화시키는 것이어서 타당하지 않다'고 지적한다. 입양 제도가 특정한 가족 형태에 대한 차별을 강화하는 방식이 되어서는 안 된다는 것이다.

2010년대를 지나며 한국의 비혼 인구는 폭발적으로 증가했다. 더불어 사회적으로 다양한 가족에 대한 고민이 많아졌다. 독신자의 친양자 입양 불가는 2011년 불과 한 표가 부족하여 합헌 판결이 나왔지만, 지금 헌재에 다시 간다면 위헌 판결이 날 가능성이 크다. 헌법재판소에 가기 전에 국회에서 해결할 수 있으면 더 좋을 것이다. 독신자 친양자 입양 허용은 생활동반자 입법과 무관하게 바꿀 수 있다.

물론 독신자가 친양자 입양을 할 수 있게 법이 바뀐다고 해도 입양기관이나 법원의 기준에 미달해 입양을 못 할 수 있다. 혼자 양육하면 둘일 때보다 아이와 함께할 물리적 시간이 적기도 하거니와 법이 바뀐다고 사회적 편견이 일시에 해소되는 것은 아니기 때문이다.

그러나 양육은 점차 부모의 영역을 넘어서고 있다. 우선 정부의 양육지원 서비스와 시장의 다양한 상품으로 사회화, 시장화되고 있다. 또 고령화, 저출산으로 가족 환경이 바뀌면서 조부모 등 넓은 의미의 가족이 아이를 양육하는 모습도 등장한다. 입양기관과 법원이 아이에게 좋은 환경인지 판단하는 잣대는 더 입체적으로 바뀌어야 한다. 이 과정에서 안정적인 관계를 맺어온 생활동반자가 양육에 적극적으로 참여하겠다는 의지를 보이면 가점 요소가 될 수 있을 것이다.

독신자가 친양자를 입양할 수 있도록 하는 것은 생활동반자법안 자체에 포함되지는 않는다. 하지만 그 취지는 연결된다. 위기 상황에 치달은 우리 사회의 돌봄 공백을 해결하기 위해서 누군가를 돌보겠다는 자발적 의지를 끌어 모아야 한다. 낡은 가족제도의 틀이 서로 돌보며 사랑하고 살 수 있는 사람을 더 외롭게 두어선 안 된다. 누군가를 돌보고 함께 살겠다는 마음을 귀하게 여기고, 그 마음을 계속 이어갈 수 있도록 장려하고 지원하는 것이 지금 우리가 할 일이다.

생활동반자가 헤어질 때

만나서 잘 사는 것만큼이나 잘 헤어지는 일도 중요하다. 특히 잘 헤어질 권리를 법적으로 보장하는 것은 정말 중요하다. '헤어짐'은 둘의 이해관계가 서로 완전히 갈라서고 충돌하는 일이다. 이때 서로의 권리를 제대로 보장받으면서 안전하게 헤어질 수 있어야 한다는 점을 3부에서 강조한 바 있다. 이번 장에서는 헤어질 때 서로의 권리를 지키는 방안에 대해 고민해보려고 한다.

해소의 사유

생활동반자 관계를 끝내기로 합의했다면 가정법원에 신고하여 해소한다. 이혼의 경우 협의이혼이라도 1개월에서 3개월까지 이혼 숙려기간을 두어 다시 고민해볼 시간을 갖는다. 생활동반자 제도는 개인의 자율성을 가장 우선적으로 전제하고, 개인의 행복이 관계 속에만 가능하다고 보지 않기 때문에 숙려기간을 굳이 둘 필요가 없다.

생활동반자 한 쪽이 관계를 해소하겠다고 가정법원에 신고하면 관계는 해소된다. 일방적 해소의 법적 쟁점에 대해서 3부 '함께 살며 돌보자는 특별한 계약관계'에서 살핀 바 있다. 아무리 일방적으로 해소가 가능하다고 해도, 상대방도 관계가 끝난다는 사실을 알아야 한다. 그래야 재산 분할, 손해배상청구 등을 통해 자신의 권리를 지킬 수 있다. 따라서 일방적으로 관계 해소를 신고하려는 사람은 상대에게 이를 통지했다는 확인을 받아 함께 제출하여야 한다.

앞에서 살펴본 것처럼 혼인 중인 사람은 생활동반자 관계를 맺을 수 없다. 혼인과 생활동반자 관계는 둘 다 동거와 부양의 의무가 있기 때문이다. 같은 이유로 생활동반자 관계 중에 있는 사람이 혼인신고를 하면 생활동반자 관계는 자동으로 해소된다. 법리적으로 생활동반자 관계가 더 먼저 일어난 일이니까 혼인신고가 안 되어야 한다고 볼 수 있다. 하지만 혼인할 권리는 헌법에 직접적으로 명시된 권리이므로 생활동반자를 맺고 있다고 해서 혼인권을 제한할 수 없다. 먼저 있던 생활동반자 관계는 자동으로 해소되고, 이는 일방적 해소의 일종이므로 상대에게 해소가 될 거라는 사실을 고지해야 한다.

생활동반자 관계로 지내던 둘이 혼인신고를 하는 경우에도 해소된다. 실제로 둘 사이의 혼인은 프랑스 팍스 동반자 관계의 주된 해소 사유다. 혼인 전에 서로를 알아보는 계기로 생활동반자 관계가 활용될 수 있을 것이다. 특히 결혼식을 하고도 출산 전에는 혼인신고를 미루는 부부가 많아지는 혼인 제도의 공백기를 생활동반자법이 해결할 수 있다.

생활동반자 중 한 명이 사망하면 관계는 당연히 해소된다. 사망시의 문제에 대해서 다음 장에서 별도로 알아보자.

함께 이룬 재산의 분할

생활동반자 관계에서 재산은 각자 관리하는 별산제를 기반으로 한다. 각자 벌거나 물려받은 재산은 각자의 이름으로 관리한다. 기본적으로 우리 법은 혼인에서도 부부별산제를 취하고 있다. 민법이 처음 만들어질 때에는 '관리공통제'로 집의 모든 재산을 남편이 대표로 관리했다. 이후 몇 차례 민법 개정을 거치면서 부부별산제로 바꾸게 되었다. 이혼 경험이 없는 이들은 재산 분할을 서로의 재산 전체를 나누는 것이라고 생각하는데, 그렇지 않다. 결혼 전부터 갖고 있는 재산이나 각자 벌어서 이룬 재산이 분명한 경우에는 재산 분할의 대상이 아니다.

함께 살면서 재산 관계를 칼 같이 하면 딱히 재산 분할을 할 필요가 없다. 주택비용 및 전세금에 대해서 서로의 분담 비율을 명확히 하고, 그에 따른 대출에 대한 분담 비율도 명확히 해야 한다. 서로 돈을 빌려주거나 생활비를 대신 내줄 때는 차용증을 남기고 공증을 하면 더 좋다. 가구, 가전제품, 자동차 등 각종 동산에 대해서 누구의 것인지 명확히 해야 한다. 이상적인 혼인은 한쪽이 먼저 죽어 상속을 할 때까지 같이 사는 것이지만, 생활동반자 관계는 늘 해소할 준비를 해야 하기 때문에 평소에 재산 관계를 잘 정리해둘 필요가 있다.

그런데 함께 사는 사이에서 항상 칼 같을 수 없다. 같이 살면 공동형성재산이 생기기 마련이다. 이혼 소송에서 공동형성재산의 많은 사례는 가사노동에 대한 인정이다. 주로 한 명이 밖에서 돈을 벌고, 나머지 한 명이 가사노동을 하는 경우 또는 둘 다 일을 하더라도 주로 한 명이 가사노동을 담당하는 경우에 가사노동에 대한 기여를 어떻게 평가할 것인가 하는 문제다. 아무리 계산에 철저한 사람이라도 집안일에 대해 그때그때 급여를 계산해주지는 않으니, 관계가 끝날 때 한꺼번에 그 값을 계산해야 한다.

재산 분할은 수많은 이혼 소송을 통해 매뉴얼이 성립해 있다. 이혼 소송에서는, 결혼 지속기간 등을 고려하여 통상 혼인 시기 동안 함께 이룬 자산의 40~50%를 가사노동을 전담한 사람의 몫으로 인정한다. 생활동반자의 재산 분할도 이혼 소송을 통해 쌓인 판례가 주된 참고사항이 될 것이다. 혼인관계와 달리 생활동반자는 관계의 종류가 다양한 만큼 판례가 누적되면서 생활동반자 관계의 재산 분할도 차츰 가이드라인이 생길 것이다.

손해배상 위자료

이혼과 마찬가지로 생활동반자 관계가 끝날 때에도 위자료 손해배상청구가 가능하다. 일방적으로 끝나든 합의하에 끝나든 마찬가지다. 생활동반자 관계에는 동거, 부양 및 협조의 의무가 있다. 바꿔 말하면 생활동반자 의무를 서로 지키겠다고 계약을 맺은 것이다. 이런 의무를 제대로 지키지 않아 관계를 유지하기 힘들어지면 손해배상책임이 생긴다.

 동거의 의무는 말 그대로 함께 살 의무다. 일방적으로 함께 살기를 거부하면 동거의 의무를 위반한 것이다. 물론 일과 학업 등 이유로 일시적으로 따로 사는 건 해당하지 않는다. 부부 사이에서는 한 지붕 아래 살더라도 각방을 쓰며 동침을 거부하는 일을 동거 의무 위반으로 보기도 한다. 생활동반자 관계에서도 한 지붕 아래 살더라도 없는 사람처럼 취급한다면 의무를 위반한 것으로 볼 수 있다. 화장실만 공유하는 셰어하우스에 입주하는 것이 아니기 때문에 함께 사는 사람으로서 최소한의 소통을 해야 할 의무가 있다.

 그런 의미에서 동거의 의무는 부양 및 협조의 의무와 밀접하게 연결되어 있다. 부양의 의무는 절대적으로 얼마의 돈은 줘야 한다는 뜻이 아니라 상대방이 나와 비슷한 수준의 생활을 유지할 수 있도록 해야 한다는 뜻이다. 물론 돈을 못 벌어서 생활비를 지원하기 어려운 상황이라면 부양의무 위반이 되지 않는다. 하지만 충분히 능력이 있음에도 상대의 경제적 어려움을 방치하면 부양의무 위반이다. 협조 의무는 관계를 정상적으로 유지하기 위해서 역할을 나눠 힘을 합쳐야 한다는 뜻이다.

손해배상 위자료 소송도 이혼 소송의 많은 선례를 따라 크게 다르지 않게 진행될 것이다. 다만 혼인과 다르게 생활동반자 관계에는 정조의 의무가 없다. 이혼 위자료 소송에서 정조 의무 위반이 포함되는 것과 달리 생활동반자 사이에서 '바람난' 사례에 대한 위자료 청구는 불가능하다.

가정폭력으로부터 보호받을 권리

가정폭력은 지속적이고, 은폐되기 쉽고, 가해자와 피해자가 함께 살아야 한다는 점에서 특수한 범죄다. 과거 오랜 기간 동안 가정폭력은 집안 문제, 즉 공권력이 개입할 대상이 아닌 것으로 여겨졌다. 많은 이들의 노력으로 이제는 피해자의 신체와 인격을 파괴하는 중대한 범죄로 인식해 피해자를 보호하고 범죄를 예방하기 위해 가정폭력의 특수성을 고려한 법을 제정하였다. 한국은 '가정폭력범죄의 처벌 등에 관한 특례법'과 '가정폭력방지 및 피해자보호 등에 관한 법률'을 통해 가정폭력을 특별하게 취급하고 있다.

이 법의 정의에 따른 '가정폭력'에 해당해야 법이 제공하는 피해자 보호를 받을 수 있다. 두 법은 가정폭력을 '가정구성원' 사이의 신체적, 정신적 또는 재산상 피해를 수반하는 행위라고 정의한다. 가정구성원은 배우자와 동거 친족을 비롯해서 이혼한 전 배우자, 전 배우자의 부모, 부모의 새 배우자로 한정되어 있다. 이 범주에 들어가지 않는 동거인은 법에 따라 보호를 받지 못한다. 결국 동거인 사이의 범죄는 보통의 가정폭력 범죄보다 더 보호받지 못한다.

이 법의 가장 큰 특징은 일단 가정폭력을 멈추게 한다는 것이다. 수사기관과 법원은 재판이 시작되기 전에도 가해자에 대해 접근금지 및 퇴거 명령을 할 수 있고, 상황이 심각하면 유치장에 유치하거나 의료기관에 위탁할 수 있다. 가해자의 거주와 이동의 자유, 구금되지 않을 권리를 침해하는 것이기 때문에 명확한 법적 근거가 있어야만 가능하다. 이는 피해자와 가해자가 한 공간에 살면서 피해가 더 커지는 가정폭력의 특수성을 고려한 것이다. 이러한 노력에도 불구하고 피해자, 가해자 분리가 되지 않는 경우가 허다하지만 최소한 법적 근거는 있다.

또 가정폭력 피해자가 가해자로부터 독립하여 자립할 수 있도록 지원받을 수 있다. 피해 직후에는 보호시설에 들어가 피해를 회복한다. 정부는 이 기간 동안 의료비, 생계 및 양육비, 교육훈련비 등을 지원한다. 가정폭력을 일시적 사건이 아니라 가족 내의 권력관계에서 발생하는 문제로 보고, 피해자의 자립으로 가정폭력 피해를 끝낼 수 있다는 점을 고려한 것이다.

생활동반자 관계에서 가정폭력 역시 이 같은 보호를 받을 수 있도록 '가정폭력범죄의 처벌 등에 관한 특례법'과 '가정폭력방지 및 피해자보호 등에 관한 법률' 개정이 필요하다. 여기에는 생활동반자 사이의 폭력뿐만 아니라 생활동반자 일방과 상대방의 가족 사이에서 일어난 폭력을 포함해야 한다. 생활동반자가 가해자가 될 경우도 고려해야 하며, 특히 상대방의 자녀에 대한 가정폭력 사건에서 피해자 보호가 제대로 이뤄져야 한다.

관계가 불안정한 상황에서 오히려 폭력에 더 취약할 수 있다. 그래서 혼인, 생활동반자 등 법적 관계와 무관하게 모든 동거 관계에서 일어나는 폭력을 '가정폭력'의 정의에 포함하는 일도 하나의 대안이 될 수 있다.

하지만 가정폭력 관련법은 가해자의 이동과 거주를 제한하는 등 기본권을 제약하고, 국민의 세금으로 피해자를 지원한다. 기본권 제약과 예산 집행은 법적으로 대상에 대한 정확한 정의가 전제될 수밖에 없다. '모든 동거 가구'에서 가정폭력 피해를 보호하기 위해서는 법적으로 '동거'가 무엇인지 정의를 해야 하는 도돌이표 같은 문제가 있다. 주소가 따로 있지만 거의 같이 살다시피 하는 커플은 동거인지, 두 집 살림하는 간통 관계를 동거로 볼 수 있을지 등 여러 형태 가운데 '법적 동거'가 어디까지인지 고민해야 한다. 모든 동거 관계에는 늘 가정폭력의 위험이 있다. 기존의 가족폭력에 대한 정의에 생활동반자 관계를 포함하는 개정안과는 별개로 등록하지 않은 동거 관계에서 일어날 수 있는 가정폭력을 해결하기 위해 대안을 마련해야 한다.

생활동반자가 사망할 때

사람은 모두 죽는다. 이별을 준비할 시간이 있을 때도 있고 없을 때도 있다. 천수를 누리기도 하지만 급사하기도 한다. 재난, 산업재해, 범죄 피해로 억울하게도 죽는 경우도 있다. 많은 가족의 사랑 속에서 떠나기도 하고 수습해줄 사람 없이 쓸쓸히 숨을 거두기도 한다. 죽음이 다양한 만큼 남은 자의 사연도 다양하다. 온전히 애도에 집중할 수 있는 사람이 있는 반면, 당장 생계가 막막해지는 사람도 있다. 사망자의 유산, 보험, 장례 등을 둘러싸고 남은 자들끼리 싸움이 벌어지기도 한다. 이 모든 장면에서 공통점은 하나다. 망자는 말이 없고 법적 권리와 결정권도 없다. 남은 자들이 다양한 사정을 해결해야 한다. 사망으로 인한 생활동반자 관계의 해소는 다른 해소의 경우와 달리 고민해야 할 지점이 많다.

장례를 치를 권리

장례는 고인을 떠나보내기 위한 출발점이다. 남은 사람들은 정성을 다해 장례를 치르고 시신을 모시면서 고인을 애도한다. 장례를 치를 수 없는 상황은 망자는 물론이고, 남은 자들의 존엄을 훼손한다. 우리는 팽목항 앞바다를 비롯한 많은 이별의 현장에서 떠난 자의 시신을 수년씩 기다리는 유가족의 모습과, 존엄을 훼손한 데 따른 책임을 회피하기 급급한 권력자의 모습을 뼈저리게 지켜보아야만 했다.

장애인 언론 비마이너의 2019년 10월 10일자 「내 아내는 무연고가 아닙니다」 기사에는 사실혼 아내를 무연고 시신으로 처리해야 했던 남편 A씨의 사연이 나온다. 60대 부부는 16년간 함께 살았다. A씨는 아내를 오랜 투병 기간 동안 보살피고 경제적으로 부양했지만 아내는 결국 사망하였다. 그는 장례를 준비하던 중 가족이 아니라서 시신 인수를 할 수 없다는 이야기를 들었다. 구청, 동주민센터, 경찰서 등을 찾아가 부탁하고, 지인들까지 나서서 둘이 부부라고 보증했지만 끝내 거절당했다.

무연고자의 시신은 지자체가 화장해 무연고자 납골당에서 10년을 보관한 후 폐기된다. A씨는 서울시의 대행업체가 화장하러 온 화장장에서야 아내의 시신을 볼 수 있었다. 그나마 서울시는 '서울특별시 공영장례 조례'를 통해 무연고자들에게 조촐한 장례식을 치른다. 대부분 지자체에서는 별다른 의식 없이 바로 화장하는 경우가 많다. A씨는 화장 후에도 아내의 유골을 인수받지 못했다. 아내의 유골은 무연고자 추모의 집에 10년 동안 보관 후 폐기될 것이다. 비마이너는 A씨가 "아내가 생전에 어머님이 묻혀 있는 선산에 화장해서 뿌려달라는 유언을 했어요. 그 소원을 꼭 들어주고 싶었는데…"라며 오열했다고 보도했다.

이 밖에도 안타까운 사연은 차고 넘친다. 18세가 되어 보육원에서 독립한 허진이 씨는 같이 십수 년을 함께 자란 친구를 무연고자로 보내야 했다. 아름다운 재단의 웹블로그에 게시된 '열여덟 어른' 시리즈 인터뷰의 일부다. 허진이 씨의 친구는 자립을 시도하던 중 어려움을 이기지 못하고 스스로 목숨을 끊었다. 시설에서 함께 살았던 친구가 40명이나 모였지만 시신을 인수할 수 없었다. 그들은 "우리가 19년 동안 함께 생활한 가족인데 도대체 어떤 가족이 와야 친구의 시신을 줄 수 있냐"며 항의했다. 법적으로 관계를 증명할 수 없는 친구의 죽음 앞에 진이 씨는 무력했다. 어려움 끝에 시신을 인수하고 돈을 모아 장례를 치렀다. 친구들은 시신을 화장해 납골당에 안치하려고 했지만 시신은 다시 지자체에 인수되어 무연고자 묘지에 매장되었다. 허진이 씨는 "갈 때까지 비참하게 가야 하는 인생이라는 게 너무 슬프다"라고 말한다.

숨이 다하면 옆에 있던 사람이 적절히 장례를 치르면 될 것 같지만, 시신의 처리는 생각보다 복잡한 행정절차를 거쳐야 한다. '장사 등에 관한 법률(이하 장사법)'을 따로 두고 있을 정도이다. 사망진단을 위해서 일단 병원에 가야 한다. 이미 사망이 확실한 상황이라도 사망진단은 의사만이 할 수 있다. 이때 자연사, 병사가 아닌 범죄 등으로 사망한 의심이 조금이라도 있을 경우, 의사는 변사 신고를 할 의무가 있다. 그럴 경우 수사 기관에서 시신을 보관하게 된다. 이렇게 병원이나 수사기관을 거쳐야 하기 때문에 장례를 치르려는 사람은 망자의 시신을 인수해야 한다.

장사법에서는 사망자의 직계가족에게만 시신인수를 허락한다. 배우자, 자녀, 부모, 조부모, 조손, 형제자매 순으로 시신을 인수할 권리의 순서까지 정해 놓았다. 마지막 항목으로 '시신이나 유골을 사실상 관리하는 자'가 있기는 하다. 이 항목을 적극적으로 해석해서 동거인을 포함할 수도 있으나, 공무원은 대개 '전례가 없다'며 법조항을 소극적으로 해석한다. 명시되지 않은 사이라도 고모, 삼촌 등 혈연 친척에게는 시신을 인도하지만 법적으로 관계가 없는 자들은 생전에 얼마나 가까운 사이였는지와 무관하게 인수할 수 없는 경우가 대부분이다. 애매모호한 법 조항을 해석하는 과정에서 사회적 편견이 개입하는 것이다.

보건복지부는 2019년 11월 이 항목을 적극적으로 해석해 사실혼 배우자, 동거인 등 무연고 배우자와 고인과의 친밀한 관계를 확인할 수 있으면 장례를 치를 수 있도록 수정한 업무지침을 지자체에 내려보낼 것이라는 계획을 밝혔다. 가족 형태가 다양해지면서 무연고 죽음이 늘어나고 장례를 치르지 못하는 법 밖의 가족이 많아지고 있기 때문이다. 보건복지부의 이러한 변화는 긍정적이지만, 단서조항 '친밀한 관계를 확인할 수 있다면'이라는 지침을 얼마나 적극적으로 해석할 수 있을지 걱정스럽다. 지침 해석을 적극적으로 하는 수준을 넘어서 근본적인 법 개정이 필요하다.

생활동반자법이 만들어지면 당연히 생활동반자도 시신을 인수해 장례를 치를 권리를 갖도록 장사법이 개정되어야 한다. 생활동반자도 사별을 하면 존엄하게 애도할 수 있어야 하기 때문이다. 그런데 현행 장사법은 시신을 인수할 권리에 순위를 매기고 있다. 생활동반자는 자녀, 부모, 조부모, 조손, 형제자매 순서 사이 어디쯤 들어가야 할까? 대답하기가 매우 곤란한 질문이다.

생활동반자 관계마다 친밀함의 정도가 다르다. 편안한 하우스메이트일 수도 있고 인생의 유일한 인연일 수도 있다. 사망자가 혈연·혼인 가족과 어떤 관계를 유지하고 있었는지도 모두 다르다. 생활동반자의 순위를 다른 직계가족보다 앞으로 둘 경우, 다른 가족의 권리가 침해될 수 있다. 연을 끊고 산 가족이라 하더라도 죽는 순간에는 제 손으로 장례를 치르고 싶을 수 있다. 가족이란 정말이지 복잡한 함수다. 애초에 시신을 인수할 순위, 친밀성의 순위를 누구나 만족할 만한 법 조항으로 정하는 것 자체가 이룰 수 없는 과업이다.

현행법은 사망자와의 '촌수'를 기준으로 시신 인수의 우선순위를 정한다. 실제로 누구와 가깝게 느껴지는 것과 무관하게 말이다. 이러한 기준은 호주제의 잔재다. 사라진 제도가 남긴 순위로 떠난 자와 남은 자의 존엄이 훼손되는 일이 일어나고 있다.

삼성전자서비스 노동자 故염호석 열사의 사례는 고인의 뜻과 상관없이 '촌수'만으로 시신인수 권리를 정했을 때 어떤 일이 벌어지는지를 극단적으로 보여준다. 삼성전자 제품의 사후 수리를 담당하는 삼성전자서비스의 하청노동자였던 염호석 열사는 2013년 동료들과 노동조합을 만들고 양산지회 지회장이 되었다. 삼성은 '노조 와해 마스터플랜'을 만들어 염호석 열사와 노조활동가들을 집중적으로 괴롭혔다. 결국, 2014년 염 열사는 사후 장례 절차를 노조 동료들에게 맡기며 노조장을 치러달라는 유서를 남기고 34세의 나이로 스스로 삶을 마감한다.

염호석 열사의 아버지 염 씨는 노조원들이 차린 서울의 빈소에서 시신을 빼앗아갔다. 노조원들이 강력하게 반대하는 사이 경찰이 최루액을 뿌리며 이를 탄압했다. 경찰과 장례식장 측에서는 '장사법에 따라 가족이 원하면 시신을 인수할 수밖에 없다'는 입장이었다. 아버지 염 씨는 노조원들에게 부산에 빈소를 다시 차리겠다고 약속했다. 하지만 부산의 장례식장에는 빈 운구차만이 도착했고 염호석 열사의 시신은 빼돌려져 바로 화장되었다.

이후 재판 과정에서 아버지 염 씨가 시신을 빼돌리는

조건으로 삼성에게 합의금 6억 원을 받은 사실이 확인되었다. 하지만 이 행위 자체는 불법이 아니다. 장사법에 따라 사망자가 어떤 유언을 남겼건 간에 시신에 대한 권리는 촌수가 가장 가까운 가족에게 있기 때문이다. 해당 재판은 아버지 염 씨에 대한 것이 아니라 가족이 장례를 치를 권리를 방해한 노조원을 처벌하기 위한 재판이었다. 아버지 염 씨는 이 재판에서 "삼성으로부터 돈 10원도 받은 적이 없다" "노조가 운구차도 들어오지 못하게 했다"고 증언했고 이후 위증죄로 징역 1년 6개월, 집행유예 3년을 선고받았다.

가족 형태가 변화하면서 친족 촌수 중심의 장례 제도는 현실과의 괴리가 점점 커진다. 결혼하지 않고 아이를 낳지 않은 사람은 당연히 자녀, 손자녀가 없다. 평균 수명까지 산다고 했을 때 부모, 조부모가 먼저 사망한다. 형제자매가 원래 없거나 먼저 떠난 사람이라면 평생 많은 사랑을 나누며 외롭지 않게 살았더라도 무연고자가 된다. 혼인을 했지만 자식이 없고 배우자가 먼저 떠난 경우에도 무연고자가 된다. 1인 가구가 보편적인 현상이 되면 무연고자 시신 처리도 보편적인 일이 될 것이다. 그 많은 죽음에 대해 사랑하는 이가 추모할 기회를 빼앗고, 굳이 지자체의 세금을 들일 것인가?

생활동반자법과 별도로 사망자가 살아있을 때 장례에 대해 결정할 권리가 보장되도록 장사법 개정이 필요하다. 생전에 본인의 시신과 장례 절차를 처리할 사람을 정할 수 있도록 해야 한다. 유훈이 있었다면 법보다 고인의 뜻이 우선할 수 있어야 한다. 사망자가 시신을 인수할 사람을 정하지 않은 경우에 한해 현행법대로 권리를 부여하는 일도 대안이 될 수 있다.

생활동반자법이 만들어졌는데, 생전에 장례에 대해 결정할 권리를 보장하는 방향으로 법이 바뀌지 않으면 부득이 생활동반자를 친족의 시신인수 권리 순위 어딘가에 넣어야 한다. 현행 장사법에서는 배우자, 자녀, 부모, 조부모, 조손, 형제자매 순이다. 우선 혼인과 생활동반자 관계는 중복되지 않으니 생활동반자가 있는 사람은 배우자가 없다. 현대적인 가족생활에서 보통 부모자녀 관계는 특별히 보호받는 점을 고려해 부모와 조부모 사이에 생활동반자의 순위를 넣는 것이 그나마 합리적으로 보인다. 그렇다고 해도 마땅히 꼭 그 순위여야 할 논리적인 이유는 부족하다.

상속과 유언의 문제

생활동반자에게 원칙적으로 '상속권'이 없다. 정확히는 법적인 상속순위에 들어가지 않는다. 이 말은 생활동반자가 사망자의 유산을 받지 못한다는 뜻이 아니다. 상속권이 없다고 하면 생활동반자 한 쪽이 사망하는 즉시 다른 한 쪽은 거리에 나앉는 모습을 떠올릴 수 있지만 꼭 그렇지만은 않다. 상속제도는 복잡하기 때문에 생활동반자와 상속 문제를 다루기 위해서는 우선 상속권에 대해 간략히 이해할 필요가 있다.

상속은 '유언 상속'과 '법적 상속' 두 가지로 나뉜다. 유언 상속은 말 그대로 고인의 유언에 따라 상속을 하는 것이고, 법적 상속은 민법이 정해 놓은 순위와 비율에 따라 상속하는 것이다. 민법에서는 배우자, 자녀 및 손자녀, 부모 및 조부모, 형제자매, 사촌 이내 친족 사람들에게 일정한 순위와 비율을 주어 상속권을 인정한다. 유언이 따로 있으면 유언 상속은 법적 상속보다 우선한다. 따라서 생전에 유언을 하면 법적 상속권이 없는 생활동반자 등에게 유류분을 제외한 만큼 상속할 수 있다.

유류분은 법적 상속권이 있는 친족에게 보장된 상속분의 일부이다. 유언의 내용과 무관하게 피상속인은 법이 정한 만큼 비율을 보장받을 수 있다. 배우자, 자녀 및 손자녀, 부모, 형제자매까지 순위와 몫을 각각 다르게 유류분의 권리를 갖는다. 유류분의 총 비율은 상속액의 1/3 또는 1/2이다. 망자가 생활동반자에게 전 재산을 상속하겠다고 유언을 남겨도, 사망자의 자녀, 부모, 손자녀, 형제자매 등이 와서 유류분 청구를 하면 1/3 내지 1/2은 주어야 하는 게 현행법이다.

생활동반자에게는 매우 억울한 일일 수 있다. 가족관계가 다양해지는 만큼 법적으로 촌수가 가까운 친족이라고 해서 무조건 가까운 사이라는 보장이 없다. 앞서 이야기한 부산 여고동창 동거 가구의 사례처럼 말이다. 또 자녀를 유기한 채 수십 년 살다가 자녀가 사망하자 보상금, 보험금, 유산 등의 권리를 요구하는 매정한 부모 사례도 언론에 종종 소개된다. 민법의 규정은 실제 사람들이 맺고 있는 관계를 온전히 반영하지 못한다.

혈연·혼인 가족이 아닌 동거 가족의 관점에서 보면 유류분 제도가 비합리적인 면이 있지만, 유류분 제도 역시 역사적으로 바뀌어온 가족문화를 반영해서 만들어졌다. 유류분 제도는 아내와 딸, 차남 이하 아들의 권리를 보장하기 위한 제도다. 유류분 제도가 만들어진 1977년 민법 개정 전에는 망자가 원하는 대로 상속했다. 당시에는 보통 호주승계인, 즉 장남이나 장손에게 모든 자산이 승계되었다. 그러다 보니 남아 있는 배우자나 장남 이외의 형제들은 아무것도 물려받지 못한 채 어렵게 살았다. 장남이 어질어서 남은 부모와 형제 및 친족을 잘 보살피면 되지만 그렇지 못한 경우가 많았다.『흥부전』에서 놀부만 부자인 이유다.

농업사회에서는 호주를 중심으로 모여 살았으나 점차 산업화를 거치며 도시 핵가족이 많아졌다. 그러면서 핵가족 중심으로 자산을 모으고, 상속을 둘러싼 아들딸의 갈등이 커졌다. 유류분 제도는 이런 배경에서 도입되었다. 이 제도는 자산 처분에 대한 망자의 뜻을 거스르고 동거 가족의 권리를 침해한다는 지적이 있다. 하지만 여전히 남성 중심으로 경제활동을 하고 자산을 관리하는 한국 사회에서 유류분 제도는 아내 및 친족의 권리를 보장해주는 점도 있어 낡은 제도라고 단정지어 말하기가 어렵다. 그만큼 다양한 가족의 사연이 동시대에 존재한다.

생활동반자 관계를 통해 결혼 이상의 깊은 관계를 맺으려는 사람들은 법적 상속권이 없다는 사실을 법의 큰 한계로 느낄 것이다. 특히 동성 부부 등 혼인을 선택할 수조차 없었던 이들의 실망을 이해한다. 하지만 민법 개정을 통해 상속권을 자동으로 부여하면 생활동반자 관계는 너무 무거워진다. 2부에서 상속 문제로 자식과의 갈등을 겪기 싫어서 재혼을 안 하는 노인 커플을 다루었다. 또 혼인 전에 서로를 좀 더 알아보려는 청년 커플 동거 가구에게까지 상속권이 부여되면 부담스러운 혼인과 크게 다를 바가 없다. 생활동반자법을 통해 더 많은 관계를 보호하기 위해서는 법이 보장하는 권리가 지나치게 무겁지 않아야 한다.

생활동반자 관계를 맺으면 유언장을 통해 생활동반자에게 상속할 내용을 미리 정리해두는 것이 좋다. 한국에서 죽음이 임박하기 전에 미리 유언장을 쓰는 일은 거의 없다. 하지만 유언장을 쓰거나 수정하는 건 생각보다 어렵지 않으니 미리 준비하는 게 좋다. 생전에 공동형성재산을 정리할 수 있도록 3년, 5년 등 일정 기간 이상 생활동반자 관계를 유지한 사이에 부부나 부모자녀 사이처럼 일정 금액 이하의 증여세를 면제하는 법 개정을 고려해볼 수도 있다.

또 현행법이 정한 상속권자가 한 명도 없을 경우 생활동반자가 상속받을 수 있도록 '4촌 이내의 방계혈족' 다음 순위로 생활동반자를 넣는 민법 개정을 할 수 있다. 현행법에서 상속권자나 따로 남긴 유언이 없으면 망자의 자산은 국고로 들어간다. 민법을 개정하면 생활동반자 한 쪽이 유언장 없이 갑자기 사망했을 때 생활동반자가 있음에도 국고로 재산이 편입되는 일을 방지할 수 있다.

그러나 이러한 법 개정은 별 소용이 없다. 상속권자가 아무도 없는 경우 미리 유언장을 준비해놓으면 법 개정 없이도 생활동반자에게 모두 상속할 수 있기 때문이다. 그리고 물려줄 자산이 있는데 4촌 이내의 방계혈족이 한 명도 없는 경우는 드물다. 반면 생활동반자를 민법상 상속권자의 마지막 순위로 할 경우 서로 성격이 다른 '혈족'과 '생활동반자'의 순위를 매기는 효과가 생긴다. 생활동반자 가구를 B급 가족으로 인식하게 할 수 있어 신중해야 한다. 우리 사회의 가족관계가 더욱 다양해지고, 생활동반자법을 통해 오랜 기간 안정적으로 사는 가족이 늘어나면 법적 상속권과 유류분 등을 포함한 상속법 개정에 대해 새로운 사회적 논의가 필요할 것이다.

상속은 친족으로서 망자의 재산권을 계승하는 측면과 더불어 남은 가족의 거주와 생계를 안정시키는 목적이 있다. 친족이 곧 함께 사는 사람이던 시절에 두 측면을 굳이 나눌 필요가 없었지만, 법적 상속권이 보장되지 않는 생활동반자의 경우 한 쪽이 사망할 경우 남은 쪽의 생계안정이 중요한 문제가 된다. 다른 혈연가족의 상속권을 침해하지 않는 수준에서 남은 생활동반자의 생계를 최대한 안정시킨다는 원칙하에 주택임대차와 연금의 승계, 각종 사망 보상금의 문제를 이야기해보자.

- **주택임대차 승계의 문제**

전세, 월세와 같은 주택임대차계약은 상속의 대상이다. 계약 자체가 승계되는 것으로 보증금뿐 아니라 월세를 내는 등의 책임이 함께 승계된다. 사망자 명의로 전세계약을 한 경우, 유언을 통해 임대차계약과 보증금을 상속받지 않은 생활동반자 관계라면 상속권자인 혈연가족에 의해 갑자기 쫓겨날 수 있다. 남은 생활동반자는 가족을 잃은 슬픔을 추스리지도 못한 채 길거리에 나앉을 위험이 있다.

사실혼 배우자도 생활동반자와 마찬가지로 원칙적으로 상속권이 없다. 그러나 주택임대차보호법은 같이 살고 있는 사실혼 배우자의 경우, 상속권이 없더라도 바로 쫓겨나지는 않도록 예외를 두고 있다. 만일 상속인이 없으면 사실혼 배우자에게 임대차가 승계된다. 또 부모, 자녀, 형제자매 등 상속인이 있더라도 같이 살지 않는다면, 사실혼 배우자와 상속인이 공동으로 승계하여 상속인이 일방적으로 사실혼 배우자를 쫓아낼 수 없도록 한다.

생활동반자의 경우도 바로 거리에 나앉지 않도록 주택임대차보호법 개정이 필요하다. 사실혼 배우자처럼 상속인이 없으면 생활동반자가 임대차를 승계할 수 있도록 해야 한다. 또 상속인이 생활동반자를 일방적으로 쫓아낼 수 없도록 계약을 공동으로 승계할 수 있어야 한다.

그러나 승계비율은 상속인의 상속권을 지나치게 침해하지 않는 수준이 되도록 조정해야 한다. 생전에 유류분을 제외한 범위에서 주택임대차계약을 생활동반자에게 전체 또는 일부를 상속한다고 유언장을 남겨놓거나 애초에 전세계약을 공동명의로 하면 떠난 후의 복잡한 분쟁을 예방할 수 있다.

• 유족급여

국민연금, 공무원연금, 군인연금, 사학연금 등 공적연금은 가입자가 사망할 경우 배우자 또는 유가족에게 일시금 또는 매월 연금을 지급해 생계에 도움을 준다. 또 연금은 아니지만 유사하게 유족에게 월 일정액을 지급하는 제도가 있다. 우선 산업재해보상보험법에 따라 산업재해로 사망한 노동자의 유가족에게 지급하는 산재유족급여가 있다. 또 '국가유공자 등 예우 및 지원에 관한 법률'에서 국가를 위해 희생하다 사망한 유공자의 유족에게 매월 지급하는 유족 보상금, 보상금을 받던 국가유공자 본인의 사망시 지급하는 사망일시금 등이 있다. 제도의 성격이 조금씩 다르기는 하지만 통칭하여 '유족급여'라고 하자.

유족급여는 법적으로 상속이 아니고, 가족의 사망으로 인해 생기는 유족의 권리다. 따라서 민법 상속법이 아니라 국민연금법, 공무원연금법, 산업재해보상보험법, 국가유공자법 등 개별 법에서 따로 그 권리를 규정하고 있다. 각 법마다 원칙은 비슷하지만 내용이 조금씩 상이하다. 또 상속이 아니기 때문에 망자가 관련한 유언을 남겨도 소용이 없다. 그렇기에 각 유족급여와 관련한 생활동반자의 권리를 보장하기 위해서는 개별 법을 하나하나 개정하여 근거조항을 만들어야 한다.

 유족급여는 망자의 재산권을 계승하는 목적과 같이 생활하던 사람의 생계안정 목적이 섞여 있다. 산업재해보험에 따른 유족급여, 국가유공 사망자의 유족 보상금 등은 망자를 잃은 슬픔을 위로하는 동시에, 망자가 살아있을 경우 예상되는 미래 수입을 보상하는 목적도 있다. 이 모든 목적은 '가족'하에 통합되어 있었다. 그러나 가족의 기능이 분화되면서 유족급여를 누구에게, 얼마나, 어떻게 주어야 하는지 새로운 고민이 필요하다.

 유족급여의 수급권은 개별 법마다 조금씩 다르지만 보통 배우자, 자녀, 부모, 손자녀, 조부모, 형제자매 순으로 상속권의 순위와 대체로 비슷하다. 이 역시 망자와 실제로 생계를 같이 하는지, 감정적으로 얼마나 가까운지 여부를 온전히 반영할 수는 없다. 하지만 유족급여는 상속과 달리 유언으로 생활동반자의 몫을 보호할 수 없기 때문에 저 순위 어딘가에 생활동반자를 끼워 넣어야 한다. 많은 법에서 부모자식 관계를 특별히 보호하기 때문에 배우자, 자녀, 부모

다음 순위로 넣는 것이 적절하다.

- **퇴직금, 퇴직연금, 보험금의 문제**

근로기준법과 근로자퇴직급여 보장법에 따른 퇴직금, 퇴직연금은 유족의 수급권 순위를 법에 따로 명시하지 않고 있다. 통상적으로 각 기업의 취업규칙 또는 단체협약으로 유족의 수급권과 그 순위를 정한다. 이때 생활동반자를 순위에 반영할 수 있도록 각 기업과 노동조합이 고민해야 한다. 망자의 퇴직금 및 퇴직연금 중 취업규칙 또는 단체협약으로 수급자를 정하지 않은 경우에는 상속 재산으로 보고 민법 상속법에 따라 상속한다.

퇴직연금계좌(IRP)를 통해 개인이 추가로 더 납입한 연금은 민법 상속법을 따른다. 변액보험, 연금저축, 즉시연금 등 금융권 연금상품의 잔여 지급액도 마찬가지다. 그런데 계약사항에 따라 배우자가 상속받을 때에만 연금으로 지급하고, 다른 상속인이 상속할 때는 일시금으로 지급하는 경우가 있다. 생활동반자가 상속받을 때에도 연금으로 지급해 안정적으로 생계를 유지할 수 있도록 금융회사에 가이드라인을 제공할 필요가 있다.

이 외에도 피보험자가 사망하면 일시금을 지급하는 생명보험, 종신보험 등이 있다. 현행법상 혈연가족이 아니라도 누구나 수익자가 될 수 있다. 다만 기입 과정에서 판례적으로 별다른 안내 없이 수익자를 가장 가까운 친족 또는 법정 상속인으로 하는 경우가 많다. 생활동반자법이 만들어지면 생활동반자를 포함한 누구든 수익자로 지정할 수 있다고 안내하도록 가이드라인을 제시할 필요가 있다.

나가며

한국 정치의 다음 단계

이 책을 쓰기 위해 회사를 그만두었다. 직장에 다니면서 좋은 책을 쓰는 사람도 있지만 내 깜냥으로는 어려운 일이었다. 기왕에 쓰는 거, 최선을 다하고 싶었다. 생활동반자법이 우리 사회가 가진 깊고 넓은 외로움의 중요한 대안이기 때문에 많은 이들이 공감하리라 생각했다. 사람들을 설득할 자신도 있었다. 이 책을 바탕으로 생활동반자 논의가 확장되어 더 아름다워질 나의 미래를 꿈꾸기도 했다.

꿈이 불안으로 바뀌는 데 오래 걸리지 않았다. 안부를 묻는 지인들에게 회사를 그만두고 생활동반자법에 대한 책을 쓰고 있다고 전하자, 대부분 '생활동반자법이 대체 뭐냐'고 반문했다. 국회에서 만난 입법 전문가, 나름 진보적인 시민사회 활동가들도 말이다. 당황한 나는 마음에 맞는 성인끼리 동거하고 나라에 등록하면 사회복지혜택을 받는 제도라고 대략 설명했다. 그러면 상대는 고개를 끄덕거리면서 "그런데 그런 책이 얼마나 팔리겠어?"라고 반응한다. 나 어떡하지? 회사 괜히 때려치웠나….

스스로 수차례 되묻고 답했다. 생활동반자법이 결혼제도를 근본적으로 거부하는 급진적인 사람, 또는 결혼이 금지된 소수만을 위한 법인가. 생활동반자법은 훨씬 더 폭넓고 광범위한 사람에게 필요하다. 심지어 시급하게 말이다. 우리 사회가 혈연과 혼인 외 다른 방식으로 가족을 구성하는 상상을 허용하지 않을 뿐이다. 상상이 생기고 법이 생기고 사례가 생기면, 그로 인해 사랑이 생기고 더 많은 가족이 생길 것이다.

가족은 백화점 1층 명품관처럼 가장 잘 보이고 발 닿기 쉬운 곳에 있고, 가장 좋은 것이라 외치지만 좀처럼 들어갈 수 없는 곳이 되었다. 혈연과 혼인으로 이루어진 가족이 사랑, 성, 양육, 노동력 재생산, 교육, 부양 및 돌봄을 다 떠맡는 것을 넘어 사회적 출세까지 좌지우지하는 한국 사회에서 가족은 너무 부담스러운 존재가 되었다. 노인들은 빠르게 늘어가고 있지만 가난하고 외로워하며 스스로 목숨을 끊고 있다. 청년들은 출산을 거부하고 삶의 위험 부담을 최소화한다. 전우를 다 잃은 패잔병마냥 혼자 사는 사람이 폭발적으로 늘어난다. 모두가 외로움을 꾸역꾸역 삼킨 채 산다. 정부는 폭증하는 돌봄 공백에 어쩔 줄을 몰라한다. 다양한 사회 서비스를 늘리고 있지만 국민은 양적, 질적으로 만족하지 못하고 있다. 정부 나름의 노력은 가족이 무너지는 속도를 따라가지 못한다.

　가족의 가치에 대해 다른 차원에서 되물어야 한다. '함께 살며 서로를 돌보겠다는 자발적인 마음'을 소중히 여겨야 한다. 생활동반자법은 함께하고자 하는 마음을 모아서 지어내는 우리 사회의 안전망이다. 생활동반자법은 혼인 제도가 다 담아내지 못하는 다양한 사연과 욕망을 있는 그대로 인정한다. 국가와 사회가 정해 놓은 삶이 아닌, 각자가 원하는 방식으로 스스로의 행복을 찾아가도 괜찮다고 다독이는 유연한 제도다. 우리 헌법은 국민이 자신의 방식대로 행복한 삶을 만들어가도록 보장하는 것이 국가의 역할이라고 명시하고 있다. 생활동반자법은 이러한 헌법정신을 제도로 구체화하는 것이다. 우리 사회의 외로움이 보편적인 만큼 생활동반자법도 보편적일 것이다. 당신이 지금 외롭다면, 어쩌면 생활동반자법이 필요할지 모른다.

　생활동반자법은 우리 사회가 새로운 차원의 평등, 자유, 존중으로 나아감을 보여주는 상징이다. 제도는 중립적이고 무미건조한 것이 아니라 우리 사회가 지향해야 할 감정적 가치를 보여준다. 시카고대학 법윤리학 교수인 마사 누스바움은 "(국가는) 인간에 대한 동등한 존중, 표현·결사·양심의 자유, 근본적인 사회·경제적 권리 부여 등을 포함하는 (중략) 소중한 감정 유형에 대한 통찰을 제시하는 제도를 마련할 수 있다. 예를 들어 공정한 세금 제도는 시민에게 적

법한 균형과 적절하고 공평한 동정심이라는 통찰을 보여주는 것(마사 누스바움, 박용준 역, 『정치적 감정』, 글항아리, 39~44쪽)"이라고 말한다.

우리 사회는 때때로 참을 수 없이 모욕적이다. 그저 살고 있을 뿐인데도 뒤통수를 때린다. 일할 사람을 구하면서 구원자처럼 생색내는 면접관, 공짜로 월급을 주는 것도 아닌데 대단한 은혜를 베푸는 것처럼 구는 사장, 어려운 청년을 위해 내놓는 정책을 쏙쏙 뽑아먹는 금수저, 취업이나 결혼 사정을 물으며 걱정하는 척하지만 속으로는 비웃는 사람, 세월호 유가족이 수십 일 단식해도 꿈쩍하지 않더니 며칠 단식하고 나라 구한 척 우쭐대는 야당 당대표, 늙은 노동자의 투쟁 기사에 나라 경제 말아먹는 사람이라고 댓글 다는 사람을 보면 '인간종'으로서 모욕감을 느낀다. 그리고 정치권 끄트머리에 선 시민으로서 갑갑함을 느낀다.

국가는 국민의 존엄을 지켜야 할 의무가 있다. 우리는 존엄과 생명을 지키기 위해 '사회계약'을 통해 국가를 만든다. '만인에 대한 만인의 투쟁'은 서로의 존엄과 생명을 해쳐야 할 상황을 만든다. 이를 피해 갈등을 해결하며 사회를 유지할 수 있도록 우리는 국가에 주권을 위임한다. 그렇기에 국가는 주권을 위임받은 대가로 모두의 존엄과 생명의 보루가 되어야 할 책임이 있다. 또 사람들이 서로에게 잔혹해지지 않도록 할 책임이 있다.

그러나 우리의 국가는, 국민을 존엄하게 대하지 않는

다. 국가가 보편적이길 바라는 특정한 삶의 형태를 지나치게 강조한다. 나라의 생존과 발전이라는 목적을 위해 국민의 삶은 특정한 형태로 빚어져야 했다. 물론 국민이 안정적인 삶을 살도록 모델을 제시하고 지원하는 것 또한 현대 정부의 중요한 역할이다. 하지만 지나치게 강박적이다. 분단과 체제경쟁, 산업화와 신자유주의를 겪으며 국민 개인의 삶조차 나라를 위한 하나의 도구로 삼아왔다. 국가가 원하는 삶은 가족이 생산해내야 하는 삶이 되고, 각 개인의 삶을 평가하는 기준이 되었다.

그 기준에 벗어나는 삶은 쉽게 평가받고 모욕당한다. 모두 각자의 방식으로 기준에 맞는 삶을 살아보려 노력하지만 모욕당하지 않는 수준의 삶은 쉽게 도달할 수 없다. 주류에서 벗어난 소수자들은 어쩔 도리조차 없다. 우리 사회는 개인의 삶을 존중하고 조심스럽게 대하는 주저함이 없다. 이런 사회에서 한국 국민은 함께 사는 즐거움을 포기하고, 아이를 낳아 기르기를 포기하고, 삶을 포기한다. 그렇게 국민 개인의 삶은 손에 쥔 모래처럼 국가의 손에서 벗어난다.

한국 정부와 정치권은 개인의 사정과 감정을 더 귀하게 대접해야 한다. 내 감정, 내 사연, 내 사람, 내 시간, 내 결정, 내 욕망을 존중해 정책 결정에 반영해야 한다. 하지만 한국 사회에서 각기 다른 개인의 권리와 다양성은 정치적으로 시급히 해결해야 할 과제로 여겨지지 않는다. 권리와 자유를 침해받아 느끼는 모욕감은 한국 사회를 살기 위해 개인이 감당해야 할 몫처럼 이야기된다. 어떻게 하면 이 모욕감을 견디어나갈지는 개인적 과제에 그친다. 하지만 많은 사람들이 모욕감을 견디는 데 끝내 실패한다.

생활동반자법은 달라진 국가와 국민 개인의 관계를 상징하는 법이 될 것이다. 국가의 목적이 국민 각자의 선택보다 우선되던 낡은 관계에서, 각자가 선택한 행복을 국가가 보장하는 새로운 관계로 나아가게 될 것이다. 국가와 사회는 행복을 위해 선택할 수 있는 한정된 삶의 방식 안으로 국민을 몰아넣으려 하지만 사회경제적 환경과 가치관의 변화는 이 틀의 구태의연함을 더욱 눈에 띄게 만든다. 이제 국민 행복에 대한 국가와 국민의 관계를 뒤집어볼 때다. 생활동반자법은 그를 위한 첫 질문이다.

한국 정치는 분단으로 시작했다. 미소 분할점령, 남한 단독선거, 한국전쟁을 출생의 비밀로 안고 있는 남한은 늘 정체성의 위기와 정당성의 결핍을 겪었다. 온전한 정상국가가 아닌 대한민국/남한/남측은 '우리는 무엇이어야 하는가' '그렇게 되기 위해서 어떻게 해야 하는가'의 문제를 먼저 풀어야만 했다. 반공주의와 민족주의는 한국의 정체성이란 무엇인가를 둘러싼 긴 갈등이었고, 권위주의와 민주화는 각자가 주장하는 정체성을 구현하기 위한 정치체제를 둘러싼 갈등이었다.

이러한 갈등은 우리 국가의 정체성과 체제 그 자체에

대한 것이다. 해방 이후 지금까지 이어져온 긴 갈등은 국가형성(Nation building)에 관한 것이다. 완성되지 못한 국가사회의 정체성은 한국 정치를 밑빠진 독으로 만들었고, 모든 물이 빠진 밑으로 빨려 들어가는 것처럼 모든 갈등은 결국 이러한 갈등 틀에 지배되었다. 최종적으로 어디로 가야 하는지 모르는 채 길을 만들어갈 수는 없는 노릇이었다.

1987년 직선제 도입은 민족민주 세력의 승리인 동시에 반공권위주의 세력과의 타협이기도 하다. 이후 두 세력은 엎치락뒤치락하면서 한국 정치를 이끌었다. 선거에서 이기기 위해 두 세력은 사회경제적 쟁점에서는 점차 닮아갔다. 그러나 민족과 반공을 둘러싼 국가 정체성에 관련된 쟁점에서만은 갈등을 좀체 좁히지 못했다. 그리고 두 세력 간의 뿌리 깊은 불신과 증오는 현재 정책상의 실제 거리보다 더 먼 심리적 거리를 만들고 있다.

이런 정치를 오래토록 보아온 한국인은 정치를 개인, 혹은 집단의 이해관계를 합의하는 것이라기보다는 국가 정체성에 관한 사생결단으로 보는 경향이 있다. 많은 한국인이 국가 정체성의 정치에 자신의 정체성까지 결부시켜 과도하게 몰입한다. 반면, 개별적인 개인의 욕구를 해결하는 정치에 익숙하지 않다. 그래서 사람들은 자신의 필요를 이야기하거나 타인의 주장에 반대할 때도 '내가 망한다'고 이야기하지 않고 '나라가 망한다'고 이야기한다. 모두가 '나라가 망한다'고만 이야기하니 중간 지점을 찾을 수 없는 도돌이

표 같은 정치만 이어진다.

하지만 지금 대한민국은 여전히 미완성인 국가일까? 대한민국이라는 그림이 아름답든 추하든 하나의 정상적인 국가로 이야기하기에 채워야 할 퍼즐조각이 더 있는가? 북한은 한국 사회에서 당연히 결정적인 변수이지만, 더 이상 회복해야 할 우리 국가의 일부로 여기는 사람은 점차 줄어들고 있다. 북한은 그저 아직 평화협정을 맺지 못한 골치 아픈 외국으로 느껴지고, 분단이라는 특수한 상황은 오히려 정상적인 상황으로 인식된다. 언젠가 정말로 통일이 된다면 그것이야말로 대한민국의 국가 정체성을 부수고 새로 수립하는 고된 과정이 될 것이다.

휴전으로부터 67년, 직선제 개헌으로부터 33년, IMF 외환위기로부터 23년, 반공권위주의 세력과 민족민주 세력이 국가의 정체성을 놓고 사생결단의 전쟁을 벌이는 동안 정작 대한민국이라는 나라는 엉거주춤 완성되었다. 우리 사회의 기원에 대한 자랑스러운 설명과 우리 사회가 나아갈 이상에 대한 청사진을 만들지 못한 채, 근본도 계획도 없는 나라로 말이다. 헌법에 명시는 했지만 기본권의 의미는 곱씹어보지 못한 나라, 자유민주주의의 이상이 무엇인지에 대해 사회적 합의를 이루지 못하는 나라, 그렇기에 냉혹한 자본주의에 맞서 국민의 자유와 존엄을 지킬 정치적 원칙이 없는 나라, 그렇게 만들어진 세계 11위의 경제대국으로 대한민국은 완성되었다. 이러한 대한민국을 나는 '완성된 지옥'이라고 부르고 싶다.

성급하고 지나치게 과감한, 조금은 철없는 주장이라는 것을 안다. 분단국의 냉혹한 현실을 그렇게 쉽게 부정할 수 없다는 것도 안다. 나는 1984년에 태어났다. 첫 기억 속의 대통령은 노태우 전 대통령이다. 민주화 이전의 대한민국에 대한 기억이 없다. 그나마 내 또래는 민주화 열기 아래 자라며 청소년기에 김대중 정부로의 평화적 정권교체를 봤다.

하지만 기억 속의 첫 대통령이 김대중, 노무현 전 대통령인 1990년대생에게 대한민국은 이미 당연히 민주주의 국가이고 선진 자본주의 국가다. 그들에게는 미완성된 조국에 대한 콤플렉스가 없다. 그들에게 정치란 당연히 자기 개인의 권리를 요구하는 것일 뿐이다. 민주주의란 경부선 철도마냥 그 자리에 있는 우리 사회의 인프라에 불과하다.

반공권위주의 세력과 민족민주 세력 두 세력 모두에게 '진정한 민주주의'는 현재의 제도가 아니라 쟁취해내야 할 어떤 이상향이었다. 두 세력은 '민주주의' '자유민주주의' '통일'을 각자의 이상향을 묘사하는 말로 사용한다. 민주주의를 최종 목적지로 여기는 사람들과 민주주의를 사회적 인프라로 생각하는 사람들은 서로를 이해하지 못한다. 국가의 정체성에 대한 그들 간의 치열하고 오랜 투쟁은 누구도 완승하지 못한 채 갈등구조 자체가 낡아버렸다. 이런 걸로 싸우는 것 자체가 꼰대놀음이 되었다. 그토록 서로 박멸해야 한다고 하는 치열한 다툼의 근저에는 어쩌면 이상향에 대한 미련과 오랜 미움만이 남았을지도 모른다.

    한국 정치는 이제 아시아 민주주의의 모범을 보여야 할 단계에 왔다. 적폐청산은 복잡한 감정만 남은 전선에서 이미 패배한 잔당과 싸우는 것이 아니다. 민주주의의 새로운 단계를 과감히 제시할 때, 적폐의 잔당들은 자연스레 역사의 먼지가 된다. 문재인 정부가 52시간 근무제, 최저임금 인상, 차별금지법 등에 대해 보여준 오락가락은 우리 정치가 정책을 다루는 데 아직 미흡하다는 것을 보여준다. 정치적 능력은 정책을 정치적 갈등의 중심으로 만들고 그를 통해 다수를 규합하는 것이다.

    완성된, 정상적인 민주주의 국가에서의 정치는 무엇을 해야 하는가? 한국 정치는 이제 선진 민주주의 국가로서 개인의 권리들을 세밀하게 보장해야 한다. 민주주의가 이미 우리 사회의 인프라로 인식된다면, 민주주의는 그 자체가 목적이 될 수 없다. 국민의 구체적인 필요를 얼마나 채워나갈 수 있는지에 따라 평가될 뿐이다.

    생활동반자법은 한국 민주주의의 새로운 단계를 시험하는 가늠자다. 동성애 혐오나 새로운 가족 형태에 대한 편견 때문에 생활동반자법 입법이 어려울 것이라고 한다. 정치인이 생활동반자법에 동의해도 선거에서 불리하기 때문에 나서지 않을 것이라고들 말한다. 혹은 민주 세력이 집권하기 위해 생활동반자법 같이 논쟁적인 정책은 나중으로 미뤄야 한다고 한다.

하지만 생활동반자법 입법의 가능성을 따지기 전에 필요한 것은 '이를 통해 국민의 권리를 확대할 수 있는가'이다. 생활동반자법이 국민 권리를 확대하는 데 도움이 된다면 선거에 도움이 될 일이지 어째서 방해가 되겠는가? 국민 권리 확대에 도움이 되는 정책이 선거에 부정적인 영향을 미친다면 그 자체가 우리 민주주의의 어딘가가 꼬여 있다는 증거다. 꼬인 정치는 제대로 가지 못한다. 이 책을 읽고 생활동반자법이 필요하다는 생각이 들었다면 이제 국민을 어떻게 설득해나갈지 고민하는 것이 정치권의 역할이다.

사람들은 외로움이라는 통증을 다스리느라 삶의 많은 부분을 허비한다. 거리에 나서면 사람들은 다들 외로움을 견디며 노동을 하고, 공부를 하고, 악다구니를 쓰며 더 나은 삶을 위해 살아간다. 덜 외로운 미래를 그릴 수 있는 다양한 방법이 있었으면 좋겠다. 내가 조금 더 노력하고 손을 뻗으면 닿을 수 있는 방법이 있으면 좋겠다. 누군가와 함께 사는 데 장벽이 조금 더 낮으면 좋겠다. 외로움을 이기기 위한 우리의 노력은 국정과제가 되고, 국회의 법안이 되고, 법전 속의 조항이 되어야 한다. 국민의 다양한 삶이 존중받고 포괄적인 사회복지 위에서 환대받으며 존엄하게 살아야 한다고 믿는다면, 함께 생활동반자법을 만들어나가자.

감사의 말

우선 다양한 경로로 소중한 경험을 말씀해주신 동거 가구 당사자분들께 감사드린다. 류민희·한가람 공익인권변호사모임 희망을만드는법 변호사님, 장서연 공익인권법재단 공감 변호사님, 조주은 경찰청 여성안전기획관님, 나영정 가족구성권연구소 연구위원님, 여준민 장애와인권발바닥행동 활동가님께서 책과 법안의 내용에 소중한 조언을 주셨다. 부족한 작가에게 기회를 주고 좋은 가이드가 되어주신 시사IN 표완수 대표님, 김은남 출판사업국장님, 송지혜 기자께 감사드린다. 무엇보다 진선미 장관님과 김종무 서울시의원님, 박영선 보좌관님, 이연재 보좌관님 외 의원실 동료선배들과 일하며 정책능력을 기를 수 있었다.

이 책이 출발한 고민을 함께 만들어 준 최현숙 위원장님과 성정치위원회 동료들께 감사드린다. 우리 사회에 필요한 질문을 던지는 방법과 던져야 할 책임을 가르쳐주신 강원택 선생님, 김영민 선생님, 박원호 선생님 외 은사님들께도 감사드린다. 출판에 대해 많은 격려를 해 준 곽소영, 신성아, 김유리, 김은지, 장일호, 김다은, 박상영, 최태섭, 민경남, 심규봉 님께도 감사드린다. QT, 여의도보석회, Rx'd, 신문반 동문회, 영봉회 회원분들도 제 푸념을 많이 들어주셨다. 한종선 선배님, 최승우 선배님을 비롯한 형제복지원 피해생존자들을 만나면서 자유와 존엄의 가치를 배울 수 있었다. 늘 죄송하고 감사하다.

 개인사에 대한 책은 아니지만 '가족'에 대해 쓰면서 내 혈연가족들은 이 책을 어떻게 읽을까 많이 생각했다. 내게 결혼을 하고 자식을 낳길 바라는 건, 부모님도 나와 함께한 시간이 종합적으로는 행복했기 때문이라고 생각한다. 가르쳐주신대로 최선을 다해 행복하려고 이 책을 썼다.

외롭지 않을 권리

지은이	발행인	편집인
황두영	이숙이	고제규

초판 1쇄 펴낸날
2020년 3월 16일

편집
장일호

초판 6쇄 펴낸날
2023년 2월 16일

디자인
신용진

제작
한영문화사

펴낸곳
(주)참언론 시사IN북

출판등록
2009년 4월 15일
제300-2009-40호

주소
(04506) 서울시 중구 중림로 27
가톨릭출판사빌딩 3층

전화
02-3700-3250(마케팅)
02-3700-3270(편집)

주문 팩스
02-3700-3299

전자우편
book@sisain.kr

홈페이지
http://sisainbook.com

시사IN북은 시사주간지 〈시사IN〉에서
만든 출판 브랜드입니다.

이 책은 저작권법에 따라 보호받는
저작물이므로 무단 전재와 무단 복제를
금지하며, 이 책 내용의 전부 또는 일부를
이용하려면 반드시 저작권자와
시사IN북의 서면동의를 받아야 합니다.

이 도서의 국립중앙도서관
출판예정도서목록(CIP)은
서지정보유통지원시스템 홈페이지
(http://seoji.nl.go.kr)와
국가자료공동목록시스템
(http://www.nl.go.kr/kolisnet)에서
이용하실 수 있습니다.
(CIP 제어번호: CIP2020007618)

ISBN
978-89-94973-61-6(03330)

값
16,000원